大家说历史

兼收并用 莫不崇奉

陈高华说元朝

陈高华 著
党宝海 编

生活·讀書·新知 三联书店

Copyright © 2018 by SDX Joint Publishing Company
All Rights Reserved.
本作品版权由生活·读书·新知三联书店所有。
未经许可，不得翻印。

图书在版编目(CIP)数据

兼收并用　莫不崇奉:陈高华说元朝/陈高华著;党宝海编.
—北京:生活·读书·新知三联书店,2018.9
（大家说历史）
ISBN 978-7-108-06182-9

Ⅰ.①兼… Ⅱ.①陈… ②党… Ⅲ.①中国历史–元代–通俗读物 Ⅳ.①K247.09

中国版本图书馆 CIP 数据核字(2018)第 017028 号

责任编辑　韩瑞华
封面设计　陈乃馨
责任印制　黄雪明
出版发行　生活·讀書·新知三联书店
　　　　　（北京市东城区美术馆东街 22 号）
邮　　编　100010
印　　刷　常熟文化印刷有限公司
版　　次　2018 年 9 月第 1 版
　　　　　2018 年 9 月第 1 次印刷
开　　本　650 毫米×900 毫米　1/16　印张 19
字　　数　210 千字
定　　价　45.00 元

目录

总说

引言 … 3
　元史的范围 … 3
　元史的分期 … 4
　元朝世系表 … 7

成吉思汗与蒙古的崛起 … 8
　统一之前的蒙古地区 … 8
　成吉思汗与大蒙古国 … 11
　大蒙古国的扩张 … 16

元朝的建立与全国的统一 … 25
　忽必烈称帝与元朝的建立 … 25
　全国的统一 … 33
　元朝统一的历史意义 … 35

忽必烈与元朝的立国典制 … 41
　中央与地方 … 41
　军制、官制与法律 … 44
　政府与百姓 … 46
　文化和宗教政策 … 49
　民族政策 … 50

从守成到更化 … 54
　帝位的迅速更迭 … 54
　政治的腐败 … 61

农民战争与元亡明兴 … 66
　起义的爆发与早期局势 … 66
　明朝建立与元朝灭亡 … 74

元代的社会阶层 83

土地关系 83
阶级关系 85

元代的经济 96

人口分布 96
农业 97
手工业 101
商业 106
城市 110
交通 111

元代的民族状况 113

北方地区 113
东北地区 118
西北地区 120
吐蕃地区 125
西南地区 127

元代的文化 133

思想 133
史地之学 135
文学 137
书法绘画与雕塑 144
宗教 146
科学技术 154

元代的中外关系 158

高丽 159
日本 161
交趾、占城 163
真腊 165

	南海诸国	166
	伊朗	170
	非洲诸国	172
	欧洲诸国	174

分 说　元朝尊孔与元代理学　　　　　　　179

　　　尊孔与衍圣公家族的命运　　　179
　　　理学地位的确立　　　　　　　184
　　　朱学与陆学　　　　　　　　　189
　　　朱陆之学的调和　　　　　　　192

　　元代佛教与元代社会　　　　　　　196

　　　佛教与统治阶层　　　　　　　196
　　　佛教的管理形式　　　　　　　203
　　　佛教与元代经济　　　　　　　209
　　　佛教与元朝政局　　　　　　　213

　　元代的海外贸易与航海家族　　　　216

　　　海外贸易的形式　　　　　　　216
　　　主要的贸易海港　　　　　　　219
　　　航海技术　　　　　　　　　　220
　　　贸易商品　　　　　　　　　　224
　　　元代的航海家族　　　　　　　227

　　元代医疗习俗和医学状况　　　　　236

　　　医疗习俗　　　　　　　　　　236
　　　医生和医药　　　　　　　　　243

　　元代的书画和雕塑艺术　　　　　　251

　　　元朝前期的书画雕塑艺术　　　251
　　　元朝后期的书画艺术　　　　　262

附 录	陈高华先生小传	277
	陈高华先生的治史体会	289
	陈高华先生主要学术成果	296

总说

引言

元史的范围

元朝以"大元"(简称"元")作为国号,是1271年确定的。在此之前,这个政权称为"大蒙古国"或"大朝"。1206年成吉思汗建国,蒙古语的拉丁文音译是"Yeke Mongghol Ulus","大蒙古国"是蒙古语国号的直译,"大朝"则是其简译。大蒙古国的第五代大汗忽必烈仿效"汉法",建号改元,他在至元八年(1271)颁布的《建国号诏》中说:"可建国号曰大元,盖取《易经》乾元之义。"在《易经》中,"元"的本义为大,因此"元朝"就是"大朝",是朝臣用儒家经典对原有国号加以改造的产物。当然,采用儒家经典语言作为国号,意味着国家性质的重大改变,但元朝是大蒙古国的继续则是无可置疑的。

大蒙古国前四汗的历史,是元朝历史的组成部分。也就是说,元朝这个概念,可以有两种理解。一种指1271年以元为国号起到1368年灭亡为止,前人有"元朝享国不及百年"之说,即指此而言。另一种指成吉思汗1206年建国到1368年灭亡为止。本书所论述的元朝,取后一种。事实上,明人编纂《元史》,便是从太祖成吉思汗开始的。

忽必烈以前,大蒙古国相继有四位大汗,即成吉思汗、窝阔台汗、贵由汗和蒙哥汗,后来分别被尊称为太祖、太宗、定宗、宪宗。他们统治的时间从1206年到1259年。忽必烈被尊称为世祖,世祖之后,到元朝灭亡,先后共有九位皇帝,他们是成宗铁穆耳、武宗海山、仁宗爱育黎拔力八达、英宗硕德八剌、泰定帝也孙铁木儿、明宗和世㻋、文宗图帖睦尔、宁宗懿璘质班、顺帝妥懽帖睦尔(参看第7页所附"元朝世系表")。从世祖忽必烈算起,十位皇帝统治的时间始于1260年,终于1368年。

如上所述,元朝的历史,始于1206年,终于1368年,共十四帝,延续了162年。本书所要介绍的,就是这个时期的一些历史现象。

元史的分期

元朝一百六十余年历史,大体可分为四个时期,每个时期各有特点。

一、前四汗时期(太祖、太宗、定宗、宪宗,1206—1259)

在这个时期,新建立的大蒙古国进行了长达半个多世纪的大规模征服战争,建立了东起朝鲜半岛,西到东欧的空前庞大的世界帝国。在这个阶段,尽管西北各蒙古汗国逐渐显示出分裂的倾向,但毕竟整个国家基本上维持着统一的局面,还没有形成公开的分裂,蒙古大汗的政令、军令能够在汗国全境内得到遵守和执行。由于扩张的速度过快,蒙古还不能对新征服的广大地区实施有效的管理,除推行蒙古制度外,还在一定程度上考虑到不同地区社会经济基础的差异,做了一些相应的政策调整。这一时期蒙古的漠北地区是整个汗国的政治中心,蒙古本土是国家的主体,蒙古的统治方式、剥削方式是国家治理的基本模式。

二、忽必烈时期(1260—1294)

在这一时期,统一的蒙古汗国解体。由于忽必烈与阿里不哥的帝位之争,西北各汗国独立,并进而控制了原来属于大汗政府直接管辖的西域各地。成功夺取了大汗宝座的忽必烈只能统治蒙古本土和原来金、宋、西夏、大理、吐蕃、畏兀儿等地区。忽必烈的大汗地位长期受到西北蒙古汗国的挑战,统一的"蒙古帝国"已经不复存在。忽必烈为了有效地治理国家,针对汉地为国家主体的客观现实,改革蒙古旧制,推行"汉法",不仅采用了汉式的年号、国号,确定了都城,还采用了汉地传统的行政、财政等管理制度,确立了以中原王朝制度为主的中央集权体制。与大蒙古国时期相比,这是蒙古政治文化的一个重要转折。尽管忽必烈保留了不少蒙古制度,用以维护蒙古贵族政治、经济上的特权,但汉法的推行已成为不可扭转的必然趋势。在蒙古旧制与"汉法"之间存在着矛盾、摩擦,甚至激烈的斗争,就在这种新旧制度的碰撞中,长期遭受战争破坏的中原、江南地区的社会经济得到了一定程度的恢复和发展。在灭亡南宋之后,忽必烈对日本、东南亚地区发动了规模庞大的远征,在北方及西北地区多次讨伐蒙古叛王,消耗了大量人力和物力,加重了百姓的负担,严重影响了社会生产的进一步发展。因此,我们对至元时期元代经济和社会的恢复程度不能做过高的估计。

三、元代中期(包括成宗、武宗、仁宗、英宗、泰定帝、文宗、宁宗诸朝,1295—1332)

元世祖去世后,成宗即位,在政治上推行所谓"守成"之治,继续奉行忽必烈所采用的"汉法"政策,对外以武力威慑为后盾,采取和解的立场,平息各种战事。仁宗、英宗受汉文化的影响较大,更深入地推动改革,如恢复科举,扩大儒臣对政治的参与程度,经理田赋,整顿经济,颁布《大元通制》,限制投下权力等。改革的推进,必然触动以蒙古权贵为首的特权阶层的利益,因而遇到很大阻力。这种阻力通常和统治集团内部各派系争权夺利的斗争交织在一起。在这一阶段,围绕着皇位继承,出现了激烈的权力争夺。几乎每一次皇位交替都是在统治集团的争斗中完成的。这中间有各种形式的明争暗斗,如果说成宗即位靠的是实力的暗中比拼,那么武宗、仁宗、英宗、泰定帝、文宗的即位则由宫廷政变、暗杀,一步步升级为大规模的内战。政局动荡削弱了元朝的统治。

四、元代末期(顺帝朝,1333—1368)

在这一阶段,元朝的统治更加黑暗。统治集团的内部斗争从未停息,吏治极为腐败,军备废弛,军队战斗力低下,当年的蒙古劲旅已经不复存在。丞相脱脱当政时推行了一些改革,但政策多不得法:变更钞法导致国家恶性通货膨胀;更新政治,而朝中政争不绝。不断积聚的阶级矛盾和民族矛盾,终于以大规模农民战争的形式爆发出来,元朝在这个汹涌的历史洪流中土崩瓦解。

在本书的总说部分,我们将按照不同的历史阶段和若干专题来介绍蒙元时期历史的基本情况。

元朝世系表

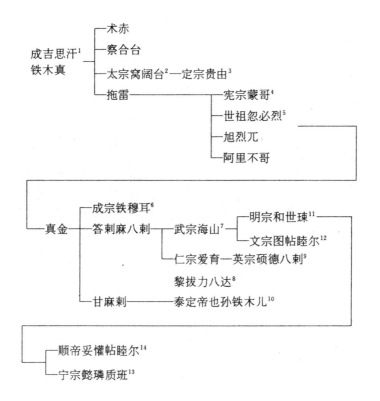

成吉思汗与蒙古的崛起

统一之前的蒙古地区

在我国古代北方大漠南北的广大地区,东起哈剌温山(今大兴安岭)和望建河(今额尔古纳河),西到阿勒台山(今阿尔泰山),分布着许多不相统属的大小部落。在辽、金先后兴起的两个多世纪中,它们中的大多数和这两个政权发生过联系,并受它们的管辖。

蒙古本来是其中一个部落的名称。唐代,它是室韦部落联盟的组成部分,称为蒙兀室韦,聚居于望建河流域,后来逐渐向西迁移。12世纪初,它已游牧于斡难(今鄂嫩)、克鲁涟(今克鲁伦)、土兀剌(今土拉)三河的源头。在它的周围,分布着其他一些部落,比较著名的是:克烈部,位于蒙古部之西,牧地主要在土兀剌河流域;蔑儿乞部,位于克烈部之北,主要游牧于薛良格河(今色楞格河)一带;乃蛮部,在克烈部和蔑儿乞部之西,位于阿勒台山和康孩山(今杭爱山)之间;塔塔儿部,游牧于蒙古部之东,捕鱼儿海子(今内蒙古贝尔湖)周围;弘吉剌部,牧区处于塔塔儿部之南的合勒合河(今哈拉哈河)流域。此外,大漠以南,居住着文化程度较高的汪古部;在北方贝加尔湖附近森林里,散布着斡亦剌部。

在成吉思汗统一这些部落以前,拥有营帐七万的塔塔儿部曾是他们中间力量最强大的部落,因此,塔塔儿或"鞑靼"一名长期成为这些部落的共同称呼。当时习惯把邻近中原的汪古等部称为白鞑靼,而把其他一些部落称为黑鞑靼,还有部分与中原联系较少的部落,则被称为生鞑靼。只有当成吉思汗统一各部、建立政权以后,这些部落逐渐融合成一个共同体,才采用"蒙古"作为民族的名称。但是,其他民族在很长一段时间内,仍以"鞑靼"一名来称呼他们。

12世纪时,这些部落的发展水平很不相同。从生产的状况来说,大体上可以分为两大类。一些生活于北方森林地区的部落,主要以狩猎为主,并以捕鱼和采集作补充,他们被称作"林木中的百姓"。其他大多数草原上的部落,主要从事游牧,称作"毡帐中的百姓"。对于后一类游牧民来说,他们的生活方式是"以黑车白帐为家","随水草放牧"。牲畜既是他们的主要生产资料,又是基本生活资料,但是狩猎和采集仍是他们用作补充生活资料的重要来源。在他们中间,已经出现了适应游牧经济所需要的简单手工业。除了以牲畜产品为主要原料的家庭手工业外,已有专业的铁匠、木匠。在中原汉族的影响下,邻近中原的汪古等部已食"粳稻","能种秫穄";远在漠北的蔑儿乞部等也开始经营农业。由于农业的发展,草原上出现了"土城内住的百姓",过着定居的生活。草原各部大都信仰原始的萨满教,这是一种认为万物有灵的原始宗教。但在克烈部、汪古部和乃蛮部中间,流行的是从畏兀儿人那里传过来的景教。乃蛮部还采用了畏兀儿文字。

畜牧业的经营,使人的劳动力能够生产出超过维持自身劳动力所必需的产品,私有制便在这个基础上出现了。12世纪时,在蒙古各游牧部落中,牲畜和其他财产私有的现象已普遍出现,父系的财产继承制度也已确立。私有制和财产继承权的存在,必然摧毁氏族制度的平等关系,引起贫富的分化。富有者称"那颜"(官人),拥有大量牲畜,实际上还掌握着氏族公有牧场的支配权。氏族的大部分成员,逐渐成为保有少量牲畜的牧民,即"哈剌出"(下民、黑民),他们依附于那颜,随那颜转移牧场,为那颜服各种劳役。和这种变化相适应,原来以氏族或部落为单位进行集体游牧的"古列延"(圈子)形式,也逐渐转变为以个体牧户为基础的"阿寅勒"(营)形式,即一个或若干个有血缘关系的家庭在一起放牧。有的阿寅勒还吸收了来自外族的人口。

由于私有制的发展,草原各部的首领不是从成员中选举产生,而是由同一家族的成员世代相袭。逐渐出现了氏族贵族,在他们的中间开始形成自命高贵、"不可比作凡人"的特权思想,有的还为自己编造了源自天神的谱系。他们可以任意向部落、氏族成员科敛财物,为了掠夺奴隶、牲畜和其他财富,这些氏族贵族们把战争变成了经常的职业。部落与部落之间和部落内部,进行着无休止的争斗。因为战争的需要,很快出现了部落联盟,联盟拥有的兵力往往达数万人之多。部落或部落联盟推选勇武有力的氏族贵族做领袖,称为"汗"。这些领袖拥有相当大的专制权力,部下掳掠的战利品要向他进奉,违反号令的部属要受惩罚。但是,有血缘联系的部落常因各氏族贵族争权夺利而分崩离析,部落联盟更是不稳固的、暂时的、不断分化的组合。

在部落首领周围,形成了"那可儿"(伴当)集团。那可儿是首领们从本部或属部甚至从其他部落中召集来的一批战士,他们脱离生产劳动,平时跟随首领狩猎和从事各种活动,战时随同出征,是作战的骨干力量,是首领的扈从队。这样一种独立地进行战争的私人集团,只有通过不断的战争和抢劫,才能把他们纠合在一起。它的出现,促进了专制王权的产生。实际上,在草原上已经出现了国家机器的雏形。发展程度较高的乃蛮部已有"严峻"的"法度",并仿效中原和畏兀儿的制度,设有"出纳钱谷、委任人才、使用印信"的官职。

12世纪,统治中国北方的是女真人建立的金朝。金朝的统治者害怕蒙古草原的部落发展壮大,威胁到自己的统治,对它们采取了分化和镇压并用的策略。一方面,它对某些部落首领进行拉拢,授以各种官职称号,给予种种赏赐;同时在他们中间制造矛盾,挑动他们互相残杀。蒙古部首领俺巴孩汗,就是被塔塔儿部捕获,转送给金朝杀死的。另一方面,对于那些敢于反抗的部落,则采取名为"减丁",实即血腥屠杀的镇压手段。金章宗时,曾于明昌六年(1195)、承安元年(1196)、承安三年(1198)三次出动大军,进剿弘吉剌、塔塔儿等部落,使他们的生命财产遭到相当大的损失。金朝统治者的活动,进一步加剧了草原上的纷乱局面。因此,到12世纪后期,草原上陷入了"天下扰攘,互相攻劫,人不安生"的状态。

打破混乱局面,统一各部的任务,是由蒙古部首领铁木真完成的。

成吉思汗与大蒙古国

铁木真属于蒙古部孛儿只斤氏族,1162年生。从其曾祖合不勒开始,铁木真家族就世代充当部落首领。铁木真九岁时,父亲也速该被塔塔儿部害死,族众离散,势力中衰。他当时的生活十分艰难,曾以采集果子、草根维持生活,"除影子外无伴当,除尾子外无鞭子"。他自己一度为同部的泰赤乌氏族捉去,妻子也被蔑儿乞部掳走。后来,由于得到父亲的好友克烈部首领王罕和自己的"安答"（结义兄弟）、扎答阑氏族首领札木合两人的援助，逐渐又把原来本族的成员和属部召集起来，恢复了过去的声势。他的发展过程就是进行一连串战争的过程，在这个过程中，有决定意义的是他和王罕的关系。

首先，铁木真和王罕、札木合联合，大败蔑儿乞部，夺回妻子，并将当年追捕自己、掳走妻子的三百蔑儿乞人"尽绝殄灭了，他们的其余妻子，可以做妻的做了妻，做奴婢的做了奴婢"。接着，他又和王罕一起，配合金军打败了世仇塔塔儿部，并因此得到金朝授予的"札兀惕忽里"的称号。很快，在铁木真和札木合之间，出现了裂痕。由于争夺权力和财富，两位结义的安答变成了势不两立的仇人。在双方最初的冲突中，铁木真败于札木合，但他并不气馁，继续聚集力量。1201 年，铁木真和王罕联军，终于击败了号称"古儿合罕"（普天下之主）的札木合，并乘胜追击，吞并了捕捉过他的泰赤乌氏族。1202 年，铁木真力量已经相当强大，能够自己单独出兵再次攻打塔塔儿部，"将他男子似车辖大的尽诛了，余者各分做奴婢使用"。自此，铁木真据有了捕鱼儿海子周围水草丰美的牧场，以及从塔塔儿部那里掳掠来的大量牲畜、奴隶和其他财富，力量进一步增强。

铁木真势力的不断扩大，引起了克烈部首领们的严重不安。于是，以父子相称、"如车的两辕"的王罕和铁木真之间，因利害冲突而彻底决裂。王罕反过来和札木合联合，向铁木真进攻。与克烈部的战斗是对铁木真最严峻的考验，他一度被打得大败，部众失散，退到班朱尼河（又称黑河，在今哈拉哈河附近），只剩下十九骑，他就在河边饮水誓众，重新团结部众，并招降了弘吉剌等部。然后，他命令自己的兄弟向王罕诈降，乘王罕父子以为胜利、不加防备之时，发动突然袭击。经过三天三夜的激战，铁木真完全消灭了克烈部,王罕在逃亡中为乃蛮部所杀。"歃血饮黑河,剖券著青史",共饮班朱尼河水后来被认为是特殊功勋的标志。

这时草原上唯一能与铁木真抗衡的,是西边"国大民众"的乃蛮部。"天上只有一个日月,地上如何有两个主人?"乃蛮部的塔阳汗和铁木真之间,展开了争夺草原最高统治权的斗争。塔阳汗企图和汪古部联合,围攻铁木真;但是汪古部反而向铁木真通风报信,使铁木真击败了这个强大的敌手,"将他百姓尽收捕了"。就这样,铁木真将"有毡帐的"部落百姓都收归于自己的统治之下,完成了统一草原的事业。自此,分散的草原各部落

成吉思汗像

逐渐融合成一个民族共同体,以"蒙古"为自己的名称,为后来走上世界历史舞台奠定了基础。

1206年(金章宗泰和六年,宋宁宗开禧二年),蒙古草原各部在斡难河举行了忽里勒台(部落、氏族首领)大会。这个忽里勒台大会不是平等的部落、氏族首领们的集会,而是铁木真手下军事将领们的大聚会。在会上,军事将领们拥戴铁木真为全蒙古的大汗,号"成吉思"(有的学者认为词义为"海洋",也有学者认为是"强大有力"之意),正式建立了蒙古政权。到元代,成吉思汗被元朝的君主尊为"元太祖"。

新成立的蒙古政权,首先按照地域来划分它的臣民。它推行十进制的组织形式,每个人都必须隶属于一定的十户(牌子头)、百户、千户、万户,不得离开;如果敢于投奔他处,本人和收留者都要受到严厉的惩罚。每个万户、千户都由大汗指派固定的游牧地区,即"嫩秃黑"。当时被封为万户那颜的有三人,千户那颜有八十八人(统辖九十五个千户)。这批万户和千户那颜,绝大多数是成吉思汗的那可儿。他们中有的在连年的征战中"收集了百姓";有的"管的百姓不够","就于各官下百姓内抽分着",凑足户数。这两类那可儿经过成吉思汗册封,成为新兴的草原贵族。他们和所隶属的臣民之间,没有什么血缘联系。还有一些那颜是原来的部落首领,归附了成吉思汗,这时予以册封,重新肯定了他们的地位,如汪古部首领阿剌兀思惕吉忽里。也有一些立有功绩的那可儿,在受封时要求将自己的同族成员"散在各部落内"的,"收集"起来。这后两类千户里,保存了一定的血缘关系,但也掺杂了大量的其他部落成员。总的说来,在按照十进制编制分封万户、千户之后,原有部落、氏族组织已失去原来的作用。

十进制既是行政组织，又是军事组织。在作战时，每个成年男子由所属的十户、百户、千户的那颜们率领出征。这种军民合一的制度，既利于平时严密控制平民和奴隶，又便于迅速组织军事力量，是适合草原国家初期发展阶段的政权组织形式。

为了增强自己的权力，成吉思汗又在那可儿制度基础上，建立了"怯薛"制度。怯薛就是轮班警卫的意思，主要由万户、千户、百户那颜们的子弟组成，总数为一万人。这样一支贵族子弟军，是维护大汗统治的有力工具：出征时，它构成军队的核心力量；平时，它既可以镇遏人民的反抗，又可以起人质的作用，防止将领们叛变。

为了赋予凭暴力得到的原始权力以某种社会稳定性，确保私有财产和阶级压迫的秩序，成吉思汗设立了"札鲁忽赤"（断事官），"如有盗贼诈伪的事，你惩戒着；百姓每分家财的事，你科断着"（《元朝秘史》卷八）。同时还下令记录"札撒"（法令）："凡断了的事，写在青册上，以后不许诸人更改。"

原来在蒙古各部中流行的萨满教得到承认和保护。成吉思汗给予"别乞"（萨满教长老）很高的地位，但是对于萨满教的神巫们想要干预政治权力的企图，他坚决予以打击。成吉思汗主要利用萨满教制造多种神话，为他的政权涂上一层天命神意的色彩，借以加强统治。

在1206年的忽里勒台大会上，成吉思汗还规定，充当怯薛的贵族子弟及其伴当所用马匹于本千户、百户内科敛。从以后的记载来看，蒙古平民的负担远不止此。除了繁重的军役和站役之外，他们还须"出牛、马、车仗、人夫、羊肉、马奶为差发"。大汗打猎征取毛索和毛毡，百姓就得把马鬃都剪下来上供。只此一项就可想见其余。

这个由成吉思汗一手缔造的蒙古政权被称为"也可蒙古兀鲁思"（大蒙古国），它的建立对于北方草原地区的历史具有极为重要的意义——从此，蒙古族开始以一个统一的共同体的姿态出现在历史舞台上。

大蒙古国的扩张

蒙古统一时，我国其他地区正处于分裂的局面。金、宋、西夏、大理、畏兀儿、西辽同时并立。吐蕃地区四分五裂，群雄割据。在蒙古的西北方，还有乞儿乞恩人和一些散处于森林中的部落。

分裂的状态，阻碍了各族人民的相互交往，严重地影响着社会生产力的发展。为了打破割据所造成的封锁局面，各族人民通过各种途径进行交往，而统治者为了自身的利益，也采取了交聘使节、边界互市、派遣商队等措施。加强全国各地特别是边疆地区和中原地区的联系，实现全国的统一，已成为各族人民的共同愿望。

在同时并立的一些政权内部，存在着复杂尖锐的社会矛盾。统治集团腐朽没落，矛盾重重；统治阶级的剥削与压迫不断加重；劳动人民的反抗斗争经常发生。这些政权在相互战争中，消耗了自己的力量，形成长期相持不下的状态。正是在这样的历史条件下，新兴的大蒙古国通过旷日持久的战争，消灭各个政权，统一了全国。

从成吉思汗1206年建立蒙古政权起，到元世祖忽必烈于1279年灭南宋统一全国止，蒙古贵族的大规模军事活动持续了七十余年。本节讲述大蒙古国时期的情况。

1206年(太祖成吉思汗元年)至1210年(太祖五年)是大蒙古国对外战争的准备时期。成吉思汗的主要工作是稳定内部、争取周围的地方势力,并为军事行动做物质准备。

首先,他派遣军队追击乃蛮和蔑儿乞的余部,经过两次激烈的战斗,终于把他们消灭在也儿的石河(今额尔齐斯河)上,乃蛮部首领之子屈出律逃往西辽。其次,他两次出兵攻打毗邻的西夏,连败西夏军队,西夏统治者"纳女请和",送来了大批骆驼,"直至赶逐不动"。

当时蒙古西边的畏兀儿(即高昌回鹘)政权,已成为西辽的藩属。西辽派少监驻守,"肆睢用权,奢淫自奉",和畏兀儿统治者亦都护发生了矛盾。听到蒙古势力强盛,亦都护便杀死西辽少监,前来归附。在畏兀儿这一行动的影响下,阿力麻里(今新疆伊犁地区)的斡匝儿汗和海押立(今巴尔喀什湖以南地区)的阿儿思兰汗也相继摆脱了西辽的羁绊,投向成吉思汗。

通过以上一系列活动,成吉思汗解除了来自周围的牵制,壮大了自己的力量。在建立政权之初,成吉思汗就准备对金作战,但力量不够,未敢轻举妄动。五年之后,他的准备工作已经完成,很快就主动挑起了对金的战争。

从1211年(太祖六年)到1234年(元太宗窝阔台六年),蒙古贵族军事活动的重点是灭金,同时还灭亡了西辽、西夏和中亚的一些国家。

蒙古部曾和金朝结下深仇,成吉思汗的曾叔祖、蒙古首领俺巴孩汗就是被金朝所杀。不过,在势力较弱时,成吉思汗非但不反对金朝,反而主动争取金朝的支持。他积极配合金军作战,接受金朝的封号,甚至亲自到边界进贡。等到羽翼丰满,成吉思汗就改变了态度,他打出为俺巴孩汗复仇的旗号,作为对金发动战争的借口。

1211年春，由原为金朝防守边界的汪古部为向导，蒙古军顺利地越过了专为防备草原各部修建的界壕，大举南下。野狐岭（今河北张家口东北）之战，金军四十万，一败涂地，"精锐尽于是役"。自此之后，金军不敢再与蒙古军交锋，纷纷龟缩于城堡之中。成吉思汗分军略地，纵横北方，到太祖八年（1213）底，大河以北数千里，除了中都（今北京）等十一个大城市之外，其他都为蒙古军所攻取。太祖九年（1214）春，在迫使金朝统治者献出大量金帛、马匹、童男女之后，蒙古军退回草原。

蒙古军北撤后，金朝统治者感到中都所受威胁太大，于是迁都汴京，并将散居在河北各地的猛安谋克军户连同家属百万人都撤到河南，实际上已准备放弃黄河以北地区。成吉思汗闻讯后，命大将木华黎负责对金的战争。从太祖八年（1213）到太祖十三年（1218），先后掠取了辽东，攻占了中都以及河北、山东、山西大部分地区。金朝只剩下河南和山东、陕西的部分地区，成了一个倚仗黄河天险苟延残喘的小朝廷。

蒙古军连年南下，使中原地区人民的生命财产遭到了严重的损失。蒙古贵族的残暴行径，激起了以汉族为主的各族人民的激烈反抗。当时活跃于河北、山东等地的农民起义军，以红袄为标志，称红袄军。他们既反对金朝的暴虐统治，又对蒙古军的残暴掠夺进行了坚决的斗争。红袄军的杰出将领彭义斌从山东挺进到河北，纵横数千里，有众数十万，无论金军或蒙古军，都"待为劲敌，无敢试之者"。

和平民的反抗斗争截然相反，原来金统治区的各族地主豪民，为了保全他们自身的利益，纷纷组织地主武装，有的支持金朝，更多的则投靠蒙古，称霸一方。他们之间互相吞并，逐渐形成

蒙古西征

了真定(今河北正定)史氏、顺天(今河北保定)张氏、东平(今山东东平)严氏、益都(今山东青州)李氏等几股较大的割据势力。每股"地方二三千里,胜兵合数万",父死子继,兄终弟及,"擅赋专杀"。这些割据势力首领们与蒙古贵族互相勾结,对各地百姓进行残酷的剥削和压迫。每当蒙古军出征,他们都积极配合,彭义斌的队伍就是在蒙古军和内地军阀的联合夹击下失败的。

当蒙古军南下攻金时,逃往西辽的屈出律,篡夺了西辽的统治权,连年发兵攻打阿力麻里、海押立和合失合儿(今新疆喀什)、斡端(今新疆和田)等地。成吉思汗命大将哲别进攻屈出律。太祖十三年(1218),哲别灭西辽,屈出律被杀,蒙古势力开始伸展到中亚。

从太祖十四年起,蒙古军主力在成吉思汗亲自率领下西征。六年之间(1219—1225),消灭了花剌子模等政权,大败斡罗思和钦察诸部联军,前锋抵达北印度。在控制了中亚各地和钦察草原(今黑海、高加索、里海以北地区)之后,成吉思汗把这些地区分封给自己的三个儿子。次子察合台分在西辽旧境,从畏兀儿之地起,到寻思干(今乌兹别克斯坦撒马尔罕)和不花剌(今乌兹别克斯坦布哈拉),察合台自己居留在阿力麻里一带。三子窝阔台的封地在叶密立河(今额敏河)和霍博(今和布克河流域)地区。长子术赤则得到白海押立和花剌子模起,直到"鞑靼人马蹄践踏之处"。这些分地,和留给幼子拖雷的漠北地区以及其他一些贵族所得到的分地一样,当时都是大汗统一管辖下的疆土。

在成吉思汗西征时,蒙古对金的战争,处于相持状态。成吉思汗回军后,亲率大军,大举南下,打算先取西夏,然后灭金。屡经摧残的西夏,在蒙古大军压境时,仍然进行了顽强的抵抗。经过一年多的战争之后,由于力量相差悬殊,西夏终于在太祖二十

窝阔台像

二年(1227)六月灭亡,国主投降被杀。七月,"灭国四十"的一代天骄成吉思汗也病死了。

成吉思汗虽然死去,蒙古对金的军事行动并没有停止。

在推选窝阔台(元太宗,1229—1241)继承汗位的忽里勒台大会上,蒙古贵族们确定了以灭金为目标的战略方针,由窝阔台亲自指挥。在随后的几年内,蒙古军陆续攻占了金朝控制下的关中和山西部分地区。

处于风雨飘摇中的金王朝,为了维持自己的统治,不断加强对百姓的榨取,并屡次挑起对南宋的战争,想从南宋得到一些土地,补偿北边疆土的损失。"边尘四起民凋残",腐朽的金王朝南北受敌,内外交困,它的灭亡不可避免。

太宗三年(1231),蒙古军经过充分准备之后,按照成吉思汗临死前指示的作战方针,分三路攻金。东路由斡陈那颜率领河北、山东等地割据军阀的军队,由山东从侧面进攻。中路由窝阔台亲自率领,强渡黄河,正面进攻。西路军是主力,以拖雷为统帅,绕过金朝的军事重镇潼关,自宝鸡出汉中,强行通过南宋管辖的地区,沿汉水而下,经唐(今河南唐河)、邓(今河南邓州)北上,采取很大的迂回战术。"突骑一夜过散关(今陕西大散关),汉江便着皮船渡。襄阳(宋军驻地)有兵隔岸看,邓州无人浑不顾。"(郝经《陵川文集》卷一一《三峰山行》)拖雷这支军队突然从后方出现,完全打乱了金朝原有的军事部署,使它十分惊慌。金朝只好急忙抽调防守黄河和潼关的主力部队十余万前来抵挡。两军在邓州一带遭遇,拖雷的军队只有三万人,数量上处于劣势,但他们采取骚扰的战术,避免与金军正面交锋,使得远道而来的金军十分疲劳,"不能得食,又不得休息"。这时中路蒙古军乘虚自白坡(今河南孟津县境内)渡过黄河,威胁汴京。

金军得到消息,仓皇北撤。当退到钧州(今河南禹州)三峰山时,被两路会合的蒙古军团团围住。这时突降大雪,气候寒冷,金军"僵冻无人色,几不能军"。拖雷故意放开一条路让饥寒交迫的金军逃跑,在追击过程中,几乎将它全部歼灭。

三峰山战役发生在太宗四年(1232)正月,它决定了金朝的命运。蒙古军乘胜进围汴京。太宗五年(1233),汴京被攻克,金哀宗在城破之前逃往蔡州(今河南汝南)。此时蒙古与南宋订立盟约,南宋派两万军队和蒙古军合围蔡州。次年(1234)春,蔡州破,金朝亡。不久,宋军发起所谓"端平入洛"之战,北上收复汴京等地,与蒙古军发生冲突。宋军因粮食不继,狼狈败退。这次战争揭开了蒙古与南宋战争的序幕。从此以后,南宋以及周边的吐蕃、大理等地成为蒙古的主要军事目标。

窝阔台统治时,术赤之子拔都奉命西征,尽取斡罗思之地,前锋抵达东欧。在扩大术赤分地的基础上,建立了钦察汗国,都城萨莱设在伏尔加河畔。1241年,窝阔台死,其妻乃马真(六皇后)称制摄政四年(1242—1245)。1246年,窝阔台之子贵由(元定宗,1246—1248)被蒙古贵族拥戴为大汗,在位仅三年即死去。其妻海迷失称制二年。蒙古统治集团内部围绕着汗位展开了激烈的斗争,最后由拖雷之子蒙哥(元宪宗,1251—1259)继承。蒙哥即位后,命其弟旭烈兀"率师西征西域哈里发八哈塔等国",建立了伊利汗国。历史上通常所说的蒙古四大汗国(钦察、窝阔台、察合台、伊利汗国),至此全部建立。

蒙哥的即位,标志着窝阔台一系势力的衰落。但窝阔台的后裔不甘失败,直到元世祖忽必烈时期,窝阔台汗国仍不断起兵进犯,由于连遭败绩,终于在14世纪初灭亡。察合台汗国于14世纪初分为东西两部,14世纪下半期亡于迅速崛起的中亚霸主帖木儿。钦察汗国也在14世纪末被帖木儿攻灭。伊利汗国在14世纪中叶趋于瓦解。这些汗国长期自认为是元朝的藩属,它们的统治者还在中原地区享有分地;但实际上由于不同的历史条件,各自发展的情况有很大差异。这些汗国的统治者之间经常发生冲突,他们各自控制的疆域也不断变化。

从窝阔台汗统治后期到蒙哥汗统治初期,蒙古贵族军事活动的重心在西方,即拔都和旭烈兀的两次西征,同时也忙于解决统治集团内部争夺汗位的纠纷,与南宋虽然常有冲突,基本上是在江、淮一带保持拉锯状态。他们从中原地区军民抗战的情形,意识到要进一步夺取江、淮以南地区,是一场更为艰巨的战争。因此,他们一方面采用汉族地主官僚的计策,沿边屯田筑城,积蓄力量;另一方面,着手控制西南的吐蕃、大理地区,对南宋造成包围的形势。

在蒙古灭金前,吐蕃部分地区的地方势力,已对蒙古表示臣服。灭金后,窝阔台的次子阔端进驻河西走廊一带,和吐蕃地区发生了密切的接触。阔端一面派军队深入吐蕃地区,另一面又召请吐蕃宗教领袖,笼络地方势力。定宗贵由二年(1247),喇嘛教萨思加(今译萨迦)派领袖萨班奉召到西凉(今甘肃武威)会见阔端。根据阔端的命令,萨班书面通告吐蕃各地僧俗首领,确认吐蕃是蒙古大汗管辖下的一个部分,由阔端委任萨迦派僧侣和原来各地首领共同管理,同时还规定了编造户籍和缴纳贡赋等具体办法。自此,藏族地区逐渐隶属中央政权管辖。

吐蕃的归附为蒙古军进攻大理创造了有利条件。蒙哥汗继位后,命令兄弟忽必烈率师远征云南。忽必烈由临洮(今甘肃临洮)出发南下,宪宗三年(1253)九月,到忒剌(今四川松潘),然后兵分三路,忽必烈自己率领中路,途中曾"舍骑徒步"越过"山径盘屈"的雪山，乘革囊和木筏强渡"波涛汹涌"的金沙江。十二月，抵达大理。大理国主段氏势力微弱，大权落到权臣高氏家族手里，这时掌权的是高祥。蒙古军攻下大理之后，国主段兴智和高祥分头逃走，先后为蒙古军所擒获。蒙古军杀高祥，任用段氏家族继续管理当地事务。宪宗四年（1254），忽必烈北还，留大将兀良哈台继续经略。不到两年时间，基本上平定了云南各地。

当吐蕃、大理相继归附之后，蒙哥认为大举攻宋的时机已经成熟，于宪宗八年命忽必烈率军攻鄂州（今湖北武昌），留守云南的兀良哈台回师入湖广攻潭州（今湖南长沙），自己率领主力由六盘山分道进入四川，形成了一个三面包围的形势。同时还在两淮地区发动攻势，牵制宋军兵力。第二年春天，进攻四川的各路蒙古军节节胜利，会师于合州（今重庆合川）。合州军民在守将王坚等人领导下，凭借钓鱼山天险，进行了坚决的抵抗。蒙古军伤亡很大，最后连蒙哥本人也因攻城受伤，死于军中。合州军民的英勇斗争扭转了这次战役的局势。四川方面蒙古军的进攻不得不停顿下来。武昌方面，忽必烈在得到蒙哥死讯后，为了夺取汗位，同时也因军事上陷入困境，便借着南宋宰相贾似道求和的机会，暂时罢兵北归。蒙古与南宋之间，继续保持在江、淮一带对峙的局面。

元朝的建立与全国的统一

忽必烈称帝与元朝的建立

元朝的建立者忽必烈是成吉思汗幼子拖雷的嫡出第二子。他的兄长蒙哥成为蒙古大汗之后,忽必烈受命管理"漠南汉地军国庶事"。忽必烈把自己的营帐从漠北移到桓(今内蒙古正蓝旗北)、抚(今河北张北)之间,大事招徕汉地地主士大夫。

1259年,蒙哥汗在指挥攻宋作战时卒于四川前线。在鄂州(今湖北武昌)城下作战的忽必烈在得到蒙哥死讯后,罢兵北归,于1260年四月在藩府开平(后称上都,位于今内蒙古正蓝旗)召集了一部分支持他的蒙古贵族,通过传统的忽里勒台大会的形式,登上汗位,建元中统,是为元世祖(1260—1294)。当时留守漠北的忽必烈同母幼弟阿里不哥也纠集另一部分蒙古贵族,举行忽里勒台大会,即汗位,与忽必烈对抗。经数年交战,阿里不哥实力不敌,一再受挫,被迫向忽必烈投降。这样忽必烈作为蒙古大汗的地位得到了最终确认。

中统三年(1262),归附蒙古的益都军阀李璮与南宋呼应,起兵反蒙。忽必烈调动了蒙古军和各路军阀的武装,经过半年多的战争,才把李璮镇压下去。接连的内乱,使忽必烈无力南顾,江、淮之间战事暂时沉寂下来。

以忽必烈的即位为标志,蒙古政权的国家本位和统治政策发生了重大变化,草原本位的大蒙古国开始转变为汉地本位的元王朝。

在蒙古上层贵族中,忽必烈算得上是倾向于汉化的代表人物。他年轻时与汉族士大夫有较多接触,颇知前代中原王朝治乱兴衰之事。蒙哥即位之初,忽必烈受命统领漠南汉地军务,采纳汉人幕僚的建议,在邢州(今河北邢台)设安抚司,汴梁(今河南开封)设河南经略司,京兆(今陕西西安)设陕西安抚司,尝试着推行"汉法"的改革,"选人以居职,颁俸以养廉,去污以清政,劝农桑以富民"。结果"不及三年,号称大治"。他在攻灭大理和征伐南宋的作战中,约束军队不使其恣意杀戮,稍稍降低了中原人民对蒙古军队的恐惧。

自从1211年大举攻金以来,蒙古势力进入中原已近半个世纪。这半个世纪当中,蒙古对中原的统治是十分落后而混乱的。历任大汗都坚持实行草原本位政策,"视居庸以北为内地",而将中原只看作大蒙古国的东南一隅,从未考虑过针对汉地的特殊状况,采用前代中原王朝的典章制度加以统治和管理。他们并不满足于按部就班、取民有度的正常剥削方式,总是竭泽而渔,百般敲诈,使汉地百姓处于水深火热之中,社会经济长期无法恢复。与诸前任相比,忽必烈受到更多汉文化的熏陶,他所亲信的地主士大夫刘秉忠、王文统、许衡、郝经等人,都明确地提出,治国必须采用"汉法"(汉地传统的政治、经济、文化政策)。如许衡说:"国朝仍处远漠,无事论此。必若今日形势,非用汉法不可。"他还举出历史上北方民族建立的政权为例,说明"必行汉法,乃可长久"(许衡《鲁斋遗书》卷七《立国规摹》)。在与阿里不哥的汗位争夺战中,忽必烈依靠汉地的经济、军事力量为后盾夺得了汗位,因此他日益将统治重心放在汉地,改行"汉法"以治国。

在由汉族儒臣代为起草的即位诏书中,忽必烈宣称:

> 朕惟祖宗肇造区宇,奄有四方,武功迭兴,文治多阙,五十余年于此矣。……求之今日,太祖嫡孙之中,先皇母弟之列,以贤以长,止予一人。……爰当临御之始,宜新弘远之规。祖述变通,正在今日。务施实德,不尚虚文。虽承平未易遽臻,而饥渴所当先务。

忽必烈在即位诏中承认,元朝建立以来,"武功迭兴,文治多阙"。此后,仿汉制定年号为"中统",复下诏曰:

> 祖宗以神武定四方,淳德御群下。朝廷草创,未遑润色之文;政事变通,渐有纲维之目。朕获缵旧服,载扩丕图,稽列圣之洪规,讲前代之定制。……施仁发政,期与物以更新。

收录在《元史》《国朝文类》等书中的这两篇诏书如果放在其他时代可能不足为奇,但在13世纪中期的北中国有着不容低估的宣传效应。此前蒙古从未专门面向汉地颁发过汉族传统的文言诏书。忽必烈登基伊始的这两次颁诏,无疑向汉地百姓,特别是士大夫表明,他不再仅仅是蒙古大汗,同时也是中国新王朝的皇帝。诏书一再宣称"宜新弘远之规""祖述变通""与民更始""与物以更新",重点强调了改行汉法、实施文治的政治方针,显示了忽必烈用"汉法"实行改革的决心。中原人民饱尝战乱之苦,渴望安定。在他们看来,"今日能用士,而能行中国之道,则中国之主也"。忽必烈正是适应他们要求的新主人。

所谓推行汉法,用当时人的另外一种表述,就是"帝中国当行中国事",亦即有计划地吸收、采用前代中原王朝的一系列典章制度和统治经验。具体而言,忽必烈在位初期推行的"汉法",主要包括以下五方面的内容:

建立年号、国号及有关礼仪制度 忽必烈即位之初,改变前代大汗不立年号的做法,定年号为"中统"。通常认为,它就是"中朝正统"的简称,表明了建立汉族模式王朝的基本方针。中统五年(1264)八月阿里不哥归降后,取《易经》"至哉坤元"之义,改年号为"至元"。至元八年(1271)十一月,复取《易经》"大哉乾元"之义,定国号为"大元"。"元也者,大也。大不足以尽之,而谓之元者,大之至也。"在此以前,蒙古国家没有类似于中原王朝的国号,自称"大蒙古国",北方汉族文人则简称为"大朝"。元朝之名,至此正式确立。在此前后,忽必烈还下诏仿汉制设立太庙,祭祀祖先,并制定节日、庆典的朝仪。

定都汉地 忽必烈即汗位于开平,这是他的王府所在地。开平位于蒙古草原的南部边缘,北连朔漠,南接华北,实施对中原的控制比较便利,同时又能与漠北保持经常联系。中统四年(1263),升开平府为上都。次年(1264),又改燕京之名为中都,形成两都制的格局。燕京旧为辽朝南京、金朝中都,"龙盘虎踞,形势雄伟,南控江淮,北连朔漠",地理位置重要。因此早就有人对忽必烈建议说:"天子必居中以受四方朝觐,大王果欲经营天下,驻跸之所,非燕不可。"随着对中原统治的稳定和深化,忽必烈将建都的重点更多地向燕京倾斜,以便于控制全国,进一步和汉族地主结合。至元三年(1266)年底,开始对燕京进行重建,具体方案是在燕京旧城址的东北旷野上建筑新城。新城规模庞大,呈矩形,南北较长。城墙夯土筑成,周长总计两万八千六百米,分设城门十一座。城市布局取法于《周礼·考工记》中所称王都"左祖右社、面朝后市"的原则,规划整齐,井然有序,城门与宫殿也多取《易经》命名。皇城在全城南部稍偏西,其内又有宫城。至元九年(1272),正式定新城之名为大都。新城建成后,旧城亦未废弃,仍是大都的一部分。上都则退居陪都的地位,主要起着联络中原与漠北的纽带作用。元朝皇帝每年大部分时间居于大都,四月至八九月间赴上都避暑,其间各中央机构派少量官员扈从北上,大多数人仍在大都办公。而大蒙古国旧都和林,则已降为地方机构的治所。

建立中央集权的中原模式官僚机构 大蒙古国时期,国家制度十分简略,在征服中原过程中曾根据具体情况沿用一些金朝旧制,但无一定之规。忽必烈即位后,在汉族儒臣的策划下,模仿金朝制度格局,逐步建立起一整套官僚机构。中央设中书省掌政事,为宰相机构,下辖吏、户、礼、兵、刑、工六部,处理具体行政事务。又设枢密院掌军事,御史台掌监察。地方上最初设立十道宣抚司,主持日常军民政务,下辖路、府、州、县,后来又出现行省的设置,并有提刑按察司(后改肃政廉访)负责地方监察事务。忽必烈还采取了一些措施来强化中央集权的官僚制统治。首先是限制诸王勋贵的特权,禁止其越轨违制行为,如擅取官物、擅征赋役、擅招民户、擅用驿传等等。其次是解决汉人世侯割据的问题。中统三年(1262)的李璮之乱被镇压后,忽必烈因势利导,在以后几年内,陆续颁布一系列规定:地方实行兵、民分治,罢世侯子弟为官者,停止世侯世袭,立官吏迁转法,定易将之制、使将不擅兵。这些措施从根本上结束了金末以来北方军阀割据的局面。

实行重农政策 大蒙古国时期,统治者对汉地农业的重要性认识很不够,忽必烈却较早注意到这一问题。他在藩府时就曾询问儒生张德辉:"农家亦劳,何衣食之不赡?"即位后,在中央设立大司农司,专管劝导、督察农事,又将"户口增、田野辟"规定为考核官吏的首要标准。忽必烈一再下诏,招集流亡,鼓励垦荒,发展屯田,兴修水利,禁止抑良为奴。至元七年(1270),颁布立社法令,将以前农村中自发出现的社组织加以统一推广。以自然村为单位,原则上每五十家立为一社,由社众推举年高通晓农事、家有兼丁者担任社长,免除差役,专门负责劝农、组织农民协作互助,各社还设立义仓以备荒。此外,元廷敕令农官汇集历代农学著作,删繁撮要,编成《农桑辑要》一书,颁行全国,用以指导农业生产。

尊崇儒学 大蒙古国时期,儒学不受重视,仅被作为一种准宗教加以优待,统治者对儒学作为治国工具的功能还没有明确认识。忽必烈在这方面显示出超越同辈的识见。他在藩府时就与汉族儒士频繁接触,讲论治道,即位后,进一步推行尊崇儒学的措施。

采用"汉法"治理国家,增强了元朝的国力,使元朝能够在与蒙古敌对诸王的斗争中占据优势。当时蒙古统治集团中以"西北藩王"为首的保守势力,认为忽必烈"遵用汉法",就是违反"本朝旧俗",专门派遣使节,前来责问。阿里不哥事件,以及随后发生的乃颜(成吉思汗幼弟铁木哥斡赤斤的后裔)和海都(窝阔台之孙)叛乱事件,规模很大,连绵数十年,都是蒙古统治集团内部要求革新和因循守旧两股政治势力之间斗争的反映。忽必烈同这些叛乱者进行斗争之所以取得胜利,中原地区的财力物力以及汉族地主的支持,起了重要的作用。例如,在忽必烈亲征乃颜时,蒙古将领因与乃颜部属原来彼此熟识,上阵时"立马相向语,辄释仗不战,逡巡退却"。忽必烈本人处在非常危险的境地。后来在伯颜和汉族士大夫建议下,用汉军"以汉法战",才挽回战局,取得胜利。

在忽必烈实施改革的过程中,刘秉忠和王文统起过重要作用。刘秉忠年轻时是"刀笔吏",后来出家为僧。他长期在忽必烈身边,"参帷幄之密谋,定社稷之大计"。元代许多典章制度,"皆自秉忠发之,为一代成宪"。大都、上都皆由他一手设计。王文统"少时读权谋书","尚霸术,要近利",为军阀李璮赏识,得到信用。忽必烈早已听说过他们的声名,即位后,立中书省,"首擢文统为平章政事,委以更张庶务"。后来王文统因李璮叛乱事件发生,被忽必烈所杀,但"元之立国,其规模法度,世谓出于文统之功为多云"。

忽必烈推行的一系列"汉法",奠定了汉式王朝的基本框架。蒙古游牧民族在统治中原后,必然要逐渐适应发展程度较高的汉族农业文明,这是历史的趋势。忽必烈的主要历史功绩,就在于能够顺应这一趋势,推动大蒙古国最终转变为元王朝。旧史家称颂他"能以夏变夷,立经陈纪,所以为一代之治者,规模宏远矣"。这个评价是基本符合事实的。

但是,我们也必须指出,忽必烈对"汉法"的推行并不彻底。蒙古贵族在新王朝的统治地位要依靠民族特权来保证和维护,而如果彻底推行汉法,就意味着取消这些民族特权,这当然要为蒙古贵族所反对。因此,以忽必烈为代表的蒙古上层统治集团,在完成统治重心的转变、大体上接受了前代中原王朝的一套典章制度以后,迅速向保守的方面转化。随着政权设置的大体完备和仪文礼制的基本告成,推行、贯彻汉法的政治革新工作即渐趋停顿。若干事关政权进一步汉化的重大举措,如开科举、颁法典等,皆屡议屡辍,悬而不决。而大量不适应汉地状况、阻碍社会进步的蒙古旧制,因为牵涉贵族特权利益,都在"祖述"的幌子下被保存下来。与前代中原王朝相比,元王朝仍然带有相当明显的二元性特征,旧有的"草原本位"色彩并未完全褪去。直到元朝后期的蒙、汉文合璧碑铭中,汉文"大元"国号在蒙古语中仍译作"称为大元的大蒙古国"或"大元大蒙古国"。元朝纪年方式汉、蒙并用,皇帝死后也同时有蒙、汉两种纪念性称号。如忽必烈按汉族传统的庙谥为"世祖圣德神功文武皇帝",而蒙古"国语"谥号则为"薛禅合罕",意即贤明之汗。这表明元朝的皇帝实际上在一身兼任两种角色,既是汉族臣民的皇帝,同时仍然是蒙古草原百姓的大汗。忽必烈以后的元朝诸帝大体上都继承了忽必烈的二元性政策。

至元三年(1266),儒臣许衡上《时务五事》,论述"立国规模",特别谈到了汉法推行问题。此时忽必烈即位已经七年,汉式王朝的框架已初步奠定,但在许衡看来,这方面的工作还很不彻底,仍然是缺乏长远规划,"日计有余而岁计不足","无一定之论"。许衡指出:

考之前代,北方奄有中夏,必行汉法,可以长久。故后魏、辽、金历年最多,其他不能实用汉法,皆乱亡相继,史册具在,昭昭可见也。……以是论之,国家当行汉法无疑也。然万世国俗,累朝勋贵,一旦驱之下从臣仆之谋,改就亡国之俗,其势有甚难者。苟非聪悟特达,晓知中原实历代帝王为治之地,则必咨嗟怨愤,喧哗其不可也。……以北方之俗改用中国之法,非三十年不可成功。……此在陛下笃信而坚守之,不杂小人,不营小利,不责近效,不恤浮言,则天下之心庶几可得,而致治之功庶几可成也。

这篇奏疏值得注意之处,不仅在于作者对当时的汉法推行工作评价不高,而且在于他对元朝汉化进程的估计颇为悲观,因此才特别强调循序而进、以求渐变。后来的历史发展,证明了许衡的看法有相当准确的预见性。

全国的统一

忽必烈登上汗位以后,随着国家统治重心的南移,横跨欧亚的大蒙古国事实上趋于分裂。大汗汗廷以外,在东欧、西亚、中亚形成了相对独立的四大汗国——钦察、伊利、察合台、窝阔台汗国。以后大部分时间里,忽必烈及其子孙仍被尊为成吉思汗的正统继承人、"一切蒙古君主之主君",元王朝也在名义上被视为各汗国的宗主国。元代史料经常笼统地称四大汗国的统治者为"西北诸王",把他们置于"宗藩"的地位。但各汗国毕竟走上了各自不同的发展道路,元王朝并不能对它们形成控制。不过失之东隅,收之桑榆,在蒙古世界帝国走向分裂的同时,元朝统治者却攻灭南宋,完成了重建中国大一统的历史任务。

蒙古对南宋的军事行动早已开始,但很长时间内一直将攻宋重点放在四川,南宋方面则利用四川多山的地形修筑城堡,顽强抵抗,使蒙古骑兵纵横驰骋的长处无法发挥,双方陷入僵持状态。忽必烈在平定内乱、稳定了内部之后,把注意力转到南方。他根据南方降将刘整的建议,集中力量进攻江、汉之间的军事重镇襄、樊二城(今湖北襄阳、樊城)。元军从至元五年(1268)起全力以赴,动员了十万以上的兵力,每年在襄、樊消耗的军费约为全国财政收入的一半。襄、樊两城夹汉水对峙,襄在江南,樊在江北,"植柱中流,联以铁絙",切断了襄、樊二城的水上联系,集中力量攻陷了樊城。不久,号称"铁脊梁"的襄阳,也因守将投降而落入元军之手。

荒淫腐朽的南宋统治集团,偏安江左,面对北方的强敌,一贯采取防御的策略,特别是把希望寄托在长江天险上。南宋词人曾经感叹道:"国事如今谁倚仗?衣带一江而已!"襄、樊失守之后,长江上游门户洞开,天险已不能阻挡元军前进。至元十一年(1274),忽必烈决定大举伐宋。元军兵分两路,东路以博罗欢为统帅,从两淮方面进攻,目的是为了牵制宋朝的兵力。西路由主力部队二十万人组成,以伯颜为统帅,从襄阳沿汉水而下。阳逻堡(今湖北武汉东)一战,南宋军队大败,鄂州不战而降。元军由鄂州大举东下,贾似道被迫亲自率军应战。至元十二年(1275)二月,双方相遇于丁家洲(今安徽铜陵县境内)。

当时南宋集结的军队有十余万人,战舰五千余艘。元军在湖广留下了四万人,东下的军队亦不过十余万,双方兵力相当。从物资供应、地理条件和群众条件来说,宋军都占有明显的优势。但是,贾似道一心求和,甚至向伯颜表示愿意"称臣岁贡",高级将领也都动摇观望,根本没有认真备战。元军利用这一时机,选择了有利的地形。待到谈判破裂,元军先在两岸树炮,轰击南宋水军中坚,然后出动战舰冲击。宋朝大将夏贵先逃,贾似道仓皇失措,鸣锣退兵,元军乘势冲杀,宋军大败,溃不成军。自此役后,沿江郡邑的"大小文武将吏,降走恐后",元军很快就推进到长江下游。七月间,东西两路元军会合,又大败南宋军队于焦山,切断了两淮与浙西的联系,然后,分兵三道,对临安形成包围之势。南宋统治集团在兵临城下之际,没有进行任何抵抗就投降了。

这一年,忽必烈在给南宋降臣高达的诏书中说:"昔我国家出征,所获城邑,即委而去之,未尝致兵戍守,以此连年征伐不息。夫争国家者,取其土地人民而已!虽得其地而无民,其谁与居?今欲保守新附城壁,使百姓安业力农,蒙古人未之知也。尔熟知其事,宜加勉旃!"这份诏书表明,忽必烈战争的目标显然是彻底灭亡南宋,"取其土地人民"。

至元十三年(1276),元军不战而胜,占领临安。

在元军进入临安,南宋恭帝被俘北去以后,以文天祥、陆秀夫、张世杰为首的南宋政府中的少数抵抗派,先后拥立恭帝的两个弟弟,辗转于东南沿海一带,艰苦地支撑了三年。由于力量对比悬殊,文天祥在至元十五年(1278)于潮阳(今广东潮阳)五坡岭兵败被俘。第二年(1279)正月,陆秀夫和张世杰也于崖山(今广东新会南)战败,陆秀夫负幼帝赵昺蹈海死,张世杰奔海外以图再举,不幸舟覆牺牲。南宋政权至此灭亡。

文天祥兵败被执后,元军将领要他写信招降张世杰,他写了自己过零丁洋所作的诗表明自己的态度。这诗的最后两句是:"人生自古谁无死,留取丹心照汗青!"他后来被囚禁在大都三年,始终不为威胁利诱所屈服,最后于至元十九年(1282)慷慨就义。

元朝统一的历史意义

元灭南宋,宣告了一个多世纪以来南北对峙局面的结束和空前规模的统一多民族国家的形成,在我国历史的发展过程中,具有深远的意义。

元朝的统一，使我国广大地区处于一个中央政权的直接控制之下。元朝中央政府管辖的地区，"北逾阴山，西极流沙，东尽辽左，南越海表"。

元朝大一统的成果，不仅体现在辽阔的版图，而且表现为对边疆控制的加强。很多过去大一统王朝的"羁縻之州"，到元朝"皆赋役之，比于内地"。对漠北、东北、云南、吐蕃等边远地区，元朝都因地制宜地实施了有效的行政管理。漠北在忽必烈定都汉地以后失去了国家政治中心的地位，改设宣慰使司都元帅府，后升为岭北行省。这一地区没有州、县建置，实际基层行政单位仍然是蒙古社会传统的千户、百户组织。在民族复杂的东北地区，设立了辽阳行省，辖境北抵"黑龙江之东北极边"的奴尔干地区，在那里设立了征东招讨司；东到大海，包括库页岛在内，东南与高丽接壤。西北的阿力麻里地区，忽必烈派遣自己的儿子镇守。哈剌和州（今新疆吐鲁番）、别失八里（今新疆吉木萨尔）和斡端、合失合尔等地，分别设有中央派出的元帅府、宣慰司等机构。云南地区早在至元十一年（1274）即设置行省，下辖三十七路二府，多用土官任职，可世袭，犯罪也仅罚而不废。吐蕃作为一个单独的大行政区，未设行省，由中央掌管全国佛教事务的宣政院直接统辖。宣政院下属的地方行政机构分为三道，分别为吐蕃等处宣慰使司都元帅府（辖吐蕃东北地区）、吐蕃等路宣慰使司都元帅府（辖吐蕃东南地区）、乌思藏纳里速古鲁孙等三路宣慰使司都元帅府（辖吐蕃中西部，即今前后藏和阿里地区）。官员皆由宣政院或帝师荐举，皇帝予以任命，低级地方官可由吐蕃当地僧俗首领按本地习惯自相传袭。为加强统治，元廷还在吐蕃进行了清查户口、设置驿传等工作。在东南海中的台湾，设立了澎湖巡检司。

元朝前期，西北、东北的宗室诸王发动叛乱，对大一统的局面一度构成威胁。至元六年（1269）春，以海都为首的窝阔台、察合台后王大会于塔拉斯河上，划分各自在中亚的势力范围和财赋收入，宣誓保持蒙古传统的游牧风俗、制度，并遣使质问忽必烈："本朝旧俗与汉法异，今留汉地，建都邑城郭，仪文制度遵用汉法，其故何如？"表明了反对"汉法"、与元廷为敌的政治立场。此后海都等"西北叛王"与元朝军队在漠北西部和天山南北长期交战，互有胜负。至元二十四年（1287），东北宗王乃颜发动叛乱，忽必烈御驾亲征，将其讨平。忽必烈死后，海都等叛王领袖也相继死去，西北宗王与元廷约和，仍承认元朝皇帝作为全蒙古大汗的地位。除去前期宗王叛乱的因素外，元朝可以说是中国历史上极少见的没有外患的朝代。如时人所言，"圣朝之疆宇，固如金瓯，平如衡权，三代以来，罕能同议"。

元朝的统一，进一步密切了我国各族人民之间的关系。这一时期，各边疆地区和中原地区的政治、经济、文化联系得到了前所未有的加强。汉族人民大批向边疆移动，边疆各族人民向中原及江南迁徙，形成了相当普遍的民族杂居现象。在此基础上，各族人民互相通婚，共同从事生产活动，联合起来反抗剥削压迫，加深了彼此的兄弟情谊，促进了更大规模的民族融合。

元朝的统一，对于社会生产，也有很大的积极作用。当南北对峙、政权并立时，各地区之间经济交流只能通过边境互市和走私贸易进行。元朝政府一度关闭与南宋贸易的榷场，结果是"舟车留停，道路萧条"。每年因"越境私贩坐罪者动以千数"，可见南北经济交流的需要是何等迫切！统一以后，各地区之间产品和生产技术的交流都得到发展，海外贸易也有所增长。在各族人民的共同努力下，各地的农业生产得到不同程度的恢复，手工业生产则有显著的进步。

大一统局面促进了农业生产。北方农业在金元之际的战乱中受到了巨大破坏,随着忽必烈推行重农政策,渐有恢复。江南地区所受战争破坏相对较轻,因此南方农业恢复更快,在宋代基础上取得更进一步的成就。由来已久的南、北方经济差异,在元朝进一步加大。南方江浙、江西、湖广三行省的税粮总数占全国一半以上,其中仅江浙一省即超出全国的三分之一。从户口变化看,中统三年(1262),北方地区户数为一百四十七万六千多,以每户五口计(下同),共七百余万口,还不到金代人口数的六分之一。即使考虑到蒙古统治下贵族、将帅大量隐占私属人口的因素,仍然可以看出战乱破坏的惨重。至元十三年(1276)平宋后,江南户口变化不大,得户九百三十七万多,加上两年前的北方户数一百九十六万七千多,共有户一千一百三十三万八千多,口五千六百余万。到忽必烈去世前的至元三十年(1293),全国见于统计的户数已达一千四百多万,折约七千万口。户口增长的趋势在元中期以下仍然保持,估计元朝最高人口数字在八千万到九千万之间,与宋金对峙时期的口数相去不远。

大一统局面大大加强了南方与北方的经济联系。元朝定都华北,"去江南极远,而百司庶府之繁,卫士编民之众,无不仰给于江南"。而沟通南北的大运河,在宋金对峙时期已多处淤塞。至元二十六年(1289)到二十八年(1291),元廷先后在山东开凿会通河,在大都近郊开凿通惠河,经重新疏凿,改变了运河过去迂回曲折的航线,河道基本取直,航程大为缩短,运粮船可以直接驶入大都积水潭(今北京什刹海一带)停泊。"江淮、湖广、四川、海外诸番土贡、粮运、商旅懋迁,毕达京师。"这条河道在明、清两代一直发挥着重要作用。此外,元朝还开创性地开辟了长途海运航线。每年二月由长江口的刘家港入海,自崇明岛东入黑水洋,取直线北行,绕胶东半岛入渤海,抵直沽(今天津)。顺风时,十天即可驶完全程。海船在直沽交卸完毕,于五月返航,复运夏粮北上,八月再度回航。海运形成制度后,规模不断扩大,与运河共同成为元朝的重要经济命脉。据估计,在当时的南北交通运输线中,河漕比陆运的费用节省十之三四,海运则比陆运节省十之七八。

大一统局面下的商业贸易和城市经济也都有很大发展。元朝不行铜钱,而是在全国范围内将纸币作为主币发行,称为钞。这对商业发展较为有利。海外贸易继承了宋朝的成果,不仅活跃了国内市场,也给元朝政府带来了巨额收入。首都大都既是全国政治中心,也是北方最大的经济中心和商品集散地,"东至于海,西逾于昆仑,南极交广,北抵穷发,舟车所通,货宝毕来"。南宋故都杭州基本保持了宋代旧貌,其繁华与大都相比有过之无不及。意大利旅行家马可·波罗在《马可·波罗行纪》中称其中有大市十所、小市无算,"贸易之巨,无人能言其数",并赞扬它为"世界最富丽名贵之城"。随着运河的恢复和海运的开通,在其沿线又出现了一批新兴的工商业城市、城镇,其中主要有淮安、临清、济宁、松江、太仓、直沽等。在元朝政府设置市舶司的泉州、广州等沿海城市,其经济生活也非常活跃。

但是,元朝的统一是统治阶级用暴力手段实现的。在统一进程中,元朝军队的屠杀、掠夺使各族人民遭受了巨大的苦难。在统一以后,元朝统治者又不断加强国家机器,对各族人民进行残酷的剥削和压迫。因此,各族人民无论在统一过程中或是在统一后,都不断举行起义,进行反抗。他们的斗争完全是正义的。正因此,文天祥等人的抗元斗争,也得到了人民一定程度的同情和支持。各族人民的反抗斗争,连绵不断,声势浩大,沉重地打击了元朝的统治;同时,通过斗争,更进一步加强了各族人民之间和全国各地区之间相互的联系,为统一多民族国家的巩固做出了贡献。

中央与地方

在元世祖忽必烈统治的前期,通过采用"汉法",使国家的政治、经济走上了比较平稳运行的轨道。这实际上是蒙古统治集团对被统治地区经济、社会、文化状况的一种积极适应。但是,在统治集团内部始终存在着强大的保守势力,所以蒙古旧制的残余仍然有不少保留了下来。这便形成了元朝一代基本上继承金、宋政治的传统,同时又掺杂着很多漠北"旧俗"的统治体系。

在忽必烈即位以前,蒙古的政治机构十分混乱,"随事创立,未有定制"。除了出征、汗位继承等军国大事由最高统治者及忽里勒台大会决定外,一般日常行政事务,均由札鲁忽赤(断事官)和必阇赤(秘书)等处理。窝阔台汗重用的契丹人耶律楚材就是一个专管汉文文书的必阇赤。大汗派驻燕京管理中原事务的代表,称为也可札鲁忽赤(大断事官)。对于那些投降的金朝官僚,一般"因其旧而授官"。以土地人民来归的,就封为当地的守令,子孙世袭,可以自行选用部属,操一方生杀予夺之权。同时,蒙古统治者派遣达鲁花赤(镇守官)加以监督。此外,每个蒙古贵族都得到一定的地区和若干数量的人民作为食邑,和辽代一样称为"投下"。投下可以在食邑自行设官,处理各种事务。在军队编制方面,蒙古军均按十进制组织,军官世代相袭。归附的汉族军阀也按兵力大小,分别授以万户、千户等官职,子孙相继。蒙古统治者可以调遣汉军出征,但对其内部事务,实际上不能过问。

忽必烈即位后,"采取故老诸儒之言,考求前代之典,立朝廷而建官府"。他沿袭宋、金的制度,在中央设立中书省,下辖吏、户、礼、兵、刑、工六部,总理一切行政事务;设枢密院掌军事;设御史台司监察。忽必烈曾说:"中书是我的左手,枢密是我的右手,御史台为我医左右两手。"可见这几个机构都是统治者得心应手的工具。此外,还设立了各种管理具体事务的机构,如通政院管驿站,将作院管工匠,大司农司则专管"劝课农桑"等。

李璮叛乱被平定之后,忽必烈乘机"裁强诸侯权",取消了地方官吏世袭之法,定迁转之制。同时,对蒙古贵族在投下分地中派遣官吏、征收租赋的权力,也加以各种限制,从而使中央对地方的控制得到加强。

元朝在地方上设路、府、州、县等行政区划。除了任命长、次官之外,均设置达鲁花赤,由蒙古、色目人担任。色目人是元代特有的一个社会集团。"色目"原意为种类,在元代则表示我国西北地区、中亚以及中亚以西的各族人,如唐兀、畏兀儿、哈剌鲁等。在边疆地区,元朝根据不同情况设置宣抚司、安抚司、招讨司等机构。县以下又分乡、都,设有里正、主首,负责催办钱粮、供应等杂事。元朝政府还把五十家编为一社,社有社长,负责"劝本社之人务勤农业",实质则是为了加强对人民的控制。

在中央和地方机构之间,又有行中书省、行枢密院、行御史台的设置。这些原来是战争期间加强对地方控制的中央临时派出机构,因为有利于加强中央集权,逐渐变成了常设机构。其中的行中书省(简称行省)是固定的地方行政机构,在元代历史上有着极为重要的地位。元灭南宋之后，版图辽阔，超出汉、唐。为管理这样广袤的疆土，元朝逐渐建立起行省制度。由于中央宰相机构为中书省，派高级官员外出镇遏地方，便称为"行中书省事"，简称行省。起初行省带有比较明显的中央派出机构色彩，至忽必烈后期已基本上转变为地方常设的最高行政机构，全国形成辽阳、甘肃、陕西、河南江北、江浙、江西、湖广、四川、云南九个行省。后来又设立了岭北行省，共十个行省，皆"掌国庶务，统郡县，镇边鄙，与都省为表里，……凡钱粮、兵甲、屯种、漕运，军国重事，无不领之"（《元史》卷九一《百官志七》）。某些地区，在行省之下，设置宣慰使司或宣慰使司都元帅府，分统若干路、府、州、县，作为行省的派出机构，用以密切行省和地方的联系。在邻近首都大都的河北、山西、山东、内蒙古等地区，不设行省，由中书省直辖，称为"腹里"。元人评价说："国家置中书省以治内，分行省以治外，其官名品秩略同，所以达远迩、均劳逸，参错出入，而天下事方如指掌矣。"行省辖区广阔，权力集中，地方军、政、财权无所不统，与宋朝分割地方权力的制度明显有异。这种情况很大程度上源于元朝特殊的民族统治背景。中央只有加重行省权力，才能及时并有效地镇压各地的反抗行动，同时也能对分封在边疆地区的诸王贵族进行节制。行省官员中只有主要长官能掌握军权，而这类职务通常不授予汉人，因此地方权重之弊可以通过民族防范、民族控制得到部分弥补。中央还通过监察等各种制度杠杆对行省进行遥控。在后来的历史发展中，元朝行省极少扮演体现地方独立性、代表地方利益的角色，相反主要起到了代表中央控制地方局势、搜刮财富的作用。

为加强大一统国家的内部联系，保证中央对地方的有效控制，迅速传递信息，元朝在全国范围内建立了驿站和急递铺系统。驿站之"站"是蒙古语拉丁文转写形式 Jam 的音译，即汉语"驿传"之意。在元朝它往往与"驿"合用，并渐渐取代后者，沿用至今。元朝以大都为中心修筑了四通八达的驿道，东连高丽，东北至奴尔干（今黑龙江口一带），北达吉利吉思，西通伊利、钦察两汗国，西南抵乌思藏（今西藏地区），南接安南（今越南北部）、缅国，范围之广，前所未有，做到了"人迹所及，皆置驿传，使驿往来，如行国中"（《元史》卷六三《地理志六》）。全国共设有陆站、水站约一千五百处，为各级政府因公差遣人员服务，提供交通工具、住所、饮食、薪炭等，也用来运输官府物资，是当时最便利的交通体系。服务人员从当地百姓中签发，单立户籍，称站户。急递铺是元代的官方邮递系统。每十或十五、二十五里设一铺，置铺兵五人，负责传递文书。传递速度规定为一昼夜四百里，急件五百里。

军制、官制与法律

在忽必烈统治时期，元朝的军事制度也有很大变革。军官世袭的办法仍然保留，但规定军民分治，军职不许干预民事。对于掌握军队的汉族军阀，在李璮叛乱后，或取消他们的军职，改任民官；或使他们易军而将，切断军队与他们之间的依附关系。如真定史氏，"一门一日解虎符、金银符者十七人"，史家军"亦解隶他将"。在原有的蒙古军、汉军之外，忽必烈又接受史天泽、姚枢等人的建议，仿效汉、唐、宋内重外轻之法，抽调各军精锐，另行成立了五卫亲军，用以加强中央的力量。后来又陆续成立了二十一卫亲军，其中包括各种民族成分。这二十六卫军队是皇帝的侍卫军，由元朝统治者直接掌握，分布于大都及腹里各地,实际上成了整个军队的主力。枢密院直接对皇帝负责,军队非有皇帝命令,"虽典掌者不敢擅发,亦不得阅其数"(《元文类》卷四一《经世大典序录》)。军权的集中统一,是中央集权的有力保证。

在合并南宋后,忽必烈把蒙古军、探马赤军(最初是由漠南蒙古的几个部组成的军队,后也吸收畏兀儿、汉和其他各族)、汉军和新附军(新归附的南宋军队)组成一个遍布全国的镇戍网。大体上蒙古军、探马赤军戍守中原,汉军、新附军遍布全国各地,而把重点放在人民反抗斗争最为激烈的江淮以南地区。

经忽必烈整顿以后的元朝政府,是一个十分庞大的官僚机构。内外官员的总数达二万六千余人,在有品级的二万二千余名官员中,蒙古人、色目人占了六千余名,汉人占了一万五千余名。这个数字充分说明元朝政府是以蒙古贵族为主,联合汉族以及其他各族地主阶级建立起来的。

在官员的选拔上,曾经有不少汉族地主士大夫建议恢复科举制度,忽必烈同意举办,却始终没有实行。到元仁宗时,才正式举行科举考试,但每次录取不过数十人。蒙古、色目地主阶级子弟,主要以怯薛为晋身之阶。他们在一定年龄后,就列名怯薛,充当皇帝的侍从,然后继承父兄的职位,或提拔担任其他职务。汉族地主阶级子弟,主要从当吏开始,到一定年限,就可挤入官员的行列。甚至省、台、院、部的执政大臣,"亦以吏为之"。"年年去射策,至老犹儒冠",当时的文人因为科举名额太少,不得做官,往往大发牢骚,认为这是"左儒而右吏",是所谓"吏治"。其实无论儒或吏,都来自地主阶级,尽管元朝统治者选拔官员的方法和标准与前代有所不同,但其阶级基础并不因此改变。

元代的法制也有不同于前代的特点。蒙古统治者进入中原之后,一直没有颁布过正式的法律。官吏断理狱讼,有的沿用金代的《泰和律》,有的援用"蒙古祖宗家法"。到忽必烈时,禁用《泰和律》,曾几度准备编订新律,但均未成功,只是将统治者历来的"敕旨条令,杂采类编",辑成《至元新格》一书。忽必烈以后的元朝历代统治者先后颁行的《大元通制》《至正条格》等,都是将"敕旨条令"汇编而成的。所以当时有人说:"今天下所奉以行者,有例可援,无法可守","遇事有难决,则检寻旧例;或中无所载,在旋行议拟"(《历代名臣奏议》卷六七郑介夫语)。"旧例"或"议拟"所依据的,主要仍是宋、金旧律和"蒙古祖宗家法"。除了维护地主阶级的统治这一根本原则之外,还充斥着强烈的民族歧视。

政府与百姓

为了维持庞大的国家机器,忽必烈对各族人民的义务做了各种规定。原来,在蒙古贵族统治下的北方,户籍和赋役制度都十分混乱。各投下可以自行招集户口,甚至使用武力强行掠取。赋税名义上有一定数额,实际上从蒙古大汗到各投下、各汉族军阀,都是无限制地随意勒索。忽必烈即位时,为了笼络人心,也不得不承认"淫刑虐政,暴敛急征",结果是"民力愈困","农夫不得安于田里"。

忽必烈很重视户籍问题。他屡申禁令,禁止各投下与国家争夺劳动力,不许他们自行招集民户。同时又进行"阅实户口",至元八年(1271)调查的结果,当时在元朝政府管辖下共有一百九十四万余户。统一全国以后,至元二十七年(1290)统

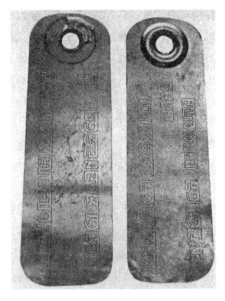

元代圣旨金牌

计,全国共有一千三百十九万余户,五千八百八十三万余口。

在"阅实户口"的基础上,忽必烈对原来极为混乱的户籍制度进行了整顿。在至元八年(1271)关于户籍的"条画"以及后来的一些规定中,元朝政府按职业的不同,将全国人户分为民户、军户、匠户、站户、盐户等。同时,又根据不同社会地位把全体人民分成良、驱(奴隶)两大类。各种人户中,又根据来源、承当国家义务的差别,而有许多不同的名称,例如全科户、协济户等。军户中既按民族、地域分为蒙古军户、探马赤军户、汉军户、新附军户,又按军役负担不同分为正军户和贴军户。站户也有民族和正、贴之分。此外,还有两类人户:一类是按宗教职业分的,如释户、道户、也里可温(基督教)户、答失蛮(伊斯兰教)户等;一类是按民族分的,如回回户、畏兀儿户、蒙古户等。这两类户承担的国家义务往往与其他人户不同。总的来说,经忽必烈整顿之后的元朝户籍制度,仍然相当庞杂芜乱。而北方的户籍又比南方要复杂得多。和宋、金一样,元朝也实行户等制,即将居民按资产丁力的不同情况,划分为三等九甲,在摊派赋役时,上等数多,下等数少;上等在前,下等在后。但是由于元朝政府对于居民的资产丁力并不认真进行调查登记,居民的户等常与实际情况不符,往往成为形式。

赋税制度也做了明确的规定。元代赋税主要包括税粮和科差两大类。南方和北方有很大的不同。北方主要将成吉思汗、窝阔台汗以来各种五花八门的临时规定加以统一。税粮,分丁、地税,按不同户分别征收,官吏、商贾和一般民户纳丁税,每丁粟二石;工匠、僧、道、儒等验地纳地税,每亩三升至五升不等;军、站户土地在四顷以内不纳税,四顷以上按亩征税。当丁税者不纳地税,当地税者不纳丁税。科差又分三种,一种是丝料,每十户纳丝十四斤,十斤归政府,四斤归投下;一种是包银,按户征收,每户钞四两;还有一种是俸钞,以前官吏都没有俸禄,到何处做官就向当地百姓要"撒花"(礼物),忽必烈即位后才规定俸禄制度,但仍分摊到百姓头上,每户纳钞一两。南方税粮则基本上沿袭南宋的制度,按地亩分等征收,分为夏、秋二税。夏税征收木棉、布、绢、丝绵等物,可以折钞;秋税主要征米。南方的科差,主要是户钞,每户纳中统钞伍钱(后加至二贯),作为对各投下赏赐之用。科差无论在南北,主要是由民户负担。军、匠、站、释、道、儒等户,或因担负其他义务,或享有免役特权,都不用交纳。各类科差名义上是根据各户贫富高下"品答均科"的。也就是说,国家规定的数额是个平均数,摊派时按户等不同,富户多出,贫户少出。在实际施行时,官吏地主上下其手,富户总是把自己应承担的数额转嫁到贫民下户头上。

此外,人民日常生活必需的竹、木、铜、铁、煤炭等,食用的盐、茶、酒、醋等,无不有税。商税则三十取一。还有一项义务是沿袭前代的和雇和买,凡是官府需要的物品和劳动力,都在民间摊派,名义上是"两平支价",大都城还专门设立了一个"估计价钞"的衙门,叫作广谊司,实际上或则亏价强买,或则不给其值,更有甚者,干脆巧立名目,令百姓输钱。忽必烈时有人说,和雇和买等额外科敛,比起正额差税来,约为二十倍。如果把军户、逃户留下的赋税(照例由其他户分担)再算上,数目就更惊人了,"割剥民饥,未见如此之甚"(《元典章》卷二六《户部十二》)!

除了赋税,还有杂泛差役,差役的主要名目有坊正、里正、主首、库子等,办法是按户等征发,"验力挨次,周而复始"。对于豪强地主来说,充当差役为他们提供了把持地方的机会;而一些贫弱户则常被派遣充当需要赔偿的苦差,以致倾家荡产。杂泛就是力役,如筑城、浚河、运输等,都很辛苦。名义上按户等或田亩(税粮)摊派,实际上主要落在劳动人民身上。

文化和宗教政策

在思想文化领域,忽必烈注意吸收历代统治的经验。他对孔、孟之道的作用有较深的认识,因此,推尊孔子,提倡理学,很是积极。他给予儒户以免役的特权,在中央设立国子监,教育蒙古贵族子弟,后来又吸收各族官僚地主子弟入学。第一任国子祭酒就是北方理学大家许衡。在各路、府、州、县也都分别成立儒学。他还下令把《资治通鉴》《贞观政要》《帝范》《大学衍义》等全译或节译成蒙古文,供蒙古贵族学习。忽必烈的后裔更重视儒学的作用,他们明令宣布:"孔子之道,垂宪万世,有国家者,所当崇奉。"并加号孔子为"大成至圣文宣王"。在实行科举时,又明文规定"《四书》《五经》以程子、朱晦庵注解为主"。因此,"非程朱学不式于有司"。正是在统治者大力提倡下,程朱理学在元代成了思想界的正统,两宋以来的理学名家都进了孔子庙庭。

与此同时,元朝统治者还广泛利用各种宗教来麻痹人民的反抗情绪,巩固政权。对各种宗教兼容并包是成吉思汗以来历代蒙古统治者一贯奉行的政策,到忽必烈时更有所发展。佛、道、也里可温、答失蛮等都得到政府的保护,享有各种特权,可以不纳赋税,不应差役。在政府中还设置了专门管理各种宗教的机构,如宣政院管佛教,集贤院管道教,崇福司管理也里可温,哈的司、哈的所管理答失蛮等。各种宗教在政治上、经济上都有一定影响,但以佛教为最盛,道教次之。佛教各派中势力最大的是从吐蕃地区传入的喇嘛教。喇嘛教萨迦派的领袖从八思巴起,相继被忽必烈及其后裔尊奉为帝师。从皇帝、皇后到一般贵族,都要从帝师受戒。八思巴还受命制定蒙古新字,于至元六年(1269)颁行全国,成为官方文字。对于喇嘛教,元朝统治者"所以敬礼而尊信之者,无所不用其至"。元朝中叶,有人说:"国家经费,三分为率,僧居二焉。"(张养浩《归田类稿》卷二《时政书》)这个说法虽然有些夸大,但也反映出喇嘛教在元代的声势之盛。

民族政策

制造民族隔阂,挑动民族矛盾,是忽必烈用来加强统治的另一个重要手段。其最主要的表现是推行带有强烈民族歧视与压迫色彩的民族等级制度——四等人制。所谓四等人制,即元朝统治者按照被征服次序的先后,将全体百姓分为蒙古人、色目人、汉人、南人四等级,各有不同的地位和待遇。蒙古人作为元朝的"国族",也称"自家骨肉",是统治者依赖的基本力量。蒙古以外的西北、西域各族人,包括唐兀(即党项)、汪古、回回、畏兀儿、哈剌鲁、钦察、吐蕃等等,统称为色目人,系取"各色名目"之义。他们是蒙古统治者的主要助手。四等人中的"汉人"是一个狭义概念,主要指淮河以北原金朝统治区以及较早为蒙古征服的四川、云南地区的汉族人。另外长期以来居于北方的契丹、女真人也在"汉人"之内,他们中的绝大多数在元朝已趋于汉化。南人则指最后被征服的原南宋统治区(元朝江浙、江西、湖广三行省)内的居民。

　　四等人制的形成有一个过程。忽必烈即位之初,汉族官僚在政权中不仅不受歧视,而且掌握着主要权力。中统三年(1262)李璮之乱后,忽必烈的重要谋士、元初制度主要创建者之一、中书平章政事王文统受牵连被处死,大大增加了忽必烈对汉人的疑忌情绪,色目官僚集团乘机崛起。色目人大都有较高文化水平,长于经商理财,或擅长一些特殊技艺,而且远来中土,在汉地无势力基础,因而与蒙古统治者结合紧密,颇受倚重。至元二年(1265)二月,元廷规定:"以蒙古人充各路达鲁花赤,汉人充总管,回回人(按即指色目人)充同知,永为定制。"(《元史》卷六《世祖纪三》)在中央机构官员的任命上,经过一段时间的摸索与调整,也逐渐形成一套不成文的规定:以蒙古人为长,以下参用汉人和色目人。其基本精神,是在不能不使用汉人的情况下,另外委派色目人分任事权,进行牵制,并由蒙古人居高监视。平宋以后,忽必烈亦酌情起用南方降臣,其中一部分人因与北方官僚有矛盾,投靠色目权臣桑哥,并随桑哥的倒台而受到牵连,南士在仕途上也因而一蹶不振。这样到忽必烈在位末年,蒙古人、色目人、汉人、南人四等级序列已经形成,以后更进一步贯彻于具体的政策规定中,从而成为法定制度。

四等人制总的精神,首先是区分蒙古人、色目人和汉族人(包括汉人、南人)两大集团,保证蒙古贵族的统治地位。元朝通过制度、政策、法令使蒙古人、色目人享有各种特权,汉人、南人则受种种歧视。蒙古人、色目人殴打汉人、南人时,不得还手。汉人、南人不许持有军器,不许聚众围猎,不许学习武艺。在蒙古人与色目人、汉人与南人之间,在政治待遇上也有种种不同。元朝政府的用意是借此制造民族分裂,挑动各族人民之间的不信任心理,破坏被统治者的反抗意识,从而达到分而治之的目的。

其次,实行四等人制还有另一层意义,即在被统治的汉族人民中制造分裂,将其分为汉人、南人两部分,从而便于蒙古统治者自上操纵、控制。江南地广人众,是元朝主要经济命脉所在和文化最发达的地区,而南人却居于四等人最底层,他们与北方汉人间自宋金对峙以来形成的畛域之见也因而不能泯灭。"南北之士,亦自町畦以相訾甚,若晋之与秦,不可与同中国。"(余阙《青阳集》卷四《杨君显民诗集序》)这对元和元以后中国政治的发展,都有很大的消极影响。

忽必烈所规定的各项措施,充分体现了元朝政权的职能和性质,为他的后代所承袭,成为有元一代的制度。其中有些措施,因为有利于中央集权的加强和统一多民族国家的巩固,还为后代王朝所效法,产生了相当深远的影响。

忽必烈加强国家机器,目的是巩固地主阶级的统治。但是事物的发展变化总是和统治者的愿望相反。国家机器加强的结果并没有使元朝能千秋万代地统治下去,而是进一步加剧了社会矛盾;特别是大量落后的漠北"旧俗"的保留,使得元朝政府在剥削和压榨上极为残酷,从而迅速地走向崩溃。

元朝在忽必烈统治时期实现了全国的大一统。然而,统一所带来的种种促进经济发展、文明进步的有利条件,在元朝并未得到充分的利用。汉法推行工作的停滞和蒙古旧制的大量保留,使统治集团与被统治地区的文化差异长期难以弥合。蒙古贵族一向视对外征服为天职,忽必烈平定南宋之后,受此传统的影响,未能偃兵息民,而是继续发动大规模的对外扩张,先后对日本、安南、爪哇等国家和地区进行远征,超出了社会的承受能力,使经济恢复进程受到很大的影响。为解决军费和其他开支造成的财政问题,忽必烈先后任用阿合马、卢世荣、桑哥等人负责"理财",他们通过增加税课、官营牟利、滥印纸币、钩考理算等方法进行创收,所增收入基本上来自对社会的搜刮和巧取豪夺,也对社会经济造成了不小的破坏。

为了维持日益扩大的国家机器和满足统治阶级挥霍浪费的需要,必然向劳动人民征取愈来愈多的赋税。忽必烈统治时,国家财政收入已是入不敷出。忽必烈重用阿合马、卢世荣、桑哥,巧立名目进行搜刮,弄得"天下骚然""盗贼蜂起"。在号称"全盛"的忽必烈统治时期,各族人民的反抗斗争始终没有停息过。

从守成到更化

帝位的迅速更迭

元朝从1260年世祖忽必烈即位,到1368年顺帝退出大都北逃,历时一百零九年,共传十帝。十帝当中,只有首尾二帝在位时间较长,忽必烈在位三十五年,顺帝(到退出大都时为止)在位三十六年。其余八个皇帝,累计在位时间不到三十九年,可见帝位更迭是相当频繁的。与前期相比较,帝位更迭频繁的问题在元朝后期表现尤为突出,甚至发展为政变、凶杀、内战,大大加速了元朝衰亡的进程。

帝位频繁更迭的主要原因,除了皇帝短命早死外,还源于蒙古的忽里勒台选汗传统。忽里勒台是蒙古语"聚会"之意,在蒙元时期专指拥立大汗(皇帝)、决定对外征伐等大事的诸王贵族大会,它体现了蒙古建国前氏族军事民主制的残余。忽里勒台选君之制固然有利于推举出最有才能和威望的最高统治者,但毕竟为汗室成员争夺汗位的行动提供了意识形态依据和事实上的可能,孕育着内讧和分裂的危险因素。大蒙古国历代大汗登位,都经过忽里勒台会议的推举,其间风波不断,乃至出现汗位空悬数年的现象。

忽必烈推行汉法,企图确立汉族社会的嫡长子继承制,立子真金为皇太子。但真金早卒,遂又将皇太子印授予真金第三子铁穆耳,也就是后来

元成宗画像

的成宗。忽必烈死后,成宗遇到了长兄甘麻剌的竞争,经过忽里勒台大会上的激烈争执,拥戴成宗一方力量较强,成宗始得以顺利即位。

大德十一年(1307)春,成宗卒,太子德寿早死,皇后卜鲁罕企图援立成宗的堂兄弟安西王阿难答,而中书右丞相哈剌哈孙则与成宗之侄、真金次子答剌麻八剌的次子爱育黎拔力八达合谋发动政变,拥立爱育黎拔力八达的长兄海山,是为元武宗。如果说成宗即位虽有争执而总体上尚属正常的话,武宗即位则是由皇族、大臣共同策划的一次不折不扣的暴力夺位。但由于武宗具有皇室近属身份,而且在政变后召集忽里勒台会议确认了夺位的既成事实,故而在蒙古贵族眼中,这次即位仍然具有合法性。类似的帝位更迭,在元朝后期又曾多次出现。

武宗即位之初，感谢其弟爱育黎拔力八达夺位之功，将他立为皇太子（元朝所立皇储，无论具体身份如何，一律称为皇太子，而无皇太弟、皇太孙等称。这可能是因为蒙古统治者不谙汉语，错误地将"皇太子"一词当成表示皇储的专用词），相约兄终弟及，叔侄相承，以后再将皇位返还武宗一系。这种安排为以后的政局埋下了不小的隐患。

至大四年（1311），武宗死，爱育黎拔力八达即位，是为元仁宗。按照事先的约定，他应当以武宗的长子和世㻋为皇位继承人。但时移世易，重新掌握大权的仁宗，不肯再将胜利果实从自己一系轻易让出。延祐二年（1315）十一月，仁宗封和世㻋为周王。延祐三年（1316）三月，下令让他出居云南；十月，正式立自己的儿子硕德八剌为皇太子。和世㻋不甘心失败，赴云南途中行至陕西，在一批武宗旧臣的拥戴下发动兵变，进攻潼关，并东渡黄河，袭破河中府（今山西永济县蒲州镇）。不久叛军内部发生分裂，自相残杀，元廷又调集优势兵力加以围剿，叛军遂告溃散。和世㻋被迫远走阿尔泰山以西，依察合台诸后王而居。此事史称"关陕之变"，它开创了元朝帝位争夺演变为军事内战的先例。

延祐七年（1320），仁宗去世，硕德八剌即位，是为元英宗。英宗年轻气盛，任用同样年轻的一位勋臣后裔拜住为丞相，推行汉化改革，包括按汉制在太庙行亲享之礼、编纂法令文书类编《大元通制》等等。他们还致力于整顿吏治，清算以已故权臣铁木迭儿为首的腐朽势力。铁木迭儿余党、御史大夫铁失等人渐不自安，希望借拥立新君来摆脱困境。至治三年（1323）八月，当英宗由上都南返大都、途中驻跸于上都以南三十里的南坡时，铁失等人发动政变，率军队闯入行帐，杀害了英宗和拜住。史称这次事件为"南坡之变"。

铁失计划拥立的新君,是正在镇守漠北的晋王也孙铁木儿,他是成宗长兄甘麻剌之子。后者一直在侦伺朝廷情况、觊觎皇位,与铁失事先已有勾结,在这次宫廷政变中也并非完全被动。南坡之变固然有权力斗争的因素,同时也反映了蒙古统治集团内部汉化和反汉化两派的激烈冲突。也孙铁木儿实际上是保守草原游牧贵族集团利益的代表。至治三年(1323)九月,也孙铁木儿接受忽里勒台会议推戴,即位于漠北,随后南下大都。因他于次年改元泰定,所以史书中称他为泰定帝。

泰定帝在位五年,"能知守祖宗之法以行,天下无事,号称治平"。但在他身后爆发了更严重的帝位争夺。致和元年(1328)七月,泰定帝在上都去世。八月,留守大都的佥书枢密院事燕铁木儿利用手中掌握的兵权发动政变。燕铁木儿是钦察人,其父床兀儿曾长期随武宗在漠北作战,他本人也很早就受到武宗提拔。由于上述关系,燕铁木儿在泰定帝去世前就密谋拥立武宗后人。武宗有两位嫡子,长子和世㻋被仁宗封为周王,在"关陕之变"后逃往西北。次子图帖睦尔当时封怀王,居于江陵(今属湖北)。燕铁木儿发动政变后,封府库,收符印,遣使急迎图帖睦尔。另一位武宗旧臣、蒙古蔑儿乞人伯颜担任河南行省平章政事,他保证了河南行省站在燕铁木儿一方,并亲自护送图帖睦尔进入大都。九月,图帖睦尔在大都即帝位,是为元文宗。文宗改元天历,所以史称这次政变为"天历之变"。

与文宗即位同时,泰定帝的左丞相倒剌沙在上都拥立了年幼的皇太子阿速吉八。于是这次皇位争夺造成了两都的对峙,并进而演化为大规模的内战。在战斗中,大都方面因为拥有全国主要行省的支持,可以调动较雄厚的人力和物力资源,故而渐占优势。致和元年(1328)十月,大都军队包围上都,倒剌沙出降被杀,阿速吉八不知所终。两都之战遂告结束。

文宗在局势初步稳定后,也仿照当年仁宗的做法,派使节到西北恭请其兄和世㻋,声称要把夺来的皇位转让给他,和世㻋随即南下。天历二年(1329)正月,和世㻋在漠北即帝位,是为元明宗,文宗被立为皇太子。

事情的开端似乎是大德十一年(1307)历史的重演,但结局却迥然不同。文宗的让位只是故作姿态,他和燕铁木儿都不甘心放弃已经到手的胜利果实。于是,一个谋杀计划诞生了。八月,文宗和燕铁木儿北迎明宗,相会于旺忽察都之地(今河北张北)。欢宴数日之后,明宗"暴崩",文宗"名正言顺"地重登帝位。明宗死因虽未公开,时人已知是文宗及其亲信谋害。萨都剌《雁门集》卷二《记事》咏其事谓:"周氏君臣空守信,汉家兄弟不相容……天上武皇亦洒泪,世间骨肉可相逢?"

就在文宗谋害明宗之时,元朝的政治局势并未彻底稳定下来。在两都对峙当中站在上都一方的陕西、四川两行省尚未臣服。陕西官员一再涂毁文宗所下诏书,扣留其使者,并发兵三路,攻入河南、山西。四川行省平章政事囊加台则自称镇西王,私署官属,烧绝栈道,与文宗对抗。这样内战不仅发生在两都地区,实际上已波及中原和西南。直到天历二年(1329)四月,经过文宗一方软硬兼施的努力,方迫使上述地区臣服。但时隔不久,原来依附上都的诸王秃坚又在云南发动叛乱。他自称云南王,纠合当地有野心的少数民族土官,抗拒朝命,攻掠州县。元廷调集数省军队,才于至顺三年(1332)将叛军最后讨平。

文宗在位时,曾立自己的长子阿剌忒纳答剌为皇太子。但仅仅过了一个多月,皇太子即生病夭亡。此事引发了文宗的迷信心理,以致他在至顺三年(1332)八月去世前夕下遗诏立明宗之子为嗣。文宗驾崩,皇后卜答失里与大臣拥立明宗次子、年仅七岁的懿璘质班为帝,但他也一月即卒,庙号宁宗。

此后,明宗的长子妥懽帖睦尔被从广西迎接到大都,在次年即位。这就是元朝的末代皇帝元顺帝。顺帝的即位标志着此前激烈的皇位争夺告一段落。但在频繁的内讧中,元朝统治集团的力量已经大大削弱了。

帝位不断更迭还给元朝政治带来了其他一些消极影响。首先是权臣专政现象日益严重。由于分封制的发达,元朝的贵族政治主要表现为家臣政治,执政大臣基本出自怯薛,君臣关系当中具有一种自草原时代继承而来的私人隶属色彩。而忽必烈以后的元朝诸帝绝大多数权力欲不强,满足于深居宫中、垂拱而治,习惯于对相当其"家臣"的朝廷高官放手使用、不加疑忌。但在频繁的帝位更迭中,一些大臣居功自重,权力过度膨胀,对国家政治体制的正常运作造成了危害。仁宗、英宗两朝官拜右丞相的铁木迭儿,倚仗皇太后答己的宠幸,又有拥戴英宗立储、即位之功,专权跋扈,朝野侧目,"卖官鬻爵,威福己出,一令发口,上下股栗,稍不附己,其祸立至"。后来英宗也被他的余党发动南坡之变刺死。天历之变以后,政变的主谋燕铁木儿更是大权独揽。文宗为酬劳其夺位之功,拜他为中书右丞相,并特意罢左丞相不置,使他独为丞相,一切政务悉听总裁。此外还加封他太师、答剌罕(蒙古传统荣誉官号,有"得自由""自在"之意,可享受多种特权)等荣誉头衔,并封太平王。燕铁木儿"礼绝百僚,威焰赫赫,宗戚诸王无敢以为言者","挟震主之威,肆意无忌",娶泰定帝皇后为夫人,前后尚宗室之女达四十人之多。他的儿子唐其势甚至说"天下本我家天下也"(《元史》卷一三八《燕铁木儿传》)。燕铁木儿除兼任多项要职外,还亲统左、右钦察等若干支侍卫亲军,可谓如虎添翼。大臣阔彻伯、脱脱木儿等憎恶燕铁木儿权势之重,企图搞掉他,却被后者手下的钦察兵一网打尽。文宗、宁宗相继去世,顺帝被接到大都,但因燕铁木儿有追悔之意,顺帝"久不得立……迁延者数月,国事皆决于燕铁木儿,奏文宗后而行之"。一直拖到燕铁木儿死后,顺帝才正式即位。

顺帝在位前期,朝廷大权实际上掌握在权臣伯颜手中。伯颜是天历之变的第二号功臣,在文宗朝的地位仅次于燕铁木儿。顺帝即位后,燕铁木儿已死,伯颜升任右丞相,进封秦王。不久燕铁木儿之子、左丞相唐其势嫉伯颜权重,发动政变企图夺回权力,被伯颜镇压。此后顺帝也不再设左丞相,由伯颜独秉国钧。元朝权臣专权的状况,在伯颜当权时期发展到了顶点。后至元五年(1339),顺帝将伯颜的官衔改为大丞相,加号"元德上辅",这在元朝是没有先例的。伯颜的兼职一再增加,累计头衔竟然达到二百四十六字。他"自领诸卫精兵……导从之盛,填溢街衢,而帝侧仪卫反落落如晨星。势焰熏灼,天下人惟知有伯颜而已"(《元史》卷一三八《伯颜传》)。他为了巩固自己的权威,采取顺我者昌、逆我者亡的做法,特别着重打击不附己的宗室诸王,擅杀郯王彻彻秃,矫旨贬黜宣让王帖木儿不花、威顺王宽彻普化。时人诗云:"九重深拱万无为,天下万事由太师(指伯颜)。……龙虎大符擅天宠,振古权臣无若斯。"伯颜权势的恶性膨胀,实际上已对皇权构成了威胁。后至元六年(1340),顺帝与伯颜之侄、御史大夫脱脱合谋,趁伯颜侍太子出猎之际,发动政变,草诏数伯颜罪状,将他贬往广东安置。伯颜于南行途中在江西驿舍病死。

帝位不断更迭的另外一个消极影响,就是引发"滥赐"现象,并因而加剧了元朝的财政危机。对宗亲贵族不断进行赏赐是大蒙古国以来的传统,而这类赏赐在元朝后期恶性发展,主要形式由较为固定的"岁赐"转向更为随意的临时赏赐。在频繁而激烈的帝位争夺中,即位的皇帝为酬谢支持者、安抚反对者,都要大行赏赐,称为"朝会赐赍",其数额之巨,远远超出平时固定的岁赐。如武宗即位时在和林、上都两次聚会诸王驸马,赐赍亦重复进行,结果"以朝会应赐者为钞总三百五十万锭,已给者百七十万,未给犹百八十万,两都所储已虚"(《元史》卷二二《武宗纪一》)。文宗即位后对贵族功臣屡行赏赍,在至顺二年(1331)四月的一次赏赐中即用去金二千四百两,银一万五千六百两,金腰带九十一副,币帛一千三百余匹。元朝的财政支出制度混乱,缺乏章法,表现出比较明显的盲目性、随意性。滥赐尤其是元朝后期财政中的一大痼疾。加上佛事、军费、官俸、赈济等其余大宗支出,使得元朝后期一直未能摆脱财政危机的困扰,卒致崩溃。

政治的腐败

与汉、唐、明、清等大一统王朝相比,元朝的寿命不算长久。其他大一统王朝在统一后,往往都经历一个上升阶段,鼎盛时期持续较长,被史家誉为"盛世"。而在元朝,这样一个较长时间的"盛世"可以说并不存在。况且其他大一统王朝都是在内忧外患交织的情况下走向灭亡的,元朝则基本没有强大的外患,只在前期与西北察合台、窝阔台两汗国进行了一段时间的战争,到元朝中期战事已完全平息。可以说元朝短命而亡,主要亡于内部的统治危机。具体而言,除去上节提到的帝位争夺和财政问题外，还有一个重要表现就是政治腐败。

政治腐败本来是历代王朝的通病，但元朝这方面问题出现得相当早。忽必烈在位时期，阿合马、桑哥以"理财"之能柄政，排斥异己，任用私人，官吏专事搜刮，贿赂盛行。成宗即位以后，标榜"守成"，但在"守成"的幌子下，君臣不思进取，也使忽必烈后期的政治弊端无法得到治理，腐败风气日趋严重。

腐败风气较早出现并深化的原因，一是官员素质低下，二是法制不够健全。元朝的官员构成与其他朝代相比有很大差别，"凡入官者，首以宿卫近侍，次以吏业循资"，怯薛（宿卫）和吏员是最主要的两条入仕渠道。由此二途出身的官员有一个大体共同的特点，即缺乏正统儒家思想的熏陶，缺乏巩固统治的长远目光，文化素质较低，社会责任感、道义感较弱，只知刻薄百姓、营私聚敛。"进身之初，不辨贤愚，不问齿德，夤缘势援，互相梯引，有力者趋前，无力者居后……苟图俸考，争先品级，以之临政，懵无所知"；"一旦得用，如猛虎之脱栅，饥鹰之掣鞲"。官员质量虽然低下，数量却在持续膨胀。新机构不断创设，旧机构也一再升高品级，"官冗于上，吏肆于下，言事者屡疏论列，而朝廷讫莫正之"（《元史》卷八五《百官志一》）。另一方面，元朝法制建设较差，尤其是对官吏犯罪的惩罚规定很不完备，往往法无专条，或者是笼统地泛言"禁止""罪之"。有些问题虽有明文规定，但执行起来也常大打折扣，随意性很强。凡此种种，都使元朝中后期的腐败现象渐成积重难返之势。元朝重吏轻儒的用人方针，与前后朝代明显有异，从根本上说是蒙古统治者特殊统治意识渗透的结果，是他们对汉族典章制度认识不深、汉化不彻底的产物。而政治腐败的速度则因此大为加剧。元末人总结说："不用真儒以治天下，八十余年，一旦祸起，皆由小吏用事……坏天下国家者,吏人之罪也。"

仁宗以下,频繁出现权臣专权局面,这些权臣大都是腐败现象的代表人物。他们为巩固、提高自己的权威,结党营私,卖官鬻爵,本人则大肆贪赃受贿,生活奢侈腐朽。铁木迭儿"私家之富,又在阿合马、桑哥之上",燕铁木儿"一宴或宰十三马"。在这样的大环境下,"风俗大坏,居官者习于贪,无异盗贼,己不以为耻,人亦不以为怪。其间颇能自守者,千、百不一、二焉"。到顺帝时期,地方官吏贪污,问人讨钱,各有名目。初次接见下属要收"拜见钱",逢年过节要收"追节钱",利用具体职权收费叫作"常例钱",处理诉讼受贿叫作"公事钱",甚至还有无任何借口、强行索取的"撒花钱"(撒花,波斯语,意为礼物)。当时"上下贿赂,公行如市",地方监察官员至州县巡视,"各带库子检钞称银,殆同市道"(叶子奇《草木子》卷四下《杂俎篇》)。当时为惩治腐败,派遣中央高级官员出外"奉使宣抚",问民疾苦,但这些人在地方恃权勒索,实际上又为百姓增添一重灾祸。民间流传歌谣讽刺说:"九重丹诏颁恩至,万两黄金奉使回。奉使来时惊天动地,奉使去时乌天黑地,官吏都欢天喜地,百姓却啼天哭地。"从中央到地方,大小贪官污吏成为一丘之貉,政治的颓势已难挽回。

元朝后期,社会上始终孕育着动荡不安的因素,下层人民起事绵延不断,愈演愈烈。泰定帝时,息州(今河南息县)人赵丑厮、郭菩萨倡言"弥勒佛当有天下",策划起事,事发后元廷十分恐慌,派出中央大宗正府、刑部、枢密院、御史台官员与行省共鞫其案。顺帝后至元三年(1337),广东增城县民朱光卿起事,建"大金国",建元赤符。同时在汝宁府信阳州(今河南罗山)则有棒胡起事。次年江西袁州(今宜春)民彭莹玉、周子旺以白莲教组织起义，周子旺自称周王。后至元五年（1339），河南行省掾史范孟纠集党羽，冒充朝廷使者，矫诏杀死行省主要官员，随后自称河南都元帅，拘收大小衙门印章，封锁黄河渡口，调兵守城，凡五日而败。频繁的地方动乱更加深了以权臣伯颜为首的蒙古保守贵族对汉人的仇视情绪。在伯颜主持下，元廷重申汉、南、高丽人不得持有兵器的禁令，凡有马者皆拘入官，禁汉、南人习学蒙古文字，又专门要求朝中汉官讨论对汉族起事者的"诛捕之法"。据称伯颜甚至向顺帝提出了尽杀张、王、刘、李、赵五姓汉人的建议。伯颜倒台后，脱脱继任相位，纠除若干弊政，时称"更化"，稍显复兴之迹象。但从整体来看，元朝统治的颓势已无法挽回。上层统治集团倾轧剧烈，很难集中力量从事政治革新。地方政治腐败、军备废弛的现象则一如既往。至正四年（1344），益都盐徒郭火你赤聚众称兵，转战山东、河北，攻打城邑，释放囚徒，如入无人之境。又有起义者三十六人聚集于江南茅山道宫，三省元军上万人不能剿捕，反为所败，"从此天下之人，视官军为无用"（《南村辍耕录》卷二八《花山贼》）。下层社会的武装反抗此伏彼起，遍布全国，预示着大规模动乱即将到来。

　　长期积累的财政危机，已渐成积重难返之势。元廷无计可施，不得不于至正十年（1350）宣布变更钞法。此次更钞之议由左司都事武祺、吏部尚书偰哲笃提出，他们的方案是印造新的中统交钞（又称至正中统交钞），同时铸造至正铜钱，钱钞兼行，新钞一贯权铜钱一千文，准至元钞二贯，新旧钞、新钱及历代钱通用。新钞法的原则是以交钞为母、铜钱为子，意在放手印行新钞，以虚代实，借以掠夺民间财富。这一建议得到丞相脱脱的支持，在百官讨论时"众人皆唯唯，不敢出一语"，只有儒臣吕思诚表示反对,认为此举将使民间"藏其实而弃其虚",从而导致纸币制度瓦解。最后在脱脱主持下终于定议,吕思诚受到处分,新钞遂行。结果则如吕思诚所料,新钞大量发行造成了货币流通的极度混乱,钞币信用暴跌,百姓弃钞不用,视如废纸。"舟车装运,轴轳相接,交料之散满人间者,无处无之……京师料钞十锭,易斗粟不可得",地方甚至"皆以物货相贸易"(《元史》卷九七《食货志五·钞法》)。

在这一时期,自然灾害更加严重。黄河一再决口,河南、河北大片州郡俱罹水患,"田莱尽荒,蒿藜没人,狐兔之迹满道"。河患不仅加剧了社会动荡,而且威胁漕运和濒海盐场的生产,直接影响到元朝财政收入。于是元廷采纳都漕运使贾鲁的建议,准备对黄河进行比较彻底的修治。当时元廷内部对治河方案有种种不同意见,贾鲁主张"疏塞并举,挽河东行,使复故道",这一治河方案的工程十分艰巨,超出了当时社会的承受能力,故而颇受反对。但贾鲁认为"役不大兴,害不能已",经反复辩论,他的意见终被脱脱采纳。至正十一年(1351)四月,诏命贾鲁为总治河防使,发民工十五万、戍卒二万人治河。工程持续数月,至十一月完工,河归故道。这次工程就治河本身而言是成功的,但大河南北经连年水旱灾荒,民不聊生,元廷在此时大举征发民工,督责严刻,死者枕藉,怨苦之声载道。民工成批聚集于工地,又为反抗活动的策划和宣传提供了便利条件。由于上述原因,这次治河工程遂与至正十年(1350)的变更钞法之举共同成为元末大起义的导火线。

农民战争与元亡明兴

起义的爆发与早期局势

在元朝统治的一个多世纪内,各族人民的武装斗争连绵不断,此伏彼起。到了元顺帝时期,由于政局动荡、吏治腐败和财政危机,元朝的统治已经危机四伏,日暮途穷。元末波澜壮阔的农民战争最终埋葬了这个旧王朝,明朝在大时代的暴风雨中建立起来。

元末大起义的主要组织、发动者是白莲教徒。白莲教本为佛教净土宗的一个支派,始创于南宋,在流传过程中又吸收了摩尼教(明教)、弥勒教的若干成分。以普劝在家中斋戒念佛、死后同生净土为宗旨。因其教义浅显,修行简便,允许"在家出家",故而在民间得到广泛传播。白莲教的上层人物在宋代曾出入宫廷,在元代又得到政府的明令保护。随着社会矛盾的日益加深,白莲教的一些民间领袖开始赋予那些隐晦的宗教语言以革命的、现实的内容,将"天下大乱"和"明王出世""弥勒佛下生"联系起来,暗示要打破旧世界、建立新世界。这对于遭受严重剥削和压迫的普通百姓来说,具有极大的鼓动作用。同时,白莲教举行仪式时,"烧香聚众","夜聚明散",也便于组织群众和进行秘密活动。具有朴素革命精神的宗教,开始成为发动和组织群众的工具,发展极为迅速。元朝政府发现了这一情况,曾对白莲教加以取缔,但没有太大效果。元朝末年,白莲教分成南、北两大系统。

北方白莲教的领袖是河北栾城的韩山童,他家世代为白莲教首领,祖父因"烧香惑众",被元朝政府谪徙永年,韩山童就以永年为基地,继续用白莲教形式进行组织和宣传群众的革命活动。当时人们都称他为韩学究,可能他的公开身份是个乡村知识分子。

南方白莲教的领袖彭莹玉,出身于袁州(今江西宜春)农民家庭,从小出家当和尚,以宗教职业和治病作掩护,在江、淮一带活动,曾经组织、领导过农民起义。当地人民都称他为"彭祖师",统治者对他又怕又恨,骂他为"妖彭"。

上节曾经提到,元顺帝即位后,社会矛盾急剧尖锐化。"贫者愈贫,富者愈富",剥削者过着极端荒淫无耻的生活,各族劳动人民则"糠秕不充口,裳褐不掩胫",终年挣扎在饥饿线上。再加上水旱灾荒连年发生,他们当中许多人不是饿死沟壑,就是离开土地,逃亡他乡。大江南北,到处出现"田亩荒芜,蒿菜遍野"的悲惨景象。特别是至正四年(1344)黄河决口,泛滥千余里,河南、山东、河北的许多州县"民老弱昏垫,壮者流离四方"。就连社会的简单再生产都难以进行下去了。为了生存,很多百姓铤而走险,"忍饥受冻可奈何,直须检刮焚其橐。去学短衣带刀箭,倒括他家养良贱"!从元顺帝即位(1333)到红巾军起义爆发(1351)的十八年间,百姓的反抗斗争接连发生,规模较大的就有三十余次。从涉及的地区来看,北到辽阳、岭北,南至海南,西抵哈剌火州,东达江浙、山东,几乎遍及全国。就连元朝统治中心大都附近,也是"盗贼蜂起";河北诸郡,大小反抗事件达三千余起。河、淮左右,舟车几乎不通。有些反元百姓的队伍,声势很大,"岂惟横山泽,已敢剽城市"!他们"鸣鼓树旗,不畏官捕,郡县闻风而避,弓兵望影而逃"。为了维护统治,元朝政府一方面尽力加强国家机器,设立行枢密院等军事机构,驻防各地,并颁布种种严刑酷法;另一方面,千方百计挑动民族矛盾,严禁汉人、南人执掌军器和骑马,不许汉人、南人学习蒙古、色目文字,有的蒙古贵族甚至提出要杀张、王、刘、李、赵五姓汉人。这些不得人心的措施,只能激起更大规模的反抗。一场全国性的巨大变革已逐渐酝酿成熟。

至正十一年(1351)的治河事件,成了全国农民战争的导火线。这一年四月,元朝政府征发北方十三路民夫十五万人修治黄河,还派遣了两万军队,加以监督。"驱夫如驱囚",这些被征发来的民工,本已"饥饿欲半死",到工地后,既要承担繁重的劳役,"手足血流肌肉裂",还要受官吏的凌辱鞭打,因此怨恨日深。韩山童及其门徒刘福通等利用这个机会,在民工中积极活动。他们暗地里做了一个独眼的石人,埋在即将开凿的河道上,同时派人到处散布歌谣:"石人一只眼,挑动黄河天下反!"民工们掘出石人,听到歌谣,惊诧不已,辗转相告,顿时传遍了工地和附近地区,大家都感到造反的时候来到了。

韩山童看到条件成熟,便准备正式起事,不料消息走漏,官府发兵追捕,韩山童牺牲,其子韩林儿逃到武安(今河北武安)山中。刘福通立即转移到颍州(今安徽阜阳),在五月间举起造反大旗,其部众头裹红巾,故称红巾军(或红军),且多为白莲教徒,烧香拜佛,又称香军。他们以"贫极江南,富称塞北"的文告鼓动百姓,又打出旗号称"虎贲三千,直抵幽燕之地,龙飞九五,重开大宋之天",意在利用长期存在的民族矛盾号召、团结汉人,并直接提出了推翻元朝统治的政治目标。刘福通所部先攻下元朝粮仓朱皋镇,然后向西挺进,占领了罗山(今河南罗山)、真阳

(今河南正阳)、汝宁(今河南汝南)等地,起义队伍迅速发展到数十万人。元军几次进剿,都被打得狼狈逃窜。至正十二年(1352),元朝命御史大夫也先帖木儿率领三十万军队来剿,驻军沙河(今河南上蔡境内)。未及交战,军中夜惊,也先帖木儿连夜逃到汴梁,只剩下散卒万人。

刘福通领导的起义就像划破黑暗长夜的第一支火炬,各地受压迫的百姓,立即群起响应。在相继而起的许多起义队伍中,规模较大的有:徐州的李二(芝麻李)、彭大、赵均用;汉水流域的王权(布王三);濠州(今安徽凤阳)的孙德崖、郭子兴等。

浙东盐贩方国珍早在至正八年(1348)就起兵反元,后投降了元朝,这时重新打出了反元的旗号。稍后,在至正十二、十三年间(1352、1353),淮东苦于劳役的盐场盐丁,在张士诚(张九四)领导下起兵。需要注意的是,方国珍、张士诚都不属白莲教系统。

在江、淮以南影响最广、声势最大的,是蕲(今湖北蕲春)、黄(今湖北黄冈)地区的农民起义。蕲、黄起义是在至正十一年(1351)八月爆发的,彭莹玉在这一带进行了长期艰苦的工作,起义由他和布贩徐寿辉(徐贞一)、铁匠邹普胜等共同领导。这支起义队伍在蕲水(今湖北浠水)县北的天台山建立了一个山区根据地,这就是当时远近闻名的黄连寨。以此为基础,迅速向外发展。九月初,在蕲水建立政权,国号天完,徐寿辉称帝,建元治平。天完政权分兵两路:一路由邹普胜率领,上略武昌、江陵等地;一路由彭莹玉、项普略(项奴儿)领导,顺大江而下,攻取长江中、下游以及福建等地。

农民起义军发展非常迅速,一年多的时间里,黄河以南大部分土地都为起义军占领。包括武昌、杭州等"巨镇大藩"在内的许多城市,先后落入起义军之手。南、北交通被切断,元朝政府遭到沉重打击。

这些相继起义的农民军队伍,都头扎红巾,身穿红袄,高举红旗。红色在当时是造反的标志。每逢出师,漫山遍野,一片火红。当时人们称之为红军或红巾军。刘福通领导的农民军,主要活动在江、淮以北;徐寿辉领导的农民军,主要在江、淮以南。这两支农民起义军,是元末农民战争的主要力量。参加红巾军起义的群众,主要是"短衣草屦""目不知书"的贫苦农民,还有许多奴隶、手工业者、渔民、盐丁和下层僧侣等。不少起义首领连名字都没有,只有外号或以数字排行称呼。红巾军纪律严明,除了打击官府和地主之外,对一般百姓"不杀不淫","淫虐者斩以徇"。与此相反,元朝官军则十分凶残,"所经之处,鸡犬一空,货财俱尽","稍或违所求,便以'贼'见戕"。由于元朝严禁民间私藏军器,红巾军初起事时,大都是"齿木为杷,削竹为枪"。武器精利的官军,对一般平民非常凶暴,但只要遇到"斩木为戈矛,染红作巾裳"的起义军,他们就"弃鼓撇旗枪,窜伏草莽间,股栗面玄黄"。

红巾军初起时,使用的口号有二。一是"弥勒佛下生,明王出世",一是"复宋"。随着斗争形势的发展,宗教预言和单纯民族斗争的口号已不能满足群众的要求,于是个别起义军喊出了"摧富益贫"的战斗口号。"摧富"就是用暴力夺取剥削者的财产,"益贫"就是将夺得的财产在贫苦的群众中进行分配。这是农民反对极端的社会不平等,反对贫富之间、地主农民之间对立的自发的反应。红巾军对统治阶级发动了猛烈的进攻,他们"见富人如仇,必欲焚其屋而杀其人",所到之处,"豪势之家,焚荡播迁,靡无底止"。他们有的直接夺取官府和地主的仓库以及各种财产,分给贫苦百姓,或则号召、支持各地群众起来进行反抗斗争,夺取地主的财产和土地。在农民起义影响下,徽州的农民自行集合起来，夺取了"以资盖乡里"的吴姓地主的财产，"金珠我有也，牛羊我有也，谷粟我有也"，地主吓得尽弃私藏逃跑。江西建昌的农民把地主捉来，警告他说："田地尽与我则生！"地主不得不低头交出土地。在农民战争中，许多农民夺得了土地，而不少地主则"家业荡然，遗田数亩而已"，有的甚至失去了全部土地，"田庐朝已业而暮他姓者"。许多世代被压在社会最底层的"贱者"（奴隶），纷纷站了起来，为争取自身的解放而斗争。在江东、江西的许多地方，都出现了"苍头弑主"的现象。

面对巨大的社会风暴，汉族地主为了保持自己的土地财产以及特权地位，与起义农民进行了拼死的斗争。他们群起组织地主武装，疯狂与农民军对抗。不少地主还积极为元朝出谋划策，献粮助饷。他们不仅在军事上、政治上和农民军相抗，还在意识形态领域中进行反扑。农民军利用的宗教语言，他们斥为"妖术""妖言"。农民军提出"复宋"，他们则提倡"忠君爱国"，"生为大元人，死为大元鬼"。针对"摧富益贫"的口号，他们宣扬"人生有贫有富，自是分定"。汉族地主和蒙古、色目统治者联合起来，共同镇压起义农民。

至正十二年（1352）下半年起，元朝军队在各地地主阶级支持下反攻。取得了很大胜利的农民军，由于缺乏足够的斗争经验，既没有建立起巩固的根据地，也没有将军队集中统一指挥，各自为战，以致被敌人分别击破。天完红巾军损失了彭莹玉、项普略两位杰出首领，退出了长江中、下游地区。不久，就连黄连大寨也被迫放弃。他们转入湖泊和山区，继续坚持斗争。北方红巾军的活动也停顿了下来。徐州的李二和汉水流域的王权，先后失败；彭大、赵均用等转移到濠州，斗争暂时转入了低潮。

但是，到至正十四年（1354），形势发生了新的变化。这一年，元朝太师、右丞相脱脱率领大军四十万，号称百万，围攻淮东张士诚部。张军坚守高邮达一月之久。元朝统治集团内部矛盾尖锐化，元顺帝以"老师费财"为名，黜免脱脱，军队溃散。红巾军利用这个时机，向元朝发起了更大规模的攻势。

在南方，天完红巾军经过整顿之后，重新夺取了湖广、江西大部分地区。至正十七年（1357）春，由明玉珍率领的一支军队溯江而上，尽有川、蜀之地。至正十八年（1358）正月，经过长期苦战之后，天完红巾军拔掉了元军在长江流域最后的据点——安庆，忠于元朝的守将余阙自杀身亡。

张士诚的部众在高邮会战后很快夺取了整个淮东地区，并在至正十五年（1355）冬渡江南下，攻取浙西大部分地区。浙西是元朝政府的粮仓，它的失守，使元朝政府在经济上受到极为沉重的打击。

濠州起义军内部出现分裂。郭子兴移军滁州（今安徽滁州），后于至正十五年（1355）病死，部众由朱元璋率领。朱元璋是濠州钟离（今安徽凤阳东北）人，出身贫苦，父母和长兄皆死于疾疫，曾为生活所迫出家为僧，游方乞讨。至正十二年（1352）投入濠州红巾军郭子兴部，以才干逐渐受到郭子兴的赏识，娶郭子兴养女马氏为妻。郭子兴卒后，朱元璋成为郭氏余部的统帅。他接受北方红巾军宋政权的领导，用"龙凤"年号。至正十五年（1355）六月，他与天完红巾军系统的巢湖水军赵普胜、李扒头等联合，渡江作战。到达采石（今安徽当涂西北）后，朱元璋杀李扒头，吞并巢湖水军，赵普胜逃走。接着，他攻下集庆（今江苏南京），进而攻取了江东（今安徽南部和江苏南部部分地区）、浙东大部分地区。濠州起义军的另一部则在赵均用领导下，东进夺取了淮安等地。

在北方,至正十五年(1355)二月,刘福通立韩山童之子韩林儿为帝,号称小明王,国号宋,建元龙凤。至正十七年(1357),分兵三路北伐。

西路军由白不信、大刀敖、李喜喜等率领,大举进入关中,直抵长安(今陕西西安)附近,甘、陕为之震动。在受到元军阻击后,一部由凤翔、兴元(今陕西汉中)转入四川,一路继续西进,攻取灵武等地。

东路军由毛贵率领。毛贵原是赵均用部下将领,后属龙凤政权直接领导。他率领农民军由海州(今江苏东海)乘船,从海上直趋胶东半岛,先取胶州(今山东胶州)、莱州(今山东莱州),继下益都、般阳(今山东淄川)等地。山东各地群众纷纷起来响应。至正十八年(1358)攻下济南。接着大军北上,一面分兵攻取清州(今河北青县)、沧州(今河北沧县)等沿海地区,主力则由河间、蓟州(今天津蓟州),到达柳林(今北京通州南,是元朝皇帝春天狩猎的地方),离大都只有百余里。起义军的巨大声势使得"京城人心大骇",贵族官僚们纷纷准备逃跑,有的向皇帝建议迁都关中,有的主张北走。但是,东路军犯了孤军深入的错误,后援不继,三月间,遭到元军突然袭击,受到一些挫折,退回山东。

中路军的领导者是关先生、破头潘、沙刘二等。他们先后攻取了河北、山西的许多城镇,至正十八年(1358)十月间,进攻保定,威胁大都。但因东路军已退回山东,双方未能会合。关先生等随后由完州(今河北顺平)出塞外,连克大同、兴和(今河北张北)等地。十二月,攻克上都开平,放火烧掉皇帝的宫阙,从此,元朝皇帝取消了每年到开平巡游度夏的制度。此后,这支起义军转战辽东,至正十九年(1359)正月攻克辽阳,转入高丽。

在分遣三路大军北伐的同时,刘福通向河南残存的元军发动攻势。至正十八年（1358）五月，攻克汴梁，定为宋政权的国都。

从至正十四年到十八年（1354到1358），是元末农民战争的第二个高潮。革命形势比起前一阶段有了很大的发展。在至正十一年到十三年（1351到1353）期间，红巾军主要活动于黄河以南地区；到了这一时期，"东逾齐鲁，西出函秦，南过闽广，北抵幽燕"，整个国家都卷入到战争的激流中来。元朝统治中心大都也直接受到了农民军的威胁。在战争烈火燃烧过的地方，元朝统治机构被摧毁，元军遭到毁灭性打击。元朝中央政府和全国大部分地区的交通联系已被切断，赋税不入，政令不行，首都连年大饥。少数据点虽然还在元朝手里，那些镇守的官吏受到农民军浩大声势的震撼，"视其所向，骇骇可畏，其势不至于亡吾社稷，烬我国家不已也"！很多官僚清醒地看到大局无可挽回，认为元朝的命运如"洪炉片雪"，"如寸草以当疾风"。庞大的大元皇朝，在"遍地红巾"的打击下，气息奄奄，摇摇欲坠，它的灭亡已不可避免了。

明朝建立与元朝灭亡

红巾军所取得的巨大胜利，使国内形势发生了错综复杂的变化。

元朝统治集团因为失败而发生了激烈的争吵、埋怨和争斗。蒙古、色目贵族官僚相互倾轧，政变时有发生。至正二十年（1360），阳翟王阿鲁辉帖木儿起兵漠北，公开争夺皇位。蒙古、色目与汉族官僚之间的矛盾，继续加深。蒙古、色目贵族官僚害怕大权旁落，竭力排挤汉官；汉族官员则指斥蒙古、色目贵族官僚腐化无能，要求分享更多的权力。当时汉族士人的诗句"朝廷忌汉人，军事莫敢说""倾家事守御，反以结嫌猜"等，反映了两者之间的尖锐冲突。

随着镇压农民军的战争,在北方出现了一批忠于元朝的新军阀,其代表人物有:察罕帖木儿与扩廓帖木儿(汉名王保保)父子、答失八都鲁与孛罗帖木儿父子、李思齐、张思道等。除答失八都鲁是军官出身外,其他都是地主武装的首领。他们都以镇压农民军起家,各自拥有大量军队,割据一方。元朝政府的命令对他们已失去约束力。他们与宫廷中的贵族、官僚相互勾结,排斥异己,经常彼此火并。至正二十四年(1364),孛罗帖木儿以"清君侧"为名,拥兵入大都,扩廓帖木儿发兵声讨,大都周围在连年饥荒之后,又遭兵祸。孛罗帖木儿被杀,扩廓帖木儿总揽大权,李思齐、张思道等不服,双方在关中地区相持不下,江淮以北地区陷入了极端混乱的状态。

元末的局面使不少汉族地主、士人意识到,腐朽的元朝已经不可救药。在群雄割据的形势下,他们转而采取新的策略,加入农民军,用政治谋略来影响农民军的领袖。各地的反元武装随着局势变动也发生了不同的变化。

张士诚、方国珍等人在元朝政府的威胁利诱下,成为表面上臣属于元朝的割据势力。张士诚来到浙西地区后,收纳了大批元朝官员和地主士人。至正十七年(1357)八月,张士诚和朱元璋交战失利,又受到元军和方国珍的包围,便在地主分子鼓动下,投降元朝。投降后,张士诚起初接受元朝封授的官爵,后来自立为吴王,依旧占据淮东、浙西。浙西的地主得到张士诚的保护,兼并土地,放高利贷,为所欲为。张士诚及其亲信,过着荒淫的生活,"饰园池,畜声伎,购图画,唯酒色耽乐是从",宴会一次,费米千石。在他的统治下,百姓继续过着困苦的生活。苛重的租赋徭役逼得农民无法生活下去,只好逃亡,"细民弃业逃亡,十去八九"。张士诚灭亡后,朱元璋做过调查,发现浙西土地集中程度在全国占第一位。

浙东盐贩方国珍,最初活跃于海上,夺取元朝的运粮海船,对反元斗争起过一定作用。但后来多次反复,对元朝屡降屡叛,每次都由元朝政府出更高的爵禄来收买。他占有温、台、庆元(宁波)三路,任用元进士刘仁本等为幕僚,与台州大族戴氏结为婚姻,"唯以买田、造舟、殖货为富家计"。在他所控制的地区,"民力困兼并,征求尽鸡豚",人民生活十分困苦。

与胸无大志的张士诚、方国珍相比,另一位反元武装的首领朱元璋走的是与众不同的道路。朱元璋在渡江以前,已经搜罗了地主分子李善长、冯国用等,合并了不少地主武装。渡江以后,他更广事招徕地主士大夫,号召"贤人君子"和他一起"立功业"。太平的陶安、李习,镇江的秦从龙和徽州的朱升、唐仲实等,先后投到他的部下,为他出谋划策。特别是朱升向朱元璋提出的建议,"高筑墙,广积粮,缓称王",对他以后的发展起了很大的作用。至正十八年(1358),朱元璋进取浙东处、婺之地,著名的"浙东四先生"刘基、宋濂、章溢、叶琛受朱元璋征召,成为他的主要谋士。他的军队继续吸收地主武装。他还专门招募富民子弟充当宿卫,名曰御中军。既用以充当人质,防止地主造反,又借此表示和地主合作的诚意。

渡江以后的朱元璋,名义上仍受北方红巾军宋政权的领导,采用红巾军的标识。但和红巾军不同的是,他采取保护地主土地所有制的政策。攻下集庆后,他要官吏、父老、人民"各安职业,毋怀疑惧",所谓"各安职业",实际就是承认和保护原有的统治秩序。他的部下,武官开垦荒田,以为己业;文官给职田,由佃户耕种,收租以代俸禄。这样,他手下的文武官员就成了一批新兴地主。对于寺院地主,朱元璋更是关怀备至。集庆太平兴国禅寺的佃户要参军,因为寺院地主不答应,朱元璋就勒令佃户继续种田,以保证寺院的劳动力。该寺的山林为人所砍伐,朱元璋下令禁止,"敢有伐木者斩"。江南最大的寺院大龙翔集庆寺田租收不上来,朱元璋就派人代为收租。

在取得江东和浙西、浙东部分地区之后,根据朱升和刘基等人的建议,朱元璋一方面大力巩固内部,在自己控制的地区内,建立各级政权机构,大量扩充军队,向百姓征收繁重的赋税,组织军队屯田,修建各处城池;另一方面,对其他力量则采取远交近攻的方针,名义上奉小明王正朔,同时却与北方的元军统帅扩廓帖木儿交往不绝,对于邻近的张士诚、方国珍以及属于南方红巾军的赵普胜部,则不时发动攻势,其中尤以主要力量对付张士诚,绍兴、常州等地,兵火连年不息。

北方以及长江中游农民武装的发展有自己的特点:随着对元战局趋于平稳,其领导集团内部开始争权夺利,制造内讧,相互火并。北方红巾军的西、中两路,因为流动作战,孤军深入,没有后援,相继被敌人集中优势兵力击败。毛贵领导的东路军,比较注意进行政权建设,在莱州立三百六十屯田,每屯相去三十里;造大车百辆以挽运粮储;冬则陆运,夏则水运,官民田十收其二。但是,由滁州经淮安来到山东的赵均用,为了扩大自己的势力,竟于至正十九年(1359)四月把毛贵杀死。毛贵的部众不服,起来报仇,杀死赵均用。自此,山东处于混乱之中。察罕帖木儿、扩廓帖木儿乘虚而入,夺取了这个地区。由于三路北伐军的失败,北方的新军阀们得以集中力量围攻汴梁。至正十九年(1359)八月汴梁陷落,刘福通与小明王退守安丰(今安徽寿县)。北方红巾军的反元斗争,至此基本结束。

与此同时，南方红巾军领导集团内部的斗争日趋激烈。至正十七年（1357），以倪文俊为首的一支势力阴谋杀害徐寿辉，为此他们企图以俘获的蒙古贵族做人质，要挟元朝封官拜爵，取得来自敌人方面的支持。这一阴谋很快败露，遭到广大将士的反对，倪文俊在逃跑途中被陈友谅杀死。陈友谅出身于贴书小吏，他杀倪文俊后，总揽大权，个人野心不断滋长。攻下安庆后不久，他杀死了一直在长江中游坚持斗争的天完红巾军将领赵普胜，同时又在徐寿辉自汉阳迁都江州时，阴谋杀害了徐寿辉的左右官属，将徐寿辉幽禁起来。至正二十年（1360）五月，他杀死徐寿辉，自称皇帝，国号大汉，建元大义。陈友谅杀害徐寿辉篡夺权力事件，引起了南方红巾军内部的严重分裂。很多将领反对陈友谅的行动，不少人脱离了他的部属。四川的明玉珍自立为帝，国号夏。江西的将领们纷纷投奔朱元璋。陈友谅篡夺权力以后，大肆搜罗地主士大夫，过着奢侈荒淫的生活。他的篡权，标志着南方红巾军的失败。汉政权是一个新兴的割据势力。

从至正十九年（1359）开始，全国的形势发生了新的变化。宋政权的失利以及天完政权为大汉政权所取代，标志着元末农民战争基本上已归于失败，但元朝政府也已名存实亡。无论南北，都出现了一批新兴的军阀，他们之间互相混战，弱肉强食。消灭各地割据势力、建立新王朝的任务，是由朱元璋来完成的。

陈友谅在攻下安庆等地后，与朱元璋相邻，双方不时发生冲突。陈友谅要进一步扩展自己的势力，就必须消灭朱元璋。至正二十年（1360）五月，陈友谅亲率大军，顺江而下，攻取太平，直抵建康（朱元璋取集庆后改，即今南京）。陈军声势浩大，朱元璋队伍中人心惶惶。这时，朱元璋听从了刘基的计策，一面在龙湾设下埋伏，以逸待劳；另一面命部将康茂才写信诈降，引诱陈军分散兵力,进入埋伏。陈友谅骄傲自满,果然中计,领军深入,朱军伏兵四起,陈军被打得措手不及,几乎全军覆没。朱军乘胜夺回太平,并占领了安庆等地。原来陈友谅曾约张士诚联合进攻,但张士诚一则怕陈友谅取胜后矛头对准自己,二则因朱军迅速取胜,所以未敢轻动。自此役后,军事上的主动权已转入朱元璋之手。

至正二十一年(1361)七月,陈军夺回安庆。八月,朱元璋亲率大军,溯江而上,复取安庆。接着由安庆进攻江州,长江天险小孤山的守将不战而降,朱军由水路直抵江州城下。另一路由江西境内投降朱军的南方红巾军将领们组成的水军,大小战船数千,出鄱阳湖,与朱军会合于江州城下。陈友谅事先没有防备,仓促应战,朱军舟师两翼夹攻,陈军大败。陈友谅只得放弃江州,退回武昌。江西均为朱军所有。

至正二十三年(1363)七八月间,双方进行最后一次决战。陈友谅经过一年多时间的准备,征集了大量军队,号称六十万,建造了许多船只。四月间,首先进攻洪都(今江西南昌),围城八十五天,不能下。七月,朱元璋率军二十万前来解围,双方在鄱阳湖大战。陈军船大而不牢,转动不灵,朱军用小船环攻,行动迅速,陈军屡败。后来双方移军出湖,朱军先出,占据了上游有利位置,陈军后出,只能停泊在下游,相隔二十余里。第二日,双方决战。朱军顺风下驶,炮箭齐发,陈军无法抵挡,且战且退,陈友谅中箭死,余部退回武昌。至正二十四年(1364),朱军克武昌,汉政权灭亡。

陈、朱之间的斗争,最初陈友谅在军事上占有优势,后来却为朱元璋所灭,这绝不是偶然的。除了军事指挥上屡犯错误外,内部分裂是陈友谅失败的主要原因。许多将领不愿为陈友谅出力,或投降朱元璋,或保持中立,有的即使在他指挥下打仗,也是"战无斗志"。他的军队尽管数量很大,大都是从民间强行征集而来,既缺乏战斗力,也不愿为陈友谅卖命。作为他的对手,朱元璋所采取的军事策略比较正确,部队尽管数量较小,但久经战斗,实力较强,将领又都听从他的指挥,在刘基等人策划下,朱元璋积极利用陈军内部矛盾,进行分化,取得了很大效果。此外,他还得到了江西、江东等地地主的大力支持。鄱阳湖会战时,以凶悍闻名的徽州地主武装便跟随朱元璋出征,安庆、洪都一带地主纷纷为朱军捐助粮饷。与此相反,陈军则得不到粮食供应。

在打败陈友谅以后,朱元璋拥有南方最大的军事力量。至正二十四年(1364),朱元璋自称吴王。这说明渡江以后,经过近十年的"积粮""筑墙",他已势力雄厚,羽毛丰满,可以公开打出自己的旗号,与其他军阀逐鹿中原了。

当时张士诚也称吴王。民间把朱元璋叫作西吴,张士诚叫作东吴。张士诚西有朱元璋,南有方国珍,只好往北发展,先后夺取了淮安、徐州和淮西部分地区。至正二十三年(1363),张士诚攻安丰,刘福通向朱元璋求救。朱元璋当时正在紧张准备对陈友谅的战争,不少人劝他不要去救,但是他考虑到小明王和刘福通还有一定号召力,如果落入张士诚之手,对己不利,于是亲自带兵去安丰,救出小明王和刘福通,安置于滁州。鄱阳湖水战后,朱元璋势力大为扩充,野心勃勃,想要建立新王朝,小明王与刘福通的存在,对他反而是个威胁,所以很为安丰之行感到后悔。于是在刘基等人密谋策划下,朱元璋决意除掉他们,为自己称孤道寡扫清道路。他命部将廖永忠从滁州迎韩林儿、刘福通过江,在瓜步(今江苏六合区东南)附近故意覆舟,将二人溺死。后来,朱元璋又把杀害韩、刘的罪责,推到廖永忠身上,将他杀死灭口。在志得意满

朱元璋像

之余,朱元璋有时情不自禁地炫耀自己的"功劳"。例如,在一次祭告上帝的祝文中,他便把"安丰刘福通"和陈友谅、张士诚等并列,作为自己"戡定"的业绩,从而暴露了他是阴谋的真正主使者。

至正二十五年(1365)十月,朱元璋发兵进攻东吴,先取两淮之地,然后进攻浙西。至正二十六年(1366)八月,朱、张两军在湖州交战,相持三个月,张军主力消耗殆尽,湖州、杭州等地相继投降。朱军进围平江,至正二十七年(1367)九月,平江下,张士诚被俘自杀。

灭张士诚后,至正二十七年(1367)十月,朱元璋命徐达为征虏大将军,常遇春为副将军,率军二十五万,正式对元朝发起北伐。军行前发布北伐檄文,提出了"驱逐胡虏,恢复中华,立纪陈纲,救济斯民"的政治口号,同时又表示"如蒙古、色目,虽非华夏族类,然同生天地之间,有能知礼义、愿为臣民者,与中夏之人抚养无异"。出兵不足两个月,即已占领山东、河南。

至正二十八年(1368)正月,朱元璋在应天府(今江苏南京)称帝,国号"大明",建元洪武,是为明太祖。此后,新的统治秩序逐步在全国范围内建立起来。明朝的北伐军连战皆捷,另外,朱元璋还派兵进入潼关,切断元朝的右翼,然后集中主力,直捣大都。闰七月,明军直抵通州(今北京通州区),以元顺帝为首的蒙古贵族集团见大势已去,仓皇逃出大都,北奔上都。八月初二日,明军攻入大都,元亡。

北逃的元顺帝及其子孙在此后一段时间里仍以大元之名号令部众,史称"北元",但作为中国历代统一王朝之一的元朝,已被新兴的明王朝取而代之。

元代的社会阶层

总说

土地关系

在元朝统一全国以前,无论是金朝统治下的北方,还是南宋统治下的南方,租佃关系都是土地所有制的基本形式,地主和农民的对立是社会的基本矛盾。此外,无论在生产劳动和家内服役上,都有一部分奴隶存在,北方奴隶的数量比南方多。

蒙古贵族进入中原的初期,曾把许多劳动者变为奴隶。但是,他们很快就与中原地区经济状况相适应,转而采取汉地的剥削方式。因此,元代土地所有制的基本形式和社会的基本矛盾和前代比较起来,没有太大变化。只是北方奴隶的数量有显著的增加,因而南北差异更为突出。

元代的地主阶级包括贵族官僚地主、寺院地主和民间地主。他们占有全国大部分土地和其他生产资料。

贵族官僚地主凭借政治上的特权,占有巨额的田土。皇帝的赏赐、官府的职田以及依仗权势强行霸占民间的土地,是他们土地的几个主要来源。元朝皇帝赐予贵族、官僚的土地,动辄数百顷,有的先后得到赐地达一万顷之多。外任官员都有职田,上路的达鲁花赤、总管每人八顷,下至县尹也有二顷,实际占有不止此数。至于以投献或其他名义,强行圈占民间田土,更是普遍。元朝政府屡次下令"禁诸王、驸马并权豪毋夺民田",正好说明这种现象已达到十分严重的程度。

寺院在元代享有种种特权,占有大量土地。寺院中的上层僧侣,掌握着寺院财产的支配权,实际上就是地主。大都的大护国仁王寺田土在十万顷以上,而大承天护圣寺田土竟达三十万顷。除了统治者的赐予外,它们还通过欺骗和暴力等各种手段,从民间掠夺了许多土地。忽必烈时的江南释教总统杨琏真迦,攘取民田二万三千亩。元代中期白云宗总摄沈明仁强夺民田竟达二万顷。

在占有土地的同时,这些贵族官僚和寺院地主也都控制了大量的劳动人手,包括佃户、工匠和驱口等。

一个三品官员仅职田佃户就有五六百户,下至九品,亦不下三五十户。至于等级更高的贵族官僚,占有的劳动力为数就更大了。寺院地主如大护国仁王寺,所控制的承担各种赋役义务的劳动者共计一万八千人。江南诸寺的佃户有五十余万户。除此之外,这些贵族官僚和寺院还掌握了许多山林、矿冶、河泊、桥梁,经营质铺(当铺)、酒坊、商店、浴堂以及海外贸易,发放高利贷。他们又都是大商人和大高利贷者。

一般民间的地主,在元朝政府的扶植下,也千方百计兼并土地,扩大自己的经济势力。元代浙西地区土地集中现象最为突出,"豪右兼并之家连阡互陌,所收动计万石"。有的富户一年收二三十万石租子,占着二三千户佃户。个别甚至"收谷岁至数百万斛"。其他地区地主同样占有很大比重的土地,以福建崇安为例,上交国家的税粮共计六千石,五十余户"巨室"占有税粮数为五千余石的土地,即百分之八十强;其余四百余户"细民",总共才有税粮数不到千石的土地,即百分之十几。至于无地的佃户显然是不在这个数内的。这些地主占有的巨额田地,主要是用各种手段从农民那里夺得的。"有气力富豪人家"占着"有主的田地",屡见于元朝政府的诏令,可见其普遍和严重。这些民间的地主,平时在乡里"无爵邑而有封君之贵,无印节而有官府之权",压榨百姓,无所不为。他们还与官府相互勾结,谋得一官半职,"营干了受宣敕的名分","恰似虎生两翼的一般",地方官府为他们把持,百姓任他们欺凌。(《元典章》新集《吏部·官制》)

许多民间地主也兼营商业和高利贷。元代杂剧在描写那些占有"鸦飞不过的田宅"的地主时,总是说他们开着解典铺、油坊、粉房、磨坊、酒坊和各种铺面。地主、商人、高利贷者三位一体,无孔不入地吮吸着劳动者的血汗。

在这几类地主之上,作为地主阶级政治代表的元朝皇帝本身就是全国最大的地主。他通过国家机构,控制了大量土地,称为官田。元代官田的来源主要是:金、宋时遗留下来的官田,没收罪人的田土,拘括和圈占所谓"荒闲田地",以及采取"和买"的名义低价或无价在民间强行征购。官田数额很大,以镇江为例,全部土田为三万六千余顷,其中官田即达九千余顷,占四分之一以上。官田的经营,在江、淮以北,主要采取屯田的方式,一部分利用镇戍的军士屯垦,一部分招集或强行分拨农民耕种,还有一些使用驱奴耕作。元朝在江南的官田主要承袭宋代的官庄形式,设立财赋总管府等机构,募民耕种。在这种情况下,官僚地主往往通过合法的包佃或非法的侵占,分润政府剥削农民的收入。至于官田中贫瘠的无人认佃的土地,则强行摊派到农民头上,勒令佃种,缴纳地租。

阶级关系

站在地主阶级对立面的,是以农民为主体的广大劳动者。

农民包括自耕农和佃农。其他劳动者主要有驱奴、雇身奴婢以及手工业者等。

元代北方的自耕农，通常是一家五口，耕地百亩。丰收时所得不过七八十石，歉收时不及一半。全家的口粮要三十余石，布帛、油盐及其他日常杂费和口粮所需差不多，因而日常生活的最低限度支出，已和百亩田丰产时所出相当，遇天灾歉收就会入不敷出。至于官府征收的科差、税粮以及种种捐税，根本没有着落。所以，农民在缴纳各项赋税之后，"不能供半岁之口体"，"欲无冻馁，得乎"？他们一年到头辛勤劳动，"火云赤日汗流土，月落参横手扶耒"；过的生活却是"火烧坑暖代衾稠，藜藿何尝识盐味"！（胡祗遹《紫山大全集》卷四《农器叹》）南方自耕农民占地较少，每户大体为三五十亩，生活遭遇和北方并没有什么区别。他们"绩麻成布抵官税，力田得来归官仓"，自己却"忍饥忍寒蹲破庐"，"麦饭稀稀野菜羹"。

除了承担国家规定的沉重赋役之外，自耕农民又是地主阶级剥削和掠夺的对象。豪强地主田跨州县，家财无数，凭借他们的势力，"赋役常不及己，而中、下户反代之供输"。他们利用种种手段，兼并农民的土地。常州地主史氏广筑圩田，把农民的田地也圈进去，然后借钱给土地被圈的农民，实际上就是要强行收买。农民不答应，地主就派打手把农民打伤。（黄溍《黄金华文集》卷三八《陈公墓志铭》）每逢水旱灾荒，地主乘农民之危进行兼并："有钱的贩米谷置田庄添生放，无钱的少过活分骨肉无承望。有钱的纳宠妾买人口偏兴旺，无钱的受饥馁填沟壑遭灾障。小民好苦也么哥！小民好苦也么哥！便秋收鬻妻卖子家私丧！"（《阳春白雪》后集卷三，刘致《正宫·端正好〈上高监司〉》）。

在国家和地主阶级的沉重压迫下，许多自耕农失去了土地，不得不流亡他乡。他们原来承担的赋役,官府就"分洒"到现在户头上,勒令他们"陪纳",这样就使得更多的自耕农破产流亡。这些破产流亡的自耕农,有的"分耕人田",成为佃户;有的则走投无路,沦为奴隶。

佃农在元代称为佃户,还有地客、种户等名称。元代江南农村中租佃关系盛行,"富户每有田地,其余百姓每无田地,种着富户每的田地"(《元典章》卷三《圣政二·减私租》)。北方尽管在农业生产中广泛使用驱奴,但租佃关系仍占主导地位,所以地方官员在"劝农"时,特别强调"主户督其佃客"。

佃户租种地主的土地,就被迫向地主交纳地租。元代除南方部分地区学田中采用货币地租形式外,一般通行实物地租形式。多数实行分成制,但也有相当一部分实行定额制。租额一般为收获物的五成或五成以上。实际上地主远不以地租收入为满足,他们还巧立名目,强迫佃户承担其他义务。以浙江为例,慈溪的佃户,在常租之外,还要"倍输若干石";东阳的地主,"既入粟半,复亩征其丝";处州地主的手法又有所不同,"制巨量以入粟";宁海的地主则要佃户代输国家征收的租税。全国其他地区的地主阶级在拼命榨取农民血汗上是完全一致的,因此,佃户的实际负担往往为收获的六成、七成甚至八成。从忽必烈起,元朝历代统治者都无法否认这一事实,"私租太重,以致小民重困",下诏令要"以十分为率,普减二分",有时甚至减得更多。但是,不管颁布什么样的法令,地租仍由它本身的规律所支配,佃户实际上仍然得不到什么好处。

佃户所受高利贷剥削也是很严重的。每一种偶然的事故或生产条件的损失,都意味着佃户的进一步贫困化,使他们陷入高利贷的罗网。对于佃户来说,他们所属的地主就是高利贷者。

元刻本《全相五种平话》中的劳动人民形象

元朝官府屡次命令地主借贷给所属佃户,借以加强佃户对地主的人身依附关系。地主们在借贷时,或则"勒令多取利息,才方应付",或则"立约之时,便行添答数目,以利作本",以致秋收时,佃户全部收入,"尽数偿还本利,更有不敷",往往"抵挡人口,准折物件"(《元典章》卷十九《户部五·种佃》)。

佃户对地主有强烈的人身依附关系。佃户交不出地租时,地主便私设刑堂,拷打追征。有些地区,佃户生男,"便供奴役;若有女子,便为婢使,或为妻妾"。佃户子女的婚姻,地主都要干涉,必须交纳一定数量的钱钞布帛,方许成亲。有些地区的地主甚至"将佃客计其口数立契,或典或卖,不立年份,与买卖驱口无异"(《元典章》卷五七《刑部十九·禁典雇》)。地主杀人犯了罪,叫佃户去抵命。至于殴打佃户,残伤肢体,更是很普通的事。

官田佃户的遭遇并不比私田佃户好些。他们租种官田,往往不是出于自愿,而是官府将他们"勾追到官,置局监禁,日夜拷打,逼勒承认"。官田的地租形式和租额,一般与民田相当,有的比民田更重。浙西官田"输纳之重,民所不堪",而且"不问凶荒水旱岁",都要如额征收。福建的职田,每亩输米三石,远远超过了民田的租额。当官田佃户"尽田内所得子粒,输官不敷,拖欠无纳"时,官府便将他们"父子妻女,累累禁系,枷扒拷打,抑逼追征,十户九空",逼得他们只好"将家业变卖,无资产者卖子鬻妻,或弃生就死者有之,抛家失所者有之"。

元代佃户对于元朝政府和地主阶级的黑暗统治,进行了顽强的各种形式的斗争。最普遍、最经常的斗争形式是抗租。"佃有奸顽每负租,欺凌田主反相诬"——地主文人的责难,正好反映了抗租斗争的激烈。强行夺粮是斗争的另一种形式。每逢水旱荒年,佃户和破产的自耕农一起,聚众夺取地主的粮食,"富家巨室至夜不能枕"。佃户斗争的最高形式,就是武装起义。在整个元代连绵不断的人民反抗斗争中,佃户和自耕农一起,构成了起义队伍的基本力量。

元代把奴隶叫作驱口,官府拘留的逃亡无主奴隶,则称为阑遗或不兰奚。驱口原意是指战争中的俘虏,即"被俘获驱使之人",后来成为奴隶的通称,金代已有此名。对于"阑遗",元人徐元瑞《习吏幼学指南》做了如下解释:"阑,遮也。路有遗物,官遮止之,伺主至而给与,否则举投于官。"不兰奚是蒙语音译,与阑遗的含义相同。在元代,驱口的来源主要有三个方面:

一、战争中的俘虏；二、农民和其他劳动者因生活极端困难，被迫出卖子女，或自己卖身为奴；三、权豪地主利用发放高利贷，迫使无力偿还的债务人为奴。元初驱口主要来自第一类，即战争中的俘虏。直至统一南宋战争中以及全国统一后镇压各地人民反抗斗争时，掳掠平民为奴，仍是相当普遍的。但总的说来，由于大规模军事行动基本结束，以及忽必烈采取一系列"汉法"，这一方面的来源大为减少。代之而起的，是后两个方面的来源。元代杂剧中就描述那些豪强地主们，"要女儿着钱赎个婢，要厮儿着钞买一个驱"（《元曲选外编》下册《施仁义刘弘嫁婢》）。因为借钱过期还不清本息，富户就将"宅院良人，生扭做酒店里驱丁"。

元代驱口数量相当多，一个中等官员往往就有数十甚至上百人。有的以"货殖为业"的大商人，也拥有"家僮千有余指"。至于皇室、贵族、寺院拥有的驱口，数量更为惊人。忽必烈的宠臣阿合马即拥有七千奴隶。驱口在北方较为普遍，但南方一些地主官僚也占有不少奴隶，如以经营海外贸易起家的浙西澉浦杨氏，就有"僮奴千指"。

驱口不仅用于家内服役，还大量用于生产，女奴"纺绩织纴"，男驱"耕稼畜牧"。不少地主"生产家事，悉任奴隶"，自己完全过着不劳而食的寄生生活。（黄溍《金华黄先生文集》卷三七《屏山处士王君墓志铭》）

驱口处于社会的最底层，法律规定他们"与钱物同"。使长（奴隶占有者）对驱口有完全的人身占有权利。使长可以任意转卖驱口及其子女，或以驱口作为陪嫁。驱口逃亡，官府代为追查，查获要重罚。逃奴（不兰奚）由官府加以拘留，等待主人认领，如无主即没为官驱。驱口告发使长者处死。使长杀死无罪驱奴不过杖八十七下,如果驱奴有"罪"(任何反抗行动都被认为有"罪"),使长加以杀害而自己却无罪。驱口的女儿自己不能许配,要由使长做主。法律上严格禁止"良""贱"通婚,但是"诸主奸奴妻者不坐"。有的驱口经主人许可成家,自己有一些家业,使长看中了,就可以寻找各种借口,"杖而锢之,席卷而去,名曰抄估"(陶宗仪《辍耕录》卷十七《奴婢》)。使长杀了人,就叫驱口去抵命。

驱口不仅自己终身为奴,而且所生子女,称为家生孩儿,世代为奴。只有通过赎身,驱口才能成为"良人"。赎身要使长许可,并交付大量钱钞或实物(一般相当于驱口终身劳动所得),由使长出具从良文书,并由"乡胥里长"署名纸尾。但是,驱口即使已经脱离奴籍,他们通常还是要与原来的主人保持一定的关系,例如,军户名下驱口"从良"后,就当贴军户,津助"本户"(使长家)的军役。

驱口的大量存在是奴隶制残余的表现。这种落后、野蛮的人身占有关系严重地束缚着生产力的发展,必然激起强烈的反抗。蒙古进入中原之初,许多驱奴参加了红袄军起义。灭金后,大批平民被掠为奴,"逃去者十八九"。元朝统治的一个世纪内,驱口逃亡和杀死使长的事情层出不穷。元成宗统治时期,在一个和尚倡导下,许多从南方被掳到北方的驱口,带着自己的妻子儿女,纷纷逃走,"被他使长每根赶上呵,迎敌着去了的也有"。他们有的在各处隐藏,有的"用船筏偷渡过黄河、大江","纵有败获,鼓众夺去"。这次大规模的驱口反抗斗争,曾使元朝政府大为震动。(《元典章》卷三四《兵部一·军驱》)

介于租佃关系和奴隶占有关系之间的,还有一种典雇关系。有的劳动者因天灾人祸,向地主借贷,以人身做抵押,定期赎取,这种情况叫作"典身"。有的劳动人民因为丧失了土地和其他生产资料,无法谋生,只好为地主劳动,换取衣食,这种情况称为"受雇使唤"。被"典""雇"的劳动者,在法律上就叫作雇身人或雇身奴婢。在被典雇期间,他们与使主之间有严格的依附关系。典雇的契约上都写明,他们"须用小心伏事,听候使令,不敢违慢,抗对无礼",使长可以任意打骂,雇身人即使死了,也不许家属追究。他们的地位类似驱口,事实上,豪强地主们也常常在典雇期满之后,将他们抑逼为奴。元代大剧作家关汉卿在《刘夫人庆赏五侯宴》一剧中,就描述了一个原约典身三年的劳动妇女,被狡猾的地主"倒换过文书","强赖做他家里的买身躯"(《元曲选外编》上册),这种典雇关系在南、北方都是相当流行的。

手工业是元代社会生产的另一重要部门,它的组织和所有制形式受到农业中阶级关系的制约和影响。

手工业生产的生产资料大部分掌握在国家手里。"山林川泽之产,若金、银、珠、玉、铜、铁、水银、朱砂、碧甸子、铅、锡、矾、硝、碱、竹、木之类",都是被官府垄断的。已经劳动加工的原料,如丝、棉花、皮革等,也通过赋税或"和买"等形式,大量地进入官府仓库。在占有大量生产资料的基础上,元朝政府建立了许多手工业机构,仅从事纺织、建筑、器具、军器等生产的大、小局院,即在三百所以上;盐场一百余所,各类矿冶遍及全国各地。贵族和寺院也拥有不少手工业。但它们所拥有的生产资料一般均出于皇帝的赏赐,并由国家设置专门机构加以管理。所以,它们实际上是官府手工业的一个组成部分。

官府手工业中的劳动者,初期主要是战争中俘虏来的奴隶。随着元朝逐步在全国建立了统治,采用了"汉法",官府手工业中的劳动者主要改由民户中签括。如统一南宋后,从江南一次签发工匠三十万,后经分拣,留下十万余户。至于签括民户去制盐、冶炼,更是常有的事。对于签括来的劳动者,元朝政府将他们另立户籍,按照他们所从事的职业,分别称为匠户、盐户、冶户等。奴隶仍占一定的比重。官手工业中还有一种怯怜口工匠,为数很多,其身份也是不自由的(怯怜口是蒙古语音译,意为"家内人口",元代译为私属人。原来指分属于皇帝和贵族所有的奴仆。但后来情况比较复杂,泛指与皇帝、贵族有依附关系的各种人)。元朝政府经常把收集来的无主逃奴,用于手工业生产。此外,元朝政府还发配罪犯到各手工业机构中,带镣居役。

被签括来的匠户、盐户、冶户等,必须按国家规定,在官吏层层监督之下,使用官府的生产工具和原料,完成一定数额的产品,然后可以得到微薄的口粮或工本。在完成定额之余,可以耕种自己的土地或"还家工作"、"开铺席买卖",但又要负担除科差外的种种赋役。允许种地和"还家工作",并不是统治者大发善心,放松控制,而是因为口粮、工本过于微薄,再经中饱克扣,连维持劳动者及其家属最低生活水平都不可能,所以统治者采取让劳动者额外自行谋生的办法,用以保证额定义务的完成。这些劳动者人身是不自由的,被固定在一定的工作场所,不能自行移动,"如无故辄离者,随即究治"。逃亡者要遭到官府的追捕。他们的婚姻也要受本管官吏的干涉。这些劳动者的身份地位,和农业中的佃户差不多。

但是,无论在匠户、盐户或冶户中间,都有少数富户,占有大量资财,自己不劳动,使用奴隶或雇募劳动力,完成官府的定额。以盐业为例,"富者出财,贫者佣力",是得到元朝政府承认和保护的办法。这些富户是元朝政府控制和统治广大劳动者的有力支柱,官手工业机构中的官吏大都从富户中选充,工本或口粮常由他们经手下拨,生产物也由他们收集。

在官手工业之外,民间还有大批手工业者,他们一般个体经营,从事简单的再生产。官府除了向他们征收各种赋税,还常以和雇和买为名,低价甚至无偿地强行购取他们的产品,或勾派他们服役。这些地位相当于自耕农的个体手工业者,经常处于破产的边缘。

民间手工业中也有一些富户,掌握较多的生产工具、原料和资金,使用奴隶或雇用工人进行生产。例如,有一个"鼓铁煮矾"的富户,所使用的劳动力都是"能佣力而无恒产者"。元末杭州丝织业中,有的富户拥有杼机四五具,佣工二十余人。这些佣工和农业中的雇身人一样,被严格的依附关系所束缚。元朝政府还把某些原来由官府经营的手工业,如磁窑、铁冶等,下放给民间富户,采取二八抽分的办法,但所有权仍属于国家。这种经营方式,和农业富户租佃官田差不多。

尖锐的阶级对立,遍及于社会生产的一切部门,同时也存在于元朝政府划分的所有四个等级(即蒙古人、色目人、汉人、南人)之中。由于统治阶级的残酷剥削和压迫,特别是军役和站役的繁重,蒙古和色目中的很多劳动者纷纷破产。忽必烈统治之初,仅贵族兀鲁带所属部民中,"无孳蓄者"即达三万余人。从忽必烈开始,元朝统治者屡次下令收赎被典卖为驱口的蒙古子女,并禁止贩运蒙古子女到海外,说明这种情况是很普遍的。元英宗时,专门设立宗仁卫收养赎回的蒙古子女,不到一年就达万户之多,最后只好下令停止收容。20世纪初期,英国考古学家斯坦因(A. Stein)在内蒙古额济纳旗黑水城遗址掘获的河渠司保结文书,就是关于这次拘收蒙古子女事件的重要材料。原件虽然已被斯坦因盗走,但我们可以在法国学者马伯乐

（H. Maspero）编写的《斯坦因第三次中亚探险所得汉文文书》（伦敦，1953）中看到文书的照片。由此可见，元朝大量下层蒙古人的生活景况是相当凄惨的。色目人的遭遇也是一样，例如河西的色目站户，因站役繁重，"破家荡业，无可展免，致将亲属男女于权豪声势富实之家，典卖为驱"（《元典章》卷五七《刑部十九·诸禁》）。

尽管元朝统治者千方百计制造民族矛盾，挑动各族互相仇视，但是，共同的受压迫、被剥削的阶级地位，把普通百姓联结在一起，在大小无数次的起义斗争中各族百姓互相呼应，彼此支持，为反抗剥削压迫、推翻元朝统治做出了贡献。

元代的经济

人口分布

13世纪前期和中期,我国境内战争频繁。各族统治阶级争权夺利,造成了人口的大量死亡、流散,社会生产也遭到巨大损失,其中黄河流域遭受的破坏尤为严重,宋、金以来南、北经济发展不平衡的现象更加显著。随着全国统一局面的出现,我国各地区的社会生产力得到了不同程度的恢复,有些地区、部门还在前代基础上有所发展。但是,南、北不平衡的现象始终没有改变。

人口是全部社会生产行为的基础和主体。元代人口的分布很不均衡。根据忽必烈时的统计,北方为一百三十五万余户,南方为一千一百八十四万余户,南北数量约为九比一。而江浙行省(包括今浙江、福建和苏南、皖南部分地区)户数约六百万,又为南方总数的二分之一强。江浙行省共三十路一府二州,其中浙西六路(杭州、湖州、嘉兴、平江、镇江、建德)一府(松江)约二百万户,占江浙行省的三分之一,是全国人口最密集的地区。这里使用的调查数字,北方是至元七年(1270)的统计,以后政府没有再统计过。南方(指原南宋统治地区)是至元二十七年(1290)的调查数字。以上人口分布的状况,大体反映出当时生产力的水平,南方比北方发达,江浙行省尤其浙西在全国占首要地位。

从元朝统一全国之日起,北方居民就大量向南方流动,据有人估计,至元二十年(1283),南流人口已达十五万户,相当于北方总户数的十分之一以上。元朝政府屡次下令禁止,在黄河、长江、淮河诸津渡设立了稽查南移流民的机构,并勒令已到南方的流民北返。但是,"民望南而流如水之欲东",一直到元末,南流始终是元朝政府无法解决的严重社会问题。人口南移反映了南北经济发展水平的差异,是元代人口状况的另一个特点。

各族人民互相杂居情况的普遍出现,是元代人口状况的第三个特点。蒙古、畏兀儿、唐兀等族人民纷纷向中原和江南、西南等地区迁徙,汉族劳动者则成批地移往蒙古草原、西北、东北和云南等边疆地区。这种普遍杂居状态的形成,有利于各族人民的经济、文化交流,对于促进彼此经济文化的发展,起了积极的作用。

农 业

农业是元代社会生产的主要部门。

元代初期,由于战争破坏,劳动力大量减少,北方许多土地荒芜,"中原河渠畎浍之利,莽为丘墟"。全国统一以后,逐渐有所恢复,以河南为例,原来"民疏土旷,田价至弱",到14世纪前期"民日生集,丛蓁灌莽尽化膏沃,价倍十百"。两淮地区当元、宋对峙的时候,遭到很大破坏,"荒城残堡,蔓草颓垣,狐狸啸聚其间",到了元代中期,已是"烟火相望","桑麻被野"了。

元代中叶,国家收入税粮共一千二百余万石,北方(包括腹里、河南、辽阳、陕西、甘肃)所出为五百二十万石左右,其中河南二百五十九万余石,腹里二百二十余万石,陕西为二十二万余石,甘肃六万余石,辽阳七万余石。这些数字表明,北方农业生产有所恢复,特别是腹里和河南恢复较快,但两地税粮总和仅略高于南方的江浙一省,可见仍远远赶不上南方。同时它也说明,北方各地区发展是很不平衡的。南方农业生产总的来说比北方进步,但地区差异也很大,江浙、江西一带,"地狭人稠"、"垦辟至广",许多海滩、湖塘和山陂,都得到开发和利用,但愈往西去,没有垦种的土地愈多。这种情况在元代中期的税粮数上反映得很明显。江浙一省约四百五十万石,江西为一百一十余万石左右,湖广为八十四万石左右,而云南仅二十七万余石,四川仅十一万余石。

从农业生产技术和产量来看,北方耕作比较粗放,不少地区"土不加粪,耕不以时,摆不破块,种每后期,谷、麦种子不精粹,成熟不锄不耘"。产量高的每亩一石,一般只有三五斗,"每斗得米五升,半为糠秕"。但是,也有部分地区,如山西平阳,土壤肥沃,又有比较好的水利灌溉,因此农业生产力水平较高,"田凡一岁三艺而三熟","殆无尺寸废者",上等土地"亩可以食一人"。南方以长江下游的浙西地区农业生产力最高。这一带自五代、两宋以来,就讲究兴修水利,精耕细作,每亩稻谷产量通常在二三石左右,有的高达五六石。湖广、云南的大部分地区,耕作比较粗放,产量也低。

农作物的品种南、北也有所不同。北方的主要粮食作物是麦和粟,麦又分小麦、大麦,以小麦为主。大都附近、河北中部、山西、关中、河南的部分地区,也有少量水稻种植。元代中期曾有人建议在"京师之东濒海数千里"筑堤捍水为田,种植水稻,元朝政府为此设立了镇守海口屯储亲军都指挥使司。元末农民战争期间,元朝政府为了解决粮食问题,又曾在南起保定、河间,北到檀(今北京密云)、顺(今北京顺义)的地区之内,大规模试种水稻,为此还从江南招募农师千人。这些措施都取得了一定的效果,水稻的种植在这一地区得到了发展。南方的粮食作物主要是稻米,有粳、籼、糯几种。山区、旱地也种植小麦和大麦。纺织用的经济作物有麻、桑和棉花等。麻、桑南北都很普遍,养蚕缫丝和沤麻织布是农民的主要家庭副业。棉花在元代开始逐渐普及,全国统一以后,"江东、陕右亦多种",后来又移至两淮地区。元代著名文人马祖常在《淮南田歌十首》中写道:"江东木棉树,移向淮南去。秋生紫蕚花,结棉暖如絮。"到元末,棉花的传播范围已更加广阔。

无论从土地的垦辟,或是从单位面积的产量来看,北方都不如南方。元朝政府从北方各省征敛所得粮食,远不能满足需要,因此每年都要从江南调拨漕运。南粮北运最初是靠运河,后来改从海道。忽必烈统治末期为一百多万石,元代中期增为三百多万石。江南海漕粮食成了元朝政府的命根子,"上自公卿、大夫、士,下至府吏、胥徒,岁以海漕之迟疾、丰俭、顺阻为忧喜、休戚之分"。所以当时有人说:"国家经费,独仰于东南而已!"(朱德润《存复斋文集》卷五《送张尚书序》)。元朝末年,农民战争爆发,海运不通,漕粮断绝,大都连年大饥,元朝很快就灭亡了。

为了表示对农业生产的重视,元朝政府规定,各级地方长官都加有"兼管劝农事"的职衔,还在中央设置了专门管理农业和水利的机构,称为大司农司,各地区则根据不同情况,分别设有行司农司和都水监、都水庸田使司等。这些机构颁发《农桑辑要》等指导农业生产的书籍,并领导、组织对若干水利工程的修治,其中如大科学家郭守敬负责的西夏唐徕、汉延等古渠整修工程,水利专家任仁发主持的浙东海塘、浙西吴淞江等工程,都取得较好效果,对于当地的农业生产,起了积极的作用。但是,这些管理农业、水利的机构,同样是国家机器的一个组成部分,它们不可能真正为人民谋福利。绝大多数负责"劝农"或水利的官员,"农作之事,己犹未知,安能劝人"!"劝农"或兴修水利,不过是他们剥削和掠夺的又一个机会而已。例如,浙西的都水监和庸田司的官吏们,不管有无灾荒,每年预先要地方官"具状秋收有成数",当百姓来报告水、旱灾害时,他们不是置之不理,就是把告者抓起来,"以为奸治之"(余阙《青阳集》卷四《送樊时中赴都水庸田使序》)。北方的官员在劝农时,更是"赂遗征取,下及鸡豚"。就是一些较有成效的水利工程,在兴修时采用的是"有田用水之家自备口粮,佃户佣力开浚"之法,修成后真正获利的自然还是那些"有田之家"。

畜牧业在元代得到了空前的发展。蒙古贵族原来过着游牧生活,"以弓马之利取天下",所以特别重视饲养马、驼、牛、羊等牲畜,"殆不可以数计"。元朝政府中设有专门管理畜牧的机构,最初叫尚牧监,后改为太仆寺,下辖十四个大牧场,分布漠北、甘肃、云南等处。此外,政府还把一部分牲畜分拨在民间饲养。元武宗时,大都民间为官府饲马九万四千匹,外路十一万九千余匹,总计在二十一万匹以上。除了国家直接掌握数额巨大的牲畜之外,蒙古贵族都占有很多牲畜,动以万计。牧场占地有的多达十万余顷,北方不少耕地变成了挚养牲畜的场所。这种做法,造成了农牧矛盾,对北方农业生产的恢复起了阻碍作用。

元朝统治者把马匹看成最重要的交通工具,想方设法把民间的马匹集中到自己手里。从窝阔台汗统治时起,不时发布命令,强行搜刮马匹,称为"刷马"。这种做法在元代一直延续了下来,仅忽必烈统治时,即先后刷马五次。最后一次是至元三十年(1293),计划收集十万匹,结果只得七万余匹,原因是"为刷马之故,百姓养马者少"(《大元马政记》)。统治者的苛政,影响了畜牧业的发展。

手工业

手工业是元代社会生产的重要部门。

全国空前规模的统一,扩大了手工业产品的市场,促进了手工业生产技术的交流,为手工业的发展提供了有利的条件。因此,元代的手工业在前代的基础上有显著的进步。但是发展仍不平衡,有些地区、有的部门,因为战争中破坏过重或其他原因,出现了停滞不前甚至衰落的情况。

纺织业:元代丝织业极为发达,遍及南北各地。北方丝织业的中心是大都,据意大利人马可·波罗(Marco Polo)的记载,每日运入大都的丝多达千车,用来制造金锦绸绢。南方最大的丝织业中心是杭州,每年仅织造供统治者消费之用的缯毵,即达十万匹。其他如建康(后改名集庆,今江苏南京)、庆元(今浙江宁波)、镇江等地,都有规模较大的官府织染局院和众多的民间机户。如建康两处织染局,管下人匠各有三千零六户,机一百五十四张,每年额定制造缎匹四千五百余段。镇江织染局等处每年额定织造缎匹五千九百余匹。元代丝织业中有打线、络丝、变染、织造等较细的分工。丝织品的种类繁多,以镇江、庆元二地织染局为例,各种规格和色彩的缎匹即达十余种。波斯和中亚传入的"纳失失"和"撒答刺欺"等新产品的大量制造,更是元代丝织业的特色。

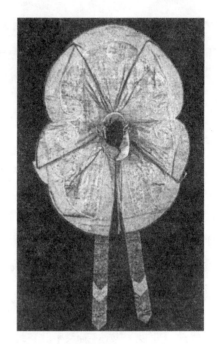

大量使用金线的元代织锦

　　除了满足统治阶级消费之外，丝织品还大量用于对外贸易，远销东、西洋和中亚各地，直到欧洲，深受各国人民的欢迎。

　　棉织业在元代是一个新兴的纺织部门。元代棉花生产在全国逐渐普及，棉织业随之得到发展，纺纱织布成为农民重要的家庭副业，有些地方还出现了专以织布为生的工匠。至元二十六年（1289），元朝政府在南方的浙东、江东、江西、湖广、福建等地设置木绵提举司，责民岁输木棉十万匹。到大德三年（1299），据统计，中央政府每年从各省收受的木棉布匹不下五十余万。可以看出棉织业的发展是很迅速的。后来棉布更被正式列为江南夏税的一个项目。

在棉织业发展过程中,松江劳动妇女黄道婆做出了重大的贡献。她早年流落在崖州(今海南岛),13世纪末返回故乡,带回了黎族人民的先进经验,并结合江南劳动人民的实践,创造和改进了搅车(轧籽用)、弹弓(竹弧绳弦大弓,弹松棉花用)、纺车、织机等一系列工具,适应了当时棉纺织生产发展的需要。黄道婆还创造了复杂的提花技术,"织成被褥带帨,其上折枝团凤、棋局字样,粲然若写"(陶宗仪《辍耕录》卷二四《黄道婆》)。在以黄道婆为代表的广大劳动者的努力之下,元代棉纺织业达到了相当高的水平。

毡罽业是另一个新兴部门,它是在蒙古等兄弟民族的手工制毡基础上发展起来的。忽必烈时元朝政府中设有制毡的专门机构,工匠达数万人,制作毡房、地毡和各种不同花色品种的毡子,不下四五十种(《大元毡罽工物记》)。20世纪下半叶大同元代墓葬中出土的毡帽和毡靴,质地细软,表明已有较高的工艺水平。

制瓷业:元代制瓷业规模很大。据近几十年来的考古调查,河南、河北、陕西、浙江、湖南、江西、福建、广东等省,都发现有元代瓷窑的遗址。在北方,以河北邯郸为中心的磁州窑,以河南禹县为中心的钧窑和以陕西铜川为中心的耀州窑等,都有大批元代遗址发现,反映了当时盛大的生产规模。南方最著名的制瓷业中心,一是江西的景德镇,文献记载有瓷窑三百余座,遗物亦有发现;另一中心是浙江的龙泉,据实地调查,自龙泉经瓯江到温州,沿岸已发现的龙泉系窑址,已达二百处,其中很多属于元代。

从技术水平来看,北方出产的瓷器质量有所下降,南方则有很多新的创造和发展。景德镇的制瓷业有较细分工,"陶工、匣工、土工之有其局,利坯、车坯、釉坯之有其法,印花、画花之有其技,秩然规制,各不相紊"。其他瓷窑情况大体相似。在此基础上,南方开始大量制作青花瓷器和釉里红瓷器,在我国瓷器发展史上,开辟了一个新的阶段。

在元代,瓷器是我国对外贸易的主要商品之一,深受亚、非各国人民的欢迎。

制盐业:元代全国盐场一百六十余所,专业劳动者达五万余户。13世纪末,全国盐产量为一百七十余万引(每引四百斤),后来增加到二百六十万引左右,远远超过了前代。

在制盐技术方面,比起前代来也有所变化。原来海盐生产采用煮盐的办法,消耗劳力及燃料极大。元代福建大部分盐场开始采用晒盐的办法,"全凭日色晒曝成盐",这在我国制盐史上是一项具有重要意义的革新。但是,当时还未能普及。河东解州池盐,唐、宋均采用畦晒法,即在盐池周围开辟畦子,将池中卤水导入畦中,利用日光和风力蒸晒成盐,元代则听任其在池中凝结,然后捞取。

酿造业:元代酿酒业规模很大。大都酿酒日用米千石,南方的杭州一地,每年造酒用米麦二十八万石。酒课在元朝政府收入中占很大比重,忽必烈统治末年,仅杭州(江浙)、湖广、龙兴(江西)等省酒课收入即达三十六万锭,为全国财政收入的十分之一以上。

我国酿酒长期以来一直采取酒曲酿造的办法。元代从阿拉伯人和中亚人那里传入了蒸馏酒的技术,由蒸馏而成的烧酒,叫作"阿剌吉酒"(来源于阿拉伯语)。这在我国酿酒工艺发展史上具有特殊意义。

葡萄酒在元代盛极一时,主要产地是山西平阳和西北的哈剌火州(今新疆吐鲁番)等,以哈剌火州为最佳。用蒸馏法制造的葡萄酒,称为"葡萄阿剌吉"。

出版印刷业:元代的出版印刷业在前代基础上取得了新的成就。元代的出版印刷业可分为官府刻书,书院、官学刻书,私宅刻书,民间书坊刻书和寺观刻书。其中书坊刻书的数量最多。北方出版印刷业的中心是大都和平阳,南方的中心则是杭州和福建建宁路(下属建安、建阳两县最有名)。此外,南方的不少路、府、州、县,如集庆、婺州、庐陵等,都有一定规模的印刷业。

元朝政府在中央设有兴文署,专管"雕印文书"。由宋元之际著名史学家胡三省作注的《资治通鉴》,便是由兴文署刻印的。各地的儒学、书院,也都自行刊印各种书籍。民间以刻书为业的书坊很多,坊刻书的数量大大超过了官刻书。建安的麻沙镇和崇化镇是私家书坊最集中的地方,所刻书风行全国。

元代刻书大部分是雕版印刷,但活字印刷也已相当流行。除了胶泥活字之外,又有人试制了锡活字和木活字,并出现了转轮排字架,利用简单的机械,提高排字的效率。流传至今的畏兀儿字木活字和活字版西夏文佛经,表明汉族劳动人民这一重大发明已经传播到兄弟民族中间,对兄弟民族的文化事业起了推动作用。

元代转轮排字盘

元代印刷业进步的另一标志是套版印刷术的发明。现存的后至元六年(1340)中兴路(今湖北江陵)资福寺刻《金刚经》,出现了朱、墨二色。这是世界上最早的木刻套印本,比欧洲要早一百多年。

除了上面所述的几个部门之外,元代其他手工业部门也有不少新的发展,例如,火器制造业中铜火铳的铸造,冶铸业中镔铁(钢)锻造技术的传入内地,以及用树灰提炼砂糖等,在我国科学技术的发展史中,都很有意义。

但是,元代手工业生产技术进步所取得的很大一部分成果,被统治阶级剥削掠夺了去,供自己挥霍浪费之用,而那些社会财富的创造者却过着十分贫困的生活。缫车抽丝、"鸣机织素"的劳动者,"秋寒无衣霜冽肤"。"夜纺棉花到天晓"的老妇,在"织布供军钱"之余,因为无法应付"县里公人"的勒索,"布衫剥去遭笞鞭"。"谁知木棉织成后,儿啼女泣寒无襦!"残酷的剥削和压迫,使广大手工业者终年挣扎在饥饿线上。那些个体手工业者,只能勉强从事简单再生产,无力去进一步改进生产技术。而官手工业中的劳动者,为生活所迫,更把怠工、破坏生产工具作为斗争的手段。落后的生产关系,对手工业的发展起着严重的阻碍作用。

商　业

规模空前的统一多民族国家的形成,以及随之而来的中外交通的扩大,推动了元朝商业的发展。

元代全国最大的商业中心是大都和杭州,其次有真州(今江苏仪征)、平江、潭州、扬州、武昌、太原、平阳、真定、安西(今陕西西安)等。元代中叶,全国商税收入在九十万锭以上,相当于国家全部货币收入的十分之一左右。除大都十万锭之外,江浙行省达二十六万锭,为全国各省之冠,反映出江浙商品经济的繁荣。

元代一般城市中都有固定的商业区,如镇江有五市,即大市、小市、马市、米市、菜市;建康则有小市、牛马市、谷市、蚬市、纱市等十所。农村中的商业活动主要采取定期为集的办法。元朝政府因为害怕"起立集场","走透课程","滋长盗贼",曾下令"住罢"禁止,但是经济交流的要求绝非法令所能禁止,过了不久,元朝政府不得不承认禁罢的失败,"辇毂之下,尚且奉行不至,何况外路"(《元典章》卷五七《刑部十九·诸禁》)!

那些在城镇中设有固定铺面的商人,当时称为坐商。由于全国统一,他们的活动范围大大扩大了。扬州商人的商业活动"北出燕齐,南抵闽、广",北方的商人也"往来贸易湘湖间"。值得注意的是,城市中的商人往往有严密的行会组织。另外一些往来于城乡之间,奔走于集场之上的小商贩,则称为行商或货郎。"行商到门问有无,粟麦丝麻相换易!"他们对于沟通城乡经济起着重要作用。

元代海外贸易有很大发展。每年市舶税不下数十万锭,成为元朝政府一项重要收入。对外贸易的主要港口是泉州、广州、庆元、上海、澉浦(今属浙江海盐)等。元代商船遍及东、西洋各地,远至忽里模子(今伊朗霍尔木兹)等地,出口商品主要有瓷器、布匹、金属器具、丝缎、粮食等,进口的商品主要有香料、药材、布匹等,仅庆元一处,进口商品即达二百余种之多。元朝商人还在东、西洋各地之间转贩各种商品,如贩占城布到吉兰丹(今马来西亚南部)、都督岸(今加里曼丹岛西南),贩运西洋布(今印度洋地区出产)到须文答剌(今苏门答腊岛西北部)、古里地闷(今帝汶岛)等,对于促进这些地区的经济交流,有一定的作用。

元朝政府对重要的国内外贸易,都加以严格控制。在国内,盐、茶、铁等许多生活必需品,都由国家专卖,或由政府直接发售,或则招徕商人,在政府严密管理下运销。在国外贸易方面,先后采取国家垄断经营和造船给本、招商兴贩等办法,对进、出口货物都实行重重控制。政府控制国内外贸易的目的,是为了谋取暴利,增加收入。以盐为例,元代中期政府发给盐户每引盐的工本钞不过二十贯左右,发售时盐价为一引盐钞三锭,即相当于工本的七倍以上。一般百姓买不起,盐卖不出去,于是就在民间桩配,每户"少者不下二三引"。贫下户"枭终岁之粮,不酬一引之价,缓则输息而借贷,急则典鬻妻子"(《元史》卷九七《食货五·盐法》)。元朝政府干预商业活动,实际上是一种变相赋敛,严重地影响着正常商业活动的进行。

高利贷的盛行是元代社会的一个突出问题。蒙古贵族早在建立政权之初,就把掠夺来的金银和其他财物,交给回回商人经营,"贷之民而衍其息",一年本利相等,十年本利达一千零二十四倍,叫作斡脱钱(斡脱是突厥语,原意指商人,元代斡脱钱专指高利贷)。因为这种计算利息的方法,"岁有倍称之积,如羊出羔",所以又叫作羊羔儿息。这种高利贷破坏性极大,经常导致借贷者倾家荡产,家破人亡,甚至影响国家的赋税收入,因而后来政府规定只准一本一利。但是利率照旧由支配它的经济规律来调节,元朝政府曾多次重申这一规定,正好说明它经常遭到破坏和规避。

元朝政府本身也经营高利贷。忽必烈时,政府中专门设斡脱总管府(后改为泉府司)等机构,管理高利贷的发放和征收,出入钱钞达数十万锭之多。元朝政府还常常把钱拨给某些政府机构,作为高利贷本钱,让它们自行发放,收取利息,用来维持机关的行政开支。贵族、官僚、寺院和民间地主,也都把放高利贷作为剥削的重要手段。每当收取本利时,"急于官府",还不清债务,就会被送到官府去吊拷追征,甚至把债务人的家属变卖为奴来抵债。

蒙古政权统治中原之初,主要以白银作货币,同时还效法金朝的制度,印行纸币,和白银一起流通。北方的一些军阀,也都自行印造纸币,在所割据的地区内流行,不能出境。随着中央集权的加强,货币制度也趋于统一。忽必烈即位后,首先印行了以丝为本的中统交钞和以银为本的中统宝钞(1260年发行)。交钞流行不广;宝钞在元代一直行使,自发行后,取代了各地自行印造的纸币。元朝政府逐步统一全国,中统宝钞的流通范围也不断扩大,最后成为全国流通的货币。

中统宝钞推行之初,元朝政府拥有充分的白银作钞本(准备金),允许随时兑现,严格控制纸币的发行量,并规定各种税收均以纸钞交纳,因此物价比较稳定,纸币通行无阻。后来,由于统治阶级的奢侈腐化,财政经常入不敷出,元朝政府便不断增加纸钞印数,动用钞本,以致物价上涨,钞值下跌,忽必烈统治末年,已是"如今用一贯,才当往日一百"。一贯为一千文,由此可见货币贬值的程度之巨。元朝政府又先后于至元二十四年(1287)、至大元年(1309)发行至元宝钞和至大银钞,想用抬高钞票面值的办法,来解决通货膨胀问题,当然不会取得任何效果。元末,政府又于至正十年(1350)发行中统交钞,"每日印造不可数计",结果是物价腾贵,纸钞涩滞不行,民间交易只用铜钱,有些地区甚至回到了物物交换的状态。

城 市

国家的统一、农业的恢复、手工业和商业的发展,以及国内外经济文化交流的增多,造就了元代城市的繁荣。

元朝的首都——大都,是在忽必烈统治时建造的。由于金中都历经战乱,残破不堪,忽必烈便命刘秉忠设计规划,在金中都旧城东北的旷野上,以金代的离宫万宁宫(今北海公园一带)为中心,建立了一个雄伟的新城。新建的大都周围共约两万八千六百米,分十一门,居民不下十万户。城市建设主要按汉族民族传统格式,全城平面为长方形,钟、鼓楼在中心,前朝后市,街道宽广,坊里整齐。同时,也吸收了不少兄弟民族和外国的建筑技巧,宫城中有圆殿、畏兀儿殿、温石浴室等样式,遍布城中各处的各种宗教庙宇建筑,更反映了当时世界各种文化的特色。

大都是全国的政治中心,也是一个商业中心,"东至于海,西逾于昆仑,南极交、广,北抵穷发,舟车所通,货宝毕来"。城内有两个大商业区,商业区内又按行业分为二十余市,靠近市中心的水运码头积水潭是全城最热闹的地方。世界各国的使节、商人、僧侣、旅行家络绎不绝地来到大都。"汗八里"(突厥语,意为大汗之城)的壮丽富庶,闻名于当时整个世界。

北方草原地区出现了不少新兴城市,其中最著名的是上都开平和漠北的和林。东北的肇州、西北的哈剌火州、别失八里等,都有一定的规模。这些城市对于加强中原和边疆地区的政治、经济、文化联系,起了积极的作用。

南方的一些都市保持了原有的繁荣。杭州是南方最大的商业和手工业中心,"百十里街衢整齐,万余家楼阁参差",它的繁华曾使马可·波罗感到十分惊奇,以致称之为"天堂"。位于"水陆要冲"的真州和扬州,是商业活动的中心和南北各种物资的集散地。在对外贸易的诸港口中,泉州占有特殊重要的地位,它以"刺桐"一名传遍世界,被外国旅行家誉为世界第一大港,经常有百艘以上海船出入停泊。位于吴淞江出海处的上海,因为海外贸易的发展和棉织业的兴起,也逐渐成为一个重要的城市。

交　通

适应政治、经济发展的需要,元朝的交通事业有空前的发展。

元朝政府建立了遍及全国的驿站制度,水陆站共计约一千五百处左右。驿站以大都为中心,沿着几条交通干线,一直通达各边疆地区。元朝政府建立驿站,是为了"通达边情,布宣号令",用以加强统治。但客观上对加强全国各地的联系,促进经济、文化的交流,起了很大的作用。

南北海运的开辟,是元代交通的另一件大事。为了北调南粮,忽必烈在至元十九年(1282)开始,开辟南、北海运线。经过多次探索,最后采取了从长江口的崇明附近出海,向东行,入黑水大洋,北趋成山(今山东半岛东部),经渤海南部,至界河口(今海河口)的直沽,再转运大都的路线。每年四五月间,起运江南漕粮,利用信风和海洋潮流,十天左右即可抵达。

大运河在元代得到大规模的整治。从忽必烈时起,先启修治、开凿了通惠河(即大都运粮河,从今北京到通州,长一百六十里,元代新开,由郭守敬主持)、通州运粮河(从今通州南下入大沽河,西接御河)、御河(从今天津南至山东临清,接会通河)、会

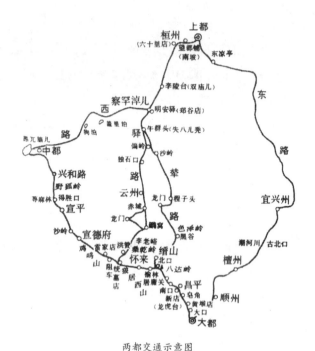

两都交通示意图

通河(从今临清至山东东平,长二百五十里,元代新开。但另有学者认为此河在金、元之际已经开通,元代只不过进一步加工而已)、济州河(今山东东平至济宁,接泗水,入淮河,元代新开)等,和南方原有的运河相接。自此,海河、黄河、淮河、长江、钱塘江五大水系,互相贯通,从南方的杭州,经三千余里运河,船只可以直达大都城内的积水潭。这条贯通南北的大动脉的出现,对于加强我国南北方经济、文化的联系,有着非常重要的意义。

元代的民族状况

在元代,由于规模空前的统一多民族国家的形成,我国各民族人民之间的政治、经济、文化联系都大大加强了。

普遍的民族杂居现象的出现,是元代民族关系的一个特点。成千上万汉族劳动人民迁到了边疆兄弟民族地区,安家落户;各兄弟民族人民也纷纷从边疆来到中原地区,定居下来。各族人民共同生产、生活,经济、文化不断得到交流,从而进一步密切了彼此之间的兄弟情谊。

交往的密切,促进了相互的融合。在元代,有些曾在历史上起过很大影响的民族,如契丹、唐兀,逐渐融合于其他民族。一些新的民族,如回、东乡、土等族,则在逐渐形成过程之中,他们都是由两个或更多的民族成分融合而成的。还有一些民族,如汉、蒙古等,保持了原来的名称,但实际上已吸收了许多其他民族的成分,政治、经济和文化生活各个方面,都发生了很大的变化。

以下我们按照大的地理区域,对各地区的兄弟民族情况分别加以叙述。

北方地区

在蒙古草原及其以北地区,元朝设置了隶属于中央管理的行政机构。忽必烈时在和林(今蒙古国哈尔和林)置宣慰司都元帅府,屡经更迭,大德十一年(1307)改置和林行省,仁宗皇庆元年

(1312)改岭北行省。这里的主要居民是蒙古族,此外还有乞儿乞思等。

在元朝统一过程中,蒙古族有很大一部分迁居到全国各地,还有一部分仍然居住在蒙古草原上。迁到中原的蒙古族,起初仍然保持游牧的生活方式,四季迁徙,占有大片土地作为牧场。如在卫辉(今河南卫辉)一带,"夏则避炎潞顶,冬则迎燠山阳"。在周围汉族的影响下,他们中大多数逐渐向农耕过渡。忽必烈及其后裔屡次命令蒙古户种田,并将荒田分给蒙古人耕种,正反映了这种趋势。草原上的蒙古族,则仍以畜牧业为主。

13世纪上半期,蒙古贵族把从各地俘获的大批工匠和农民,迁回自己的家乡。木华黎在河北命史秉直率领"降人家属"到漠北,人数达十万余家之多。(《元史》卷一四七《史天倪传》)成吉思汗命田镇海于漠北几里羊欢屯田,建立城镇,"局所俘万口居作",其中包括汉族和中亚各地的工匠,这便是著名的镇海(又名称海)城。窝阔台汗时兴建的和林城,主要也是由汉族和中亚的工匠修筑的。全国统一以后,元朝政府先后派遣不少汉军到漠北屯垦,和林屯田最多时达万人,五条河等地屯田士兵达四千余人,耕地六千余顷。此外,还曾专门发兵到漠北打井。漠南地区,除了上都开平之外,还新建了应昌(今内蒙古克什克腾旗境内)、全宁(今内蒙古翁牛特旗境内)等城镇,移入的汉族劳动者为数更多。

迁入的汉族以及其他族劳动人民,和蒙古族人民一起,辛勤劳动,为蒙古草原的开发做出了贡献。从农业生产来看,漠北的客鲁涟河(克鲁伦河)两岸居民,"杂以蕃、汉,稍有居室","亦颇有种艺"。和林附近,"居人多事耕稼,间亦事蔬圃"。漠南的砂井路(今内蒙古四子王旗)"民旧业畜牧",元中期开始有农业。

开平附近鸳鸯泺(今达里诺尔)"原隰多种艺","涤场盈粟麦"。从手工业生产来看,和林、镇海、开平、应昌、集宁等城镇,都有相当规模。和林出土的遗物表明,这个城市有规模很大的冶炼业和制陶业,产品样式都与中原相同。上都开平有各种工匠近三千户,考古发掘有瓷窑等遗迹。集宁遗址出土有大量煤渣、铁器和坩埚片,说明这里曾是一个冶炼业的中心。农业、手工业的发展以及许多城镇居民点的建立,对于活跃蒙古草原的经济生活,具有重要的作用。

为了适应中原地区和蒙古草原频繁交往的需要,元朝政府在前代基础上,设置了三条主要站道。东道由大都经上都、应昌等地趋向和林,称为帖里干道。中道由大同出砂井,北达和林,称为木怜道。西道则由甘肃亦集乃路(今额济纳旗)进入蒙古草原,东北向和林,称为纳怜道。

元朝政府为了维护其统治地位,尽力制造民族矛盾,先后制定了许多法令,将蒙古族居于其他各族之上,在政治上享有种种特权。但是,高踞于各族人民之上的,只是一小撮蒙古贵族、官僚。而占人口绝大多数的蒙古族劳动人民,和汉族以及其他民族的普通百姓一样,处于被压迫受剥削的地位。由于蒙古贵族之间不时发生的战争,以及风雪天灾,草原上的牧民们经常饥寒交迫,流离失所。自忽必烈统治末年起,因破产从蒙古草原南迁中原的牧民常达数万甚至数十万。如至大元年(1308)统计,"北来贫民"竟达八十六万余户之多。他们常常被迫"以子女鬻人为奴婢",有的还被贩卖到海外。在中原落户的蒙古族人民,也要负担沉重的军役、站役以及其他义务。被签发从军时,"每行必鬻田产,甚则卖妻子"。站役负担也经常使他们破产。

进入中原的蒙古族,大多数转而经营农业,劳动人民成了自耕农或佃农,贵族、官僚们成了地主。在草原上,每个贵族都有自己的"爱马"(部),有一定的分地。部民对所属部主贵族有严格的人身依附关系,甚至在流散之后,还要被政府强制遣还所部。如泰定年间曾"以舟代车送亚当吉北还"。"亚当吉"是蒙古语"贫困"之意,即指流散的蒙古平民。元朝政府还曾一再下令不许擅自离开所部,甚至规定违抗者处以死刑。在畜牧业生产中,仍然广泛使用奴隶。草原上劳动力不足,蒙古牧主就千方百计通过各种方式从中原地区掠取或购买奴隶。14世纪初,一个逃亡奴隶的控诉,为草原上奴隶的生活提供了极宝贵的材料。这个逃亡奴隶名叫佟锁柱,原来是江西人,七岁时从家乡被掠卖到漠北,成为牧奴。和他一起放牧的十余名牧奴,都是从中原贩卖来的。每个牧奴牧羊二千余头,"羊有瘠者、伤者、逸者、无故物故者",牧奴都要挨打。牧奴逃亡被抓回,"必钳而黥之"(张养浩《归田类稿》卷十一《驿卒佟锁柱传》)。

到了元末农民战争期间,草原上的奴隶和平民也纷纷起来反抗。至正七年(1347),八怜部发生起义,"断岭北驿道"。至正十八年(1358),汪古部人民暴动,部主赵王八都帖木儿差点被杀。经过斗争风暴的扫荡,草原上的奴隶主受到沉重的打击。

这一时期,蒙古族的文化得到很大的发展。13世纪中叶写成的《蒙古秘史》(明初汉译作《元朝秘史》),既是重要的历史文献,又是优秀的文学作品,它以说唱故事的形式记述了蒙古族起源和成吉思汗、窝阔台汗两代的重大政治事件,表现了蒙古族人民杰出的文艺才能。蒙古乐器有筝、琵琶、胡琴、浑不似(火不思)等,流行曲调有大曲十六、小曲十二。胡琴成了蒙古族人民喜爱的一种乐器。蒙古族中还出现了小薛、张彦辅等著名画家。小薛以画动物闻名,张彦辅则擅长山水,名重一时,高丽著名文人李齐贤曾对他的作品大加赞赏,夸为"精工"。

由于相互杂居以及经济、文化等方面交往的频繁,蒙古族和汉族之间在语言、习俗和社会生活等各个方面,都出现了相互接近、渗透的情况。蒙古语中增加了许多汉语借词,如"仓""茶""八哈失"(来源自汉语"博士")等。汉语中也吸收了"站""胡同"等蒙古语词汇。元末诗人有"胡人有妇解汉音,汉女亦解调胡琴"的诗句,反映了两族人民的融洽关系。两族人民之间互相通婚的现象,也是相当普遍的。元朝灭亡以后,内地蒙古族一部分迁回草原,很大部分留了下来,这正是长期以来民族融合的结果。

蒙古草原的西北、谦河流域的周围,居住着乞儿乞思等族人民。乞儿乞思族自成吉思汗时即归附蒙古政权。他们的生活方式是"庐帐而居,随水草畜牧",冬天"则跨木马逐猎"(按,木马即雪橇)。乞儿乞思以北的昂可剌(今安加拉河流域),附属于乞儿乞思,但言语不同。乞儿乞思的东南是谦州(谦谦州),位于唐麓岭(今唐努山)之北、谦河西南,有居民数千家,"悉蒙古、回纥人",还有"工匠数局",都是汉人。这些工匠在这里织造绫罗锦绮。谦州出铁、石盐,也种麦。谦河流域归元朝管辖的地区,还有乌斯、撼合纳、益兰州等。

至元七年(1270),忽必烈派遣刘好礼为乞儿乞思、撼合纳、谦州、益兰州等处断事官。刘好礼到后,在益兰州设立政府机构。当地各部人民原来不知道制作陶器,"皆以杞柳为杯皿",也不会制造农具,不懂造船,"刳木为槽以济水"。在刘好礼请求下,元朝政府派遣工匠到这里。这些汉族工匠教给当地人民"陶冶、舟楫"的技术,对于这一地区的生产起了良好的作用。

13世纪晚期到14世纪初,西北蒙古诸王屡次发动反对中央政权的叛乱,乞儿乞思和谦州地势重要,是双方争夺的焦点之一。为了加强对这一地区的控制,元朝政府经常在这一带驻扎重兵,并派一部分军队和"南人"就地屯田。至元二十八年(1291),又"于乞里吉思以至外剌之地,起立六站",从而进一步加强了与北方的联系。

元朝政府常对乞儿乞思等部"贫乏户"进行救济,或于当地富户中"贷牛"给贫乏者,说明这些部中存在着阶级分化。元朝政府还把这些部的一部分百姓迁到和林、辽阳的肇州和山东等地,发给牛具种子,让他们屯田耕种。这些徙入的兄弟民族人民,和汉族以及其他各族人民之间的联系,得到了进一步的加强。

对于乞儿乞思等部以北的地区,元人也有了更多的了解。元太宗窝阔台时,曾派人深入北方,往返数年,"得日不落之山"。其确切地点虽不可知,但无疑已进入西伯利亚腹地。至元十六年(1279),忽必烈命大科学家郭守敬主持修订天文历法,陆续遣使分道四出,在二十七处测候日晷。北方最远的测候点是北海,"北极出地六十五度,夏至晷景长六尺七寸八分,昼八十二刻,夜一十八刻"(《元史》卷四八《天文志一》)。所谓"北极出地",与现代的北纬度约略相当,可知该测候点已接近北极圈。北方的另一个测候点是铁勒,"北极出地五十五度,夏至晷景长五尺一分,昼七十刻,夜三十刻",应在今贝加尔湖以北。

这些事实说明,在元代我国人民已对西伯利亚地区有相当程度的认识,并对那里的自然现象做了若干记录。这些都是很有意义的。

东北地区

元代我国东北的宋瓦江(今松花江)、黑龙江流域,居住着女真和水达达等族;黑龙江入海处奴儿干地区及其周围生活着吉烈迷、兀者、骨嵬等族。

元朝政府在东北设置辽阳行省,下设合兰府水达达等路和军民万户府,专门管理宋瓦江和黑龙江等地的女真和水达达等族。路、府之下,又根据女真和水达达等内部的不同部落,划分为若干千户所,进行统治。这一带的兄弟民族,主要以捕鱼射猎为生,没有固定的住处,逐水草而居。他们列名于国家户籍,缴纳兽皮等物作贡赋,还要承担军役和站役。

元朝政府在这一地区设置了驿站,还建立了肇州等城市,从其他地区迁来了汉、蒙、乞儿乞思等族人民,屯田垦种。对于女真、水达达族,也多次发给牛畜农具,让他们学习农耕。统治者采取这些措施,本意在于加强剥削,但由于各族劳动人民的辛勤劳动,使得这一地区得到了一定的开发,女真、水达达族的生产水平,也有所提高。

在黑龙江下游入海地区,忽必烈设立了征东招讨司和兀者吉烈迷万户府,管理当地的兀者(又写为吾者、斡者、斡拙)、吉烈迷、骨嵬等族。对于各族中的首领,授以百户等官职,通过他们对各族人民进行统治。

兀者等族人民,以渔猎为生。"地无禾黍,以鱼代食。"只有夏天,可以行舟。冬天水寒结冰,各族人民"有狗车木马轻捷之便"。狗车即扒犁,用木制,形状如船,长一丈,阔二尺余,用狗驾拽,往来递运。木马就是滑雪橇,形如弹弓,长四尺,阔五寸,系于两足,在冰雪中行走,"可及奔马"。这是当地人民的重要交通工具,也是他们渔猎用的生产工具。

为了加强对边远地区的管理,元朝政府建立了可通往奴儿干地区的驿站,并根据当地的实际情况,设置了狗站。元朝政府还在这一带驻戍军队,有蒙古军,也有"蛮军"(即由南方汉族组成的军队)。

这一地区的兀者等族,也要向元政府缴纳贡赋,主要是各种兽皮和海东青。元朝末年,由于"捕海东青烦扰",水达达、兀者等族人民都起来反抗,使元朝大为震动。他们的斗争是全国反元战争的一个重要组成部分。

西北地区

我国西北天山(在元代又被称作"阴山")山脉周围,在元代是畏兀儿、哈剌鲁等兄弟民族的聚居地区。哈剌鲁人主要居住在天山西北的阿力麻里和海押立等地,畏兀儿人主要分布在天山东南的哈剌火州和天山北部的别失八里等地。天山以南其他一些地区的居民,则分别按其居住地区称为斡端人、曲先人、哈密里人等。

这一带地区有相当发达的农业。畏兀儿地区的农作物有大麦、小麦、黍、棉花、胡麻等,还有发达的园艺业,盛产瓜、果、葡萄。至元八年(1271)元朝政府一次就在畏兀儿地区"市米万石",说明这里粮食产量颇为可观。合失合儿、斡端等地也有多种农作物和园艺业,马可·波罗在这些地方旅行时,就看到有丰富的棉花、麻、葡萄和各种粮食作物。哈剌鲁人居住的阿力麻里地区出产瓜果,"所种皆麦、稻"。棉花是一项重要作物,称为"秃鲁麻",当地人民用来纺线织布,制作棉衣。

由于降雨量稀少,这一地区的兄弟民族人民普遍兴修水利工程,引水灌溉。畏兀儿地区,"禾麦初熟,皆赖泉水浇灌","有碾硙,亦以水激之"。阿力麻里地区,"农者亦决渠灌田"。这是当地人民在生产活动中的宝贵创造。

手工业也有一定的发展。别失八里、哈剌火州和斡端等地，都有比较发达的纺织业。元朝曾在别失八里置局，专门"织造御用领袖纳失失等段"。斡端的纺织工匠，曾被元朝政府迁入内地，置局织造。哈剌火州的葡萄酒酿造，有很高的声誉，被认为是全国同类产品中"最佳"者。斡端的玉石开采，得到了元朝政府的重视。孛罗（今新疆博乐）还有金属开采和武器制造业。

畏兀儿的统治者称为"亦都护"（对这个称号的涵义有不同解释，有的认为是"幸福之主"，有人说是"圣主"），贵族分别有设、爱兀赤、都大（都督）、别吉等称号。在归附蒙古以后，他们仍然保持特权地位。个体家庭是畏兀儿社会的基层单位，家长有支配财产的权力。有严格的土地私有制。流传下来的许多契约文书反映了当时畏兀儿的阶级关系。耕地、葡萄园等可以买卖、出租。劳动人民因生活困苦常常被迫出卖耕地、葡萄园，并向富人借贷钱钞、粮食和布匹等，通常是春天借贷实物，秋成加倍偿还。奴隶为数不少。主人对奴隶有完全的人身占有权，可以随意转卖。奴隶既要服家内劳役，又要从事生产劳动。哈剌鲁人和其他地区的社会情况缺乏具体记载，估计与畏兀儿相似。

这一地区各族的上层人物在元朝政府中占有比较重要的地位。哈剌火州偰氏、别失八里全氏、别失八里廉氏等家族，世代都在元朝统治机构中担任要职。哈剌鲁族的哈剌歹、也罕的斤等，都是元朝的重要军事将领。他们和蒙、汉各族的贵族、官僚们一起，对各族劳动人民进行统治。

元朝政府先后在畏兀儿地区设立了提刑按察司、宣慰司和都护府等机构，在西部的斡端、曲先等地设置了宣慰使元帅府、都元帅府等机构。畏兀儿地区还设立有交钞提举司。忽必烈曾派遣自己的儿子那木罕和丞相安童出镇阿力麻里。忽必烈统治时期,窝阔台系和察合台系的后裔诸王曾起兵反抗,天山地区成了双方交战的主要场所。13世纪后半期叛乱的西北诸王一度夺取了天山一带大部分地区。但到14世纪上半期,情况发生了变化。窝阔台系后裔诸王势力衰落,领地为察合台系后裔诸王所并。察合台系诸王重新承认元朝的宗主地位,遣使来朝。武宗至大元年(1308),薛迷思干(今撒马尔罕)等地遣人向元朝政府献户口青册,元朝政府还派使者到薛迷思干、塔剌思等地征收赋税(《元史》卷二二《武宗纪一》)。自此以后,道路畅通,双方使节往来不绝。此时,东部的哈剌火州等地归元朝直接管辖,至顺元年(1330),设立了哈剌火州总管府。其余地区则由察合台系后王管辖。

13世纪前半期,天山地区与中原的交通,主要是由北道进行的,那就是由中原北上,经漠北和林,西出金山,南下别失八里、哈剌火州,然后沿天山北麓,一直到阿力麻里。河西走廊也建立了驿道,但没有前一条道路作用大。忽必烈即位后,多次在天山地区立站,他所着意经营的路线主要有两条,一条由太和岭(今山西朔州东)到别失八里,一条由罗不(今新疆罗布泊)经阇鄽(今且末)、斡端到鸦儿看(今叶尔羌)等地。前一条路线和北道相连接,后一条路线就是历史上的南道。驿站的普遍建立,不仅加强了天山地区和中原的联系,而且有利于我国和中亚以及西方其他地区的交通。

元代有大批汉族劳动人民迁徙到天山地区。别失八里附近有很多汉民。阿力麻里城中,汉人与当地兄弟民族杂居。元朝政府还在别失八里、阇鄽、斡端等地,或派遣军队,或调遣内地民户,大规模组织屯田。别失八里的纺织工匠中也有不少来自内地的汉人,河南新密人陈福就是其中的一个,他隶籍织工,曾被徙到哈剌火州十五年(同恕《榘庵集》卷七《陈君墓志铭》)。现存的畏兀儿契约文书中,登录了不少汉人的名字。

与此同时,由于被签发充当军、匠以及其他种种原因,天山地区各族人民纷纷迁入内地。大都就有不少畏兀儿人,元代诗人描述大都风俗的诗词中,专门提到"十月……高昌家赛羊头福"。此外,如甘肃、关中、河南、云南等地,都有天山地区各族人民居住。其中最大一批,是在13世纪末,哈剌火州等地失守后,由亦都护率领内徙的。畏兀儿亦都护自此一直居留在甘肃永昌,直到元朝灭亡。

天山地区各族人民和汉族相互杂居,有利于彼此之间的经济、文化交流。阿力麻里居民原本只会"以瓶取水载而归",汉族人民带去内地的汲器,他们高兴地说:"桃花石(汉人——引者)诸事皆巧。"(《长春真人西游记》卷上)畏兀儿地区发现的少数民族文字佛经等印刷物,中缝往往有汉字页码或汉族刻工姓名。敦煌还发现有畏兀儿文木活字,其形制和同时代汉族著作中描绘的木活字形状完全一致。这些说明汉族对天山地区兄弟民族的印刷事业有所贡献。棉花由天山北路传入内地,是天山地区各族人民的功劳。近年来对畏兀儿文契约文书所做的研究,证明其基本格式、用语均与汉族同类文书一致,文书中的不少常用词汇,如"四至""用""等"之类,都采自汉语,畏兀儿语动词"写"(bit)来源于汉语"笔","棉布"(böz)来源于汉语"帛"等。

由于天山地区处于中西交通的冲要,有不少人精通两种甚至更多的语言文字,对于促进国内各民族之间的文化交流以及对外国交往方面,都做了一些有益的工作。其中较著名的有全普庵撒里、安藏和必兰纳识里等。还有一个曲先人盛熙明,通六种文字,又是著名的书法家,他的著作《法书考》流传至今。

在科学文化领域中,天山各族也涌现了不少有一定成就的人物。畏兀儿人鲁明善编写的《农桑衣食撮要》,是月令系统的一部有代表性的农书,对于总结和推广中原以及边疆兄弟民族的生产经验,有一定的价值。畏兀儿人贯云石海涯(贯酸斋)在诗歌、音乐和书法上都有较高的成就,是后代盛行的戏曲"海盐腔"的创始者之一。哈剌鲁族诗人迺贤(马易之)在元代文学史上占有一定地位,他的诗集《金台集》博得了"清新俊迈"的赞誉,其中部分诗篇在一定程度上反映了当时的社会矛盾。他的另一部作品《河朔访古记》,对于研究历史地理和考古,也有一定价值。此书久佚,清代修《四库全书》时,由《永乐大典》中辑出,但已不全。

天山地区各族有多种宗教信仰。大体上,畏兀儿人以信仰佛教为主,但伊斯兰教由新疆西部传到他们中间,而且已有相当大势力。西部斡端、合失合儿等地,伊斯兰教占统治地位,景教仍有一定影响。阿力麻里等地,以信奉伊斯兰教为主,也有人信仰景教和基督教圣方济各派。

至正七年(1347),畏兀儿地区发生暴动,攻克了哈剌和州,夺取了向宫廷进贡的葡萄酒,杀死了元朝政府的使臣。边疆地区的形势,对于动摇元朝的统治,起了一定的作用。

从天山地区往东,是河西走廊,元代属甘肃行省。这一带在历史上从来就是各族人民杂居的场所。唐末回鹘西迁时,有一支来到这里,称为河西回鹘。他们与当地原有居民长期共同生活,互相通婚,逐渐形成了一个新的共同体,即撒里畏兀儿("撒里"是黄的意思)。成吉思汗时,撒里畏兀儿已归附蒙古,后来元朝政府曾在他们中间征发军队,并在他们居住的地区开采金银。在元朝统一过程中,又有不少蒙古人和其他民族先后迁到这里定居下来。他们与当地各民族互相杂居,逐渐形成了若干新的共同体。蒙古族和当地居民相融合,形成了东乡、土、保安等民族。信仰伊斯兰教的外来民族与当地居民相融合,形成了撒拉等民族。

吐蕃地区

我国西南藏族聚居地区,元代仍称为吐蕃。它处于元朝中央政府的直接管辖之下。

元朝政府为了管理吐蕃地区,在中央专门设立了宣政院(原名总制院,至元二十五年改),既掌管全国佛教,又处理吐蕃事务。在吐蕃地区,元朝政府分设了三个宣慰使司都元帅府,它们是:一、吐蕃等处宣慰使司都元帅府,管理脱思麻等地(今青海、甘肃等处藏族聚居区);二、吐蕃等路宣慰使司都元帅府,管理朵甘思等地(今甘孜藏族自治州及昌都市);三、乌思藏纳里速古鲁孙等三路宣慰使司都元帅府,管理前藏、后藏和阿里三部。"纳里速古鲁孙"即阿里三部的音译,它包括普兰、古格和玛域(拉达克地区)。

在宣慰使司都元帅府下面,元朝政府任命各地僧俗势力的首领们为万户、千户、招讨使等官职,承认他们原有的特权,通过他们对藏族人民进行统治。例如,在乌思藏就分封了十三个万户。

元朝政府在吐蕃地区积极推行已在中原实施的各项制度。至元五年(1288),忽必烈派使臣到乌思藏,清查户口,制定赋税。二十年后,再次派人调查户口。元朝政府又在吐蕃各地设置驿站,共立大站二十八处,和内地的驿站相连接,直通大都。

当时河西的临洮,成了从内地进吐蕃的主要中转站。元朝的刑律、历法,都在吐蕃地区颁行使用。这些措施加强了中央对吐蕃的管理,密切了这一地区与内地的联系。

在元代,藏族社会处于封建农奴制阶段。保存下来的元朝历代帝师的文告,充分显示了当时的封建依附关系。例如,至元二十七年(1290),帝师亦摄思连真以皇帝名义发布文告,告诫领主贡波贝的所有属民,必须服从贡波贝,不许逃至他处,不许投靠他人,只许留在本土,必须在适当时间履行法律规定的各种指令。贡波贝则不能做违反习惯之事,并应对所属百姓,无论远近,均加保护。在其他一些文告中,还强调指出,领主的统治权力系元朝皇帝授予,因此百姓必须服从。这些内容表明,藏族社会中封建领主和农奴之间的关系,得到了元朝政府的保护,而藏族领主则把元朝中央政府的承认,当作自己行使封建权力的依据。

藏族封建领主有寺院领主和世俗领主之分,但二者之间有着密切的关系。和前代一样,元代吐蕃地区喇嘛教宗派林立。某一教派的寺院,通常为某个固定的封建家族所把持。当时较大的宗派有萨迦派、噶当派、噶举派、宁玛派等。元朝政府主要支持萨迦派,从八思巴起,该派历代首领都被尊奉为国师或帝师。国师或帝师的亲族也得到种种封号,如泰定二年(1325),封帝师之兄琐南藏卜为白兰王。萨迦派为款氏家族所掌握。萨迦派所在地萨迦寺,成了吐蕃的政治中心。其他教派也受到元朝保护,继续流行。元朝末年,萨迦派内部分裂,势力衰落,噶举派逐渐兴盛。噶举派中的一个支系帕木竹巴(即《元史》卷八七《百官志三》所载乌思藏纳里速古鲁孙等三路宣慰使司都元帅府下所属伯木古鲁万户,万户府的土城遗址尚存)兴起于泽当地区,其首领均出于郎氏家族。在绛曲贤赞执政时,帕木竹巴政权逐步并吞了其他地方封建势力的领地,并于至正十四年(1354)击败萨迦派的军队。此后他接受了元朝封与的王号,成为吐蕃势力最大的领主。

元代由于吐蕃正式成为中央政权管辖下的一个部分,藏族和汉族以及其他兄弟民族之间的经济、文化交流,得到了进一步的加强。吐蕃前往内地的使者,名义是"赴上拜见",实际上都是大规模的商队,往往以站马"装饰己物,以营私利"。而前往吐蕃的官吏,也都携带青碧甸子(玉石)、铜器、碗碟、靴子等物,从事贸易。经济交流的另一种形式是榷场贸易。元朝政府在碉门、黎州(今四川汉源一带),设立了专与吐蕃地区贸易的榷场,出售藏族人民生活必需的茶叶和其他物品。内地的印刷品大批流传到吐蕃,萨迦北寺至今保存着一部分蒙哥汗时期燕京(即今北京)印刷的汉文经卷。汉族的木刻印刷术也传入了吐蕃地区。在建筑方面,萨迦的城堡,仿效中原的形制。夏鲁寺的大殿使用了歇山重檐屋顶,铺设琉璃瓦,梁架结构也采用汉式。另一方面,藏族的塑像艺术、造塔技术等,也相继传到内地,大都大圣寿万安寺(今妙应寺)的白塔、居庸关的过街塔等,都是按照藏族建筑"噶当觉顿"式建造的,这些建筑物雄伟壮丽,是藏、汉工匠辛勤劳动的产品,也是藏、汉友谊的象征。

西南地区

元代的云南行省及其周围地区,居住着白、彝、傣和纳西等兄弟民族。

蒙古灭大理政权后,在当地设立了十九个万户府进行统治。

忽必烈即位后,在云南改设行省,行省之下,分别设立了宣慰司、宣抚司和路、府、州、县等机构。洱海一带白族聚居区设置了大理路和鹤庆路。彝族分布地区分别设立了云南诸路宣慰司都元帅府(今昆明附近地区)、乌撒乌蒙宣慰司(今云南东北部和贵州西北部)、曲靖等处宣慰司兼管军万户府(今云南东部和贵州西部)、临安、广西、元江等处宣慰司兼管军万户府(今云南东部通海、泸西、元江一带)和罗罗斯宣慰司(后改立罗罗蒙庆等处宣慰司都元帅府,今四川凉山彝族自治州西部及邻近地区)。此外,还有一处彝族聚居区,分别隶属于四川行省的马湖路(今凉山彝族自治州东部)和湖广行省的八番、顺元等处宣慰使司都元帅府(今贵州西部和东南部)。傣族的聚居区先后设立了彻里军民总管府(今云南西双版纳傣族自治州)和金齿等处宣抚司(后并入大理金齿等处宣慰司,今云南德宏傣族景颇族自治州及邻近地区)等。纳西族聚居区,设置了丽江路军民宣抚司(今云南丽江)。

  白族在元代称为"白蛮"或"僰人"。白族地区有相当发达的农业,如白崖甸(今云南弥渡)一带,"居民辏集,禾麻蔽野"。种植的作物主要有水稻、麦、麻和蔬果等。白族人民善于利用水力资源,赵州(今云南凤仪)地区,"神庄江贯于其中,溉田千顷"。手工业也有一定发展,雕漆工艺和云南毡帽,闻名全国。商业活动采取集市形式,"子、午前聚集,抵暮而罢"。民间使用的货币,除纸钞外,还流行金和贝,贝即海贝,八十枚为一索,二十索等于金一钱。

  租佃关系已在洱海周围白族地区中盛行。田租一般采取定额租形式,用产品缴纳。豪强地主千方百计"侵入疆畎",兼并土地,甚至贿赂官府,仗势欺压劳动人民。高利贷是白族地主阶级对劳动者进行剥削的一个重要手段,那些"富强、官豪、势要人",每在劳动人民无力如期归还债务时,便将"媳妇、孩儿、女孩儿拖将去,面皮上刺着印子做奴婢有"(《通制条格》卷二八《杂令》)。

元代白族主要信奉佛教,"家无贫富,皆有佛堂"。此外,还崇拜相当于村社神的"本主"。巫师降神也很盛行,马可·波罗在当地就看到过巫师降神治病的情形。白族的姓名采用父子联名制。

彝族在元代有"爨人""罗罗""乌蛮"等名称,主要居住在山区。畜牧业在彝族社会生活中占有重要地位。"地多健马",每年祭祀时,"宰杀牛羊动以千数,少者不下数百"。冶炼和织毡等手工业有一定水平,"善造坚甲利刃,有价值数十马者"。彝族织造的毡衣是元朝统治者征取的主要物品之一。

彝族社会有贵、贱之分,贵者衣锦缘布衣,贱者披羊皮。各部都有酋长,部落上层人物实行多妻制。氏族制的残余仍然大量存在,酋长无子,妇女可以继位。男女婚嫁"尚舅家,舅家无可匹者方可别娶"。巫神叫作大奚婆,在社会生活中占重要地位,用鸡骨占卜吉凶,"事无巨细皆决之"。彝族的姓名也采取父子联名制。

元代傣族有"金齿""白衣""白夷"等名称。傣族人民主要从事农业,农作物以稻米为主。彻里地区较早已知道犁耕,但金齿地区所属麓川等地还不知牛耕,只用镘锄。养蚕业颇为发达,"地多桑柘,四时皆蚕"。通过集市进行交换,五日一集,"旦则妇人为市,日中男子为市",交易物品主要有毡、布、茶、盐等。货币用金和贝。

由于私有制和商品经济得到一定的发展,借贷关系已在傣族社会中盛行。傣族当时没有文字,借贷时用木片刻记符号,中分为二,双方各执一片,偿还债务后,借贷者从对方手中收回所执木片。

傣族各部有酋长,子孙相袭。酋长们占有许多奴隶,有的"妻百数,婢亦数百人"。各部之间经常发生冲突,战争中的俘虏可以用货币赎回,否则便沦为奴隶。傣族社会中男子从事战争和游猎,生产劳动主要由妇女担任,奴隶也用于生产。

纳西族原是古代羌族的一支,3世纪前后已在金沙江流域活动。元代称为"摩挲",又有"么些"等同名异写。

农业是纳西族的主要生产部门,作物有粳糯米、麦、粟等。畜牧和狩猎在经济生活中仍占有重要地位,出产羊、马及各种兽皮、麝香、鹿茸等。丽江地区还出产金、铁、滑石等,说明手工业也有一定发展。

纳西族内部已有明显的阶级差别,"有力者"在冬季"宰杀牛羊,竞相邀客,请无虚日",而"贫家"饮食疏薄,"盐外不知别味"。妇女有较高社会地位,当部落之间械斗时,"两家妇人中间和解之,乃罢"(李京《云南志略》)。

纳西族的姓名采取父子联名制。有本民族的象形文字东巴文。

元朝政府在云南及其周围各少数民族聚居地区,广泛任用各族上层人物充当各级官吏,上起行省大员,下至州、县、镇吏,称为土官。土官一经政府任命之后,世代相传,"子侄兄弟继之,无则妻承夫职"。土官即使犯罪,"罚而不废"。他们不论担任何等职务,其实际管辖范围,大体上还是原来的统治地区。最著名的土官,如大理国主段氏家族,归元后,曾受命"悉主诸蛮白、爨等部",兄弟子侄相继任大理总管、行省参政等职,还保有"摩诃罗嵯"(大王)的称号。普定府知府原由彝族首领容苴担任,后改为路,容苴已死,即由其妻适姑继任总管。纳西族首领麦良,当忽必烈率军渡金沙江时,迎降军前,自此得到信用,他的子孙先后被任命为丽江地区的总管、宣抚,成为纳西族的统治者。通过任命土官的方式,各族上层人物的原有特权地位得到了承认,他们也就成了元朝统治的有力支柱。

为了加强对云南地区各民族的统治,元朝政府选派了不少富有统治经验的蒙古、色目、汉族官吏,充实各级行政机构,其中著名的有赛典赤(色目)、张立道等。同时,积极推行驿站制度,先后在云南境内建立驿站约八十处,以省治中庆(今昆明)为中心,遍及大理、丽江、金齿等各族聚居区,并通过三条路线与内地连接:一由西北经罗罗斯地区,通四川成都;一由东北经乌蒙(今云南昭通)通叙州(今四川宜宾);一向东经普安(今贵州普安)与湖广行省辰州(今湖南沅陵)、源州(今湖南芷江)一线站道相接。元朝政府还陆续抽调蒙古、汉、畏兀儿等族军队至云南镇守,并在当地少数民族中征集军队,称为寸白军(爨僰军)、摩挲军等。此外,又在全省各处组织军屯和民屯,仅乌蒙一处即有屯田军五千人,田一千二百余顷。

元朝政府的这些措施,本意在于巩固统治,但在客观上有利于云南和内地的经济、文化交流。交通的便利,大大密切了云南各族人民之间,以及他们和内地汉族之间的联系。汉族饲养蚕桑之法传入云南,使当地人民"收利十倍于旧"。大理地区印造大藏经,用的是白族人民生产的纸,刻印则是在杭州。云南雕漆工艺传入内地,促进了汉族雕漆手工技术的发展。纳西族的乐曲和乐器,都吸收了蒙古族音乐的成分,传说是元初军队留下的影响(现在在丽江纳西族中流传的大型古典乐曲《白沙细乐》,

据说就是当年忽必烈出征云南经过丽江时留下的)。元朝派驻云南镇守和屯垦的军队,其成员绝大部分是各族劳动人民,他们逐渐定居下来,和当地各族人民生活在一起,有的为当地民族所吸收,为这些民族增加了新的成分;有的与当地居民相互融合,形成了新的共同体。如回族(色目人与当地民族融合而成)、普米族(原西北少数民族一支,元初进驻云南西北,与当地居民融合而成)等;有的基本保持了本民族名称和某些特点,但经济生活、文化生活和语言等方面受周围民族影响很大,如蒙古族。

在元朝统治下,云南各族人民曾多次举行起义,反抗压迫,其中规模最大的是至元元年(1264)爆发的以舍利威为首的云南东部各族人民大起义,众达十万,后被元朝镇压下去。为元朝出力最大的就是白族土官大理总管段信苴日。大德五年(1301),元军征八百媳妇,路经八番等地,向当地彝族人民勒索黄金和丁夫马匹。女土官折节率众反抗,这支元军被围困于深山之中,"十丧八九"。云南彝族及其他各族,也都纷纷举事,响应折节。后来元朝纠集了四万大军,经过一年多的战斗,才把这次反抗镇压了下去,折节被杀。

元末农民战争中,南方红巾军明玉珍部据有四川后,至正二十二年(1362),曾分兵攻入云南,长驱直入,攻克了中庆,元朝官吏望风逃遁。第二年,大理总管段功出兵,打败红巾军,使元朝在云南的统治,又得以苟延残喘。

元朝末年,金齿地区所属麓川路的傣族首领思可发势力逐渐壮大,陆续吞并了邻近各部傣族,控制了金齿及邻近的地区。元朝政府曾发兵进讨,结果是久而无功。麓川思氏政权,割据一方,这种情况一直持续到明初。

元代的文化

思想

总说

元代之前,在南方的宋朝占统治地位的思想是程、朱理学。北宋程颢、程颐兄弟的学说被南宋朱熹进一步阐发,形成完善的理论体系,主张理在气先,无处不在。三纲五常是天理的体现。万物之理都在心中,只要通过格物、正心、诚意等内心修养,就可以认识一切事物的"理"。此外,有影响的还有陆九渊的心学,主张心就是理,心与宇宙一体,"我心即是宇宙"。

在北方的金朝,占统治地位的是词章歌赋之学,周、程理学几乎不绝如缕(刘祁《归潜志》卷八)。宋、金对峙,南宋理学家的诗文,传入金统治区的为数极少,偶尔有一些传到北方,也没有引起多少反响。

金朝灭亡以后,蒙古政权与南宋发生冲突。窝阔台汗七年(1235),蒙古军南下掠取汉水流域各地。当攻克德安时,由于居民曾进行抵抗,蒙古军大肆杀戮,但是对儒生则另行看待,"凡儒服挂俘籍者,皆出之"。从刀下逃得性命的儒生中,有一个名叫赵复,他全家都遭杀害,只有本人因为精通程、朱理学,被俘后立即受到重视,请他到燕京(今北京)开办太极书院。赵复在书院中讲授"程、朱二氏性理之书","学徒从者百人"。后来,他被公认为元代北方理学的开山祖。同时被俘来到北方以讲授程、朱理学为生的儒生还有窦默、砚坚等,他们对理学在北方的传播也起了一定的作用。

13世纪中叶,忽必烈受宪宗蒙哥之命管理汉地。他大事招徕汉族地主士大夫,为自己出谋划策,其中就有理学家窦默、姚枢等人。忽必烈称帝后,理学家继续得到重视,窦默、姚枢都任显职,另一个理学家许衡则被任命为国子祭酒。许衡在国学中以程、朱的著作作为基本教材,扩大了理学的影响。元代中期,恢复科举制度,考试的办法以朱熹的《贡举私议》为蓝本,考试的内容以程、朱注解的《四书》《五经》为主。许多理学著作,都由政府明令雕版发行。元朝政府还以宋朝理学家周敦颐、程氏兄弟等九人,加上许衡,"从祀"孔庙。由于官方大力提倡,以至于"海内之士非程、朱之书不读"。因此,比起南宋来,元代理学声势更盛。个别敢于批评朱熹之学的作品,一出现就被当作"邪说"毁掉。正是在元代,完全确立了程、朱理学在我国思想文化界的绝对统治地位。

元代理学的代表人物是许衡和吴澄。许衡(1209—1281),河内(今河南沁阳)人。他在死后被尊为继承"道统"的"圣人"。实际上,他并没有自己的思想体系,只是传授程、朱的一些学说。他的作品传世很少,内容比较肤浅。他曾说过:"《小学》《四书》,吾敬信如神明……他书虽不治可也。"(许衡《鲁斋集》卷四《与子师可》)《小学》是朱熹从儒家经典中选编而成的一本宣扬理学观点的著作。《四书》指朱熹的《四书集注》。从这段话可以看出许衡的思想的浅陋。清代有人说许衡的理学作品"皆课蒙之书,词求通俗,无所发明"(《四库全书总目提要》卷三二《鲁斋遗书》),是相当确切的评语。许衡之所以出名,主要是因为他长期把持了国学这个当时的最高学府,大力提倡程、朱理学,对于理学的传播起了很大作用。国学的生员大都是贵族官僚子弟,出去以后往往做大官,也为许衡吹嘘。因此,许衡的名声很大。吴澄(1249—1333),江西抚州崇仁人,曾任国子监司业、翰林学士。他是元代最渊博的一位学者,对于经学有很深的造诣,著作很多。他的哲学思想以程、朱的体系为主,同时也吸取了邵雍和陆九渊的一些观点。除了许衡、吴澄之外,元代著名的理学家还有刘因、郑玉、许谦、陈苑等人。刘因是砚坚的弟子,信奉程、朱理学,元代前期在北方有一定影响,元朝政府曾加征辟。郑玉是徽州人,徽州是南方理学的中心之一,郑玉就是元代徽州理学的主要代表人物,他的思想有调和朱学和陆学的倾向。许谦是南方理学另一中心婺州(今浙江金华)的主要代表,为朱学嫡传。陈苑是江西上饶人,他是元代陆学的主要代表。

元代程、朱理学得到官方的尊崇,不仅非议理学的其他思想体系遭到排斥,甚至连理学的另一派系——心学也受到打击,趋于衰微,"其学几绝"。只有陈苑、李存等少数人"守其言而弗变",但在思想文化界的影响很小。就是在程、朱理学的信奉者中间,也有矛盾。刘因曾撰文攻击许衡"以术欺世而以术自免也"(《静修文集》卷十八《退斋记》)。刘、许之争,被认为是思想史上的一重公案。吴澄曾任国子监司业,但国子监是许衡一派的势力范围,他们以"不合于许氏之学,不得为国子师"为理由,对吴澄大肆攻击,使他不得不自动引退(虞集《道园学古录》卷四四《吴公行状》)。

史地之学

元代史学的主要贡献之一是顺帝时完成了《宋史》《辽史》

《金史》的编修。这三部书虽只有《金史》编得较精练，但是它摒弃了以汉族王朝为正统的史学观点，给予辽、金两个王朝同宋王朝并列的地位，正确地反映了当时中国的历史状况。在大蒙古国时期，金朝史特别是金朝亡国史的编纂成为一时风气，还出现了多种蒙古和西域行记。13世纪中叶用畏兀儿体蒙古文写成的《蒙古秘史》，是我国少数民族第一部用自己文字撰写的历史著作，意义重大。它的体裁新颖，既是极为珍贵的蒙古族史学遗产，也是优秀的文学巨著，至今仍然是我们了解12世纪至13世纪上半期蒙古族历史的重要典籍，它的出现是中国史学的一件盛事，对后世产生了深远的影响，在世界史学发展史上亦有其独特的地位。

在元朝前期的南方地区，史学继承前代的传统，取得了新的成就。宋、元之交的马端临编纂了《文献通考》，分田赋、钱币、户口、职官等二十四考，记述了从远古至南宋末的历代制度"变通张弛之故"（马端临《文献通考自序》），对宋代制度沿革的记述尤详，是研究宋代历史的重要资料。与唐代杜佑编撰的《通典》、南宋初郑樵编撰的《通志》，被后世称为"三通"。胡三省的《资治通鉴音注》对《资治通鉴》的史事地物进行了全面考释，凡记事之本末，地名之同异，州县之建置离合，制度之沿革损益，疏通证明，极为赅备。由于马端临、胡三省都生活在宋、元易代之际，"遗民情结"在他们的作品中有所体现。

元朝政府比较留意本朝历史资料的积累，编纂了历朝实录和《经世大典》等政书。文臣苏天爵整理本朝文献，对元代史有很大贡献。吐蕃地区出现了一批重要的藏文史籍，如《红史》等著作。

在地理学方面，元朝前期以官方力量编纂了《大一统志》，用以表现大一统国家的空前规模。此外,对黄河河源的考察,以及《真腊风土记》《大德南海志》等行记和方志类作品的撰写,都是地理学的成就。这些都与国家的统一有密切的关系。元人朱思本绘制的《舆地图》,对后世有深远的影响。李泽民的《声教广被图》标明了非洲、欧洲的位置,这在中国地图发展史上还是第一次,有关资料应源自伊斯兰地理学。这说明元代学者接受外来的影响,已把眼光投向极为广阔的域外世界。

文　学

中国的诗词创作在唐、宋时代达到高峰。元朝与前代相比,虽然比较逊色,但也取得了一定的成就。

在大蒙古国时期,一批金朝"遗民"的创作,成为文坛的主流。遗民文学的特点,主要是怀念故国,感怀身世,有的还对蒙金战争造成的灾难进行了批判。元好问是他们中最有影响的代表。异军突起的是新西域诗,耶律楚材和丘处机以诗歌记述他们的西域见闻,为当时的文坛增添了光彩。在元朝前期,北方诗(包括诗、词、散曲)文名家有刘秉忠、刘因、卢挚、姚燧等。他们的作品大多已摆脱"遗民情结"的窠臼,题材比较广泛,风格多样。统一以后,南方诗文名家有周密、方回、戴表元、汪元量、袁桷、赵孟頫等,南宋亡国在这些作者思想上打下深刻的烙印,故国之思时时可见。其中有些人出仕新朝,在作品中常流露出矛盾甚至痛苦的情感。藏族作家萨班·贡噶坚赞的《萨迦格言》,另具特色,是诗坛的奇葩。

元朝中后期,"宗唐复古"成为文坛的风气。诗歌散曲方面的代表人物,前有"四大家"(虞集、揭傒斯、杨载、范梈),后有杨维桢、张翥、王冕、张可久、睢景臣等。散文名家有虞集、欧阳玄、柳贯、许有壬等。南人占多数。随着大批蒙古人、色目人入居中原，他们中涌现出一批汉文写作卓有成就的文人，其中著名的有马祖常、萨都剌、贯云石、廼贤等。顺帝时期，元朝由盛转衰，政治腐败，天灾频繁，经济凋敝，虽然也有歌颂元朝统治以及沉迷于风月的作品，但更多的则是感事伤时之作，记述人民大众的苦难，使文坛风气为之一变。

元代比较有特点的文学形式是散曲。这是一种长期在民间流行的长短句歌词，形成于宋、金对峙时期的北方。这种新的诗歌形式吸收各种民间曲调及部分少数民族和其他外来民族的乐曲，也被称作"北曲"。散曲最初主要在都市居民中流传，到元代，许多文人也从事散曲的创作。元代前期的作家有关汉卿、马致远等人，他们的作品与民间歌曲相距不远，一般都还具有质朴自然的风格。马致远的《天净沙》小令，用寥寥数语，描绘远方行人的凄苦心情，一直为人们所传诵。较晚的散曲作家睢景臣写有《般涉调·哨遍[高祖还乡]》套曲，对皇帝加以讽刺嘲弄；刘时中写有《正宫·端正好[上高监司]》套曲，描写灾民的悲惨遭遇以及富家大姓的乘机掠夺。这些都是反映社会现实的散曲作品。但总的来说，散曲中占主导地位的多是消遣闲情、吟风弄月和抒发个人牢骚的作品。

元代的民间文艺在前代的基础上有进一步发展。这一时期民间文艺主要有说话和戏曲两大类。

说话就是讲故事。它源于唐代寺院俗讲和民间讲说故事。在民间的艺术实践中，它不断丰富、完善。一些下层知识分子和说话人共同记录说话的内容，成为供表演时使用的底本，这就是"话本"。宋、元的话本，都是群众的集体创作。下层知识分子的写作团体"书会",在这方面起了重要作用。说话的内容非常广泛,包括说经(讲佛教故事)、讲史(讲历史故事)、小说(包括灵怪、烟粉、传奇、公案、朴刀、杆棒、神仙、妖术等体裁)等等。说经和讲史作品篇幅较大,需要几天甚至较长时间才能说完;小说则篇幅短小,通常一次可以说完。

作为一种新兴的民间文艺,说话艺术相当深刻地揭露了当时的黑暗统治,在一定程度上反映了广大劳动人民的愿望和要求。但是,说话艺术也有不少文化糟粕。很多作品在题材和思想上迎合统治阶级的口味,散布因果报应,美化帝王将相,有的话本中有低级趣味的描写。

说话艺术在后代发展成各种形式的说书,成为广大群众喜爱的一种民间技艺。和唐代传奇比较,宋、元话本无论在思想内容或是艺术形式上都发生了很大的变化。它所描写的对象,使用的语言,采取的结构,都有鲜明的特色,从而奠定了此后小说发展的基础,开创了小说的民族传统。明代我国优秀的长篇小说《水浒传》《三国演义》《西游记》等,都可以从话本中找到它们的雏形。明代著名的短篇小说集《古今小说》《警世通言》《醒世恒言》等,其中一部分就是经过加工的宋、元话本,另一部分则是模仿话本编成的短篇小说。话本对当代和后代的戏剧创作也产生了相当大的影响,许多戏剧就是根据话本故事改编的。

在戏曲方面,元代的杂剧取得了很高的成就。杂剧是在宋、金各种戏曲形式基础上发展起来的,是一种包括歌唱、音乐、舞蹈,并具有完整故事情节的综合艺术。元杂剧通常按照故事矛盾的开始、展开、爆发和解决,分为四折(也有少数例外),有的另加介绍人物或联系情节的"楔子"。每一折和楔子中都包括歌曲、宾白（人物的对白或独白）和科泛（动作和表情），每折俱由一人独唱，其他演员只有宾白和科泛。角色已有相当细密的分工，主要分为末、旦两大类，其中正末、正旦就是剧中的男女主角，此外还有净，一般演反面角色。元杂剧初期的演出乐器，主要是鼓、笛、拍板，后来加入了弦索乐器，如琵琶等。

杂剧在城市、乡间广泛演出，成为当时最重要的一种娱乐形式。除了少数在城市勾栏中固定演出外，大多数杂剧艺人都是"冲州冲府"，随处作场（按，这是元代对"演出"的称呼）。舞台建筑在元代也得到了很大的发展，逐渐由平地上的演出变为建立高出地面的台子，由上无顶盖的露天舞台到有屋顶的舞台，由演出面的四面观到一面观。山西等地在近几十年来发现了不少金、元时期的舞台文物，充分显示了当时戏剧活动的繁荣。特别是山西洪洞县广胜寺的元代壁画，上题"大行散乐忠都秀在此

元代吹笛、击节陶俑

《元杂剧壁画》绘于山西洪洞县明应王庙正殿

作场",为元代杂剧表演情况提供了珍贵的资料。元代杂剧籍目可考的有五百余种,但流传下来的仅一百余种。元代初期,杂剧盛行于北方,大都和山西平阳是杂剧活动的中心。全国统一后,不少杂剧作家和演员相继南下,在他们的影响下,南方也有一批剧作者和演员成长起来。到仁宗时,杂剧创作中心已从大都移到以杭州为中心的江浙一带。杂剧的作者主要是一些政治上失意的知识分子,还有商人、医生和艺人,此外也有少数达官贵人。和话本一样,书会组织在杂剧写作上起了很大的作用。

杂剧的题材极为广泛,除了一部分取自历史故事外,大部分来源于民间传说,其中不少是根据其他戏曲或话本改编的。

这一事实,反映出杂剧和民间文艺之间有着密切联系。明初有人把元代杂剧分为十二科,即神仙道化、隐居乐道、披袍秉笏、忠臣烈士、孝义廉洁、叱奸骂谗、逐臣孤子、钹刀赶棒、风花雪月、悲欢离合、烟花粉黛、神头鬼面。这个分类并不科学,但说明了杂剧中存在着大量宣扬宗教迷信、封建伦理的消极落后成分。也有一些杂剧作者,他们与劳动人民有较多的联系,有的本身就有受压迫的经历,因而在作品中较好地表现了当时人民的痛苦、愿望和斗争。许多作品在不同程度上反映了当时复杂的社会矛盾,对不合理的社会制度和各种弊端进行揭露和批判。统治阶级中的几种类型,如"打死人不偿命"的权贵、"鸦飞不过田宅"的财主、"告状来的要金银"的官吏,在杂剧中经常以反面人物的形象出现,受到讽刺和抨击。买卖人口、典雇奴婢、放高利贷等剥削关系,在杂剧中都有如实的反映。有的杂剧,还歌颂了"替天行道救生民""和那合死的官军拼"的农民起义英雄们。

  元杂剧最杰出的作家是关汉卿,他生活于13世纪,大都人,共写有六十多个剧本,流传下来的有十八个。他在艺术上有多方面的造诣,除了写作以外,还通音律,会吹弹歌舞,又能粉墨登场。他自称是"蒸不烂、煮不熟、捶不匾、炒不爆、响当当一粒铜豌豆",还说"一管笔在手,敢搠孙、吴斗",可见他的生活中有过许多波折,遭受过打击,但他坚持以笔为武器,同各种不合理的社会现象进行斗争。关汉卿的主要作品有《窦娥冤》《鲁斋郎》《单刀会》《望江亭》等。在这些作品中,他塑造了多种多样的人物形象,广泛而深刻地反映了元代社会的各种矛盾。特别是在《窦娥冤》一剧里,作者通过窦娥的悲惨遭遇,叫出了"这都是官吏每无心正法,使百姓每有口难言"!从而直接对元朝的黑暗统治提出了控诉。他的剧本结构谨严,语言质朴,在艺术上也有很高成就。因此,在当时就博得了"驱梨园领袖,总编修帅首,捻杂剧班头"的评语。但是,在他的作品中,也有不少关于才子佳人和鬼神的描写,窦娥死后的昭雪就是鬼魂托梦给做了大官的父亲实现的,这些反映了作者思想上的局限性。

元代杂剧的另一个有代表性的作家是王实甫。他是关汉卿的同时代人和朋友,大都人,作品有十余种,流传至今的只有三种。《西厢记》是他的代表作。这部作品是根据董解元的《西厢记》诸宫调改编的,但在故事情节的安排和人物形象的塑造等方面,都有创造性的发展。这部作品以争取婚姻自由为主题,塑造了出身卑贱但敢于坚持正义、蔑视权威的少女——红娘的形象,语言清新,结构宏伟,而且突破了元剧一本四折、每折仅由一人演唱的惯例,写成五本二十一折。"《西厢记》天下夺魁",这是元代人对王实甫的评语,说明了他在当时杂剧领域中享有很高的地位。

元代中期以后,杂剧逐渐成为宣扬礼教和消闲解闷的工具,创作数量减少,题材贫乏,丧失了它原有的生命力。一出四折、一人演唱等呆板的形式,在表演上有很大局限性,也影响着它的进一步发展。因此,到了元末,杂剧逐渐衰落了。一种新的艺术形式——南戏,则日益兴盛。

南戏最早出现于浙东温州,也叫温州杂剧。最初用民谣小调演唱,后来吸收了其他戏曲艺术的成分,逐渐完整起来。它的形式比较自由,长短不拘,能够表现比较复杂的情节。到南宋后期,南戏在江浙一带已很流行,元代继续存在。杂剧南移对南戏的提高产生了积极的促进作用。元末高明创作的《琵琶记》,标志着南戏进入了一个新的阶段。随着杂剧的衰落,南戏取代了杂剧的地位。

书法绘画与雕塑

元朝统一以后,南北书画艺术有了广泛交流,艺术家的创作活动和相互交往,对书画艺术的发展起了很好的推动作用。元朝皇帝仁宗、文宗等都对绘画感兴趣,不少画家因作品而受到赏识,得到一官半职。一些贵族、官僚也竞相罗致画家,有的还自己从事创作。统治集团的提倡,对于绘画的兴盛,起了明显的作用。元代在很长时间内停止了科举,就是举行以后,名额也很少。有一部分文人无法通过科举入仕,便致力于绘画,以此作为赢得皇帝和贵族官僚赏识的手段。还有一部分文人,对元朝统治不满,寄情诗画,但为数不多。

元代前期最有名的画家是赵孟𫖯、钱选、高克恭。赵孟𫖯原是南宋宗室,归顺元朝,得到高官厚禄。他的绘画和书法都有很高成就,在绘画方面,山水、竹石、人马、花鸟,无所不能,在当时画坛上有很大影响。元代大多数有名的画家直接或间接都与他有一定的关系。钱选是南宋的乡贡进士,南宋灭亡后,许多人都相继出仕新朝,但他终身隐居,"老作画师头雪白"。他也是一个多面手,特别善作折枝花木。高克恭是色目人,官至刑部尚书(正三品)。他精于山水、墨竹,有当代第一之称。元代后期的名画家除了后代盛称的"四大家"(黄公望、倪瓒、王蒙、吴镇)外,还有张彦辅、唐棣、朱德润、王振鹏、柯九思、王冕等。著名书法家有康里巎巎、揭傒斯、杨维桢、周伯琦、郭畀等,以南人居多。不少人兼工书画诗文。追求"神似"和诗、书、画相结合的"文人画"成为画坛的主流。黄公望的《富春山居图》用笔简练,布局谨严,是一幅有名的山水长卷。黄公望、倪瓒二人的作品对明、清两代的绘画影响很大。

在元代,壁画广泛流行,宫廷、官署、府宅、寺观往往有壁画。壁画的题材多样,有的画山水、花鸟,有的画道释人物。由于壁画的盛行,很多知名画家,如唐棣、张彦辅、李衎等人都画过壁画。可惜的是,这一时期的壁画作品绝大多数因建筑物的毁坏而没能保存下来。但是在敦煌莫高窟、安西榆林窟、新疆吐鲁番柏孜克里克石窟中,都有不少这一时期的壁画作品,其中很多出自兄弟民族画家之手,表现手法丰富多彩,兼有汉族和兄弟民族绘画的特点,对于研究我国各族人民之间经济、文化交流以及兄弟民族的社会历史,都具有重要价值。此外,山西芮城永乐宫的壁画也很有特色,壁画的主题虽然是宗教故事,但作者用写实的笔法描绘了当时的社会习俗,画面具有浓厚的生活气息,在艺术上也有较高的成就。

这一时期印刷业有很大的发展,木刻版画也随着广泛传播开来。元代版画盛行,达到相当高的水平。许多书籍上图下文,有的插图有连续性,这些形式对后代版画有很大影响。

以各种不同笔法构成的《二羊图》

元代的书法艺术在唐、宋基础上取得了新的发展。赵孟頫、鲜于枢、虞集等都是著名的书法家。在兄弟民族中也出现了不少精通汉字书法的名家，如康里巎巎、康里不花、盛熙明等。这一时期书法理论的研究有一定的成绩，代表作有盛熙明的《法书考》和陶宗仪的《书史会要》等。

元代雕塑艺术也有很大成就。尼泊尔工艺家阿尼哥入仕中国，带来了尼泊尔的塑像技术，是我国梵式造像的创始者之一，在佛教艺术上影响很大，对于中、尼文化交流起了有益的作用。他的弟子刘元也享有盛名。可惜的是，他们的作品大都没能保留下来。居庸关云台壁面的石雕神像，神态生动，刚健有力，是元代雕塑中的杰作。

宗　教

在元代，我国境内流行的宗教主要有佛教、道教、基督教、伊斯兰教、摩尼教、婆罗门教等。其中佛、道两教势力最盛，在政治上有很大影响。早在唐朝就传入我国的基督教、伊斯兰教，到元代趋于活跃；摩尼教则处在逐渐衰落中；婆罗门教影响较小。下面分别介绍。

佛教：13世纪初，蒙古兴起。成吉思汗统一蒙古各部，紧接着就发动了对金的战争。进入中原以后，以成吉思汗为首的蒙古贵族开始接触到佛教，立即意识到这是可以利用的工具，便采取保护的方针。成吉思汗专门颁布命令，要部属对临济宗僧侣中观、海云师徒，"好与麦粮养活着，教做头儿。多收拾那般人，在意告天。不拣阿谁休欺负，交达里罕(蒙古语"自由自在"之意——引者)行者"。成吉思汗之后的蒙古诸汗,都继承了这一政策,许多佛教寺院得到优厚的赏赐。高级僧侣如海云、万松等人受到特殊的礼遇,一些重大政治问题都征询他们的意见,例如窝阔台汗统治时期调查汉地户籍,"有司欲印识人臂",海云提出不同意见,于是停止了印臂之法。在蒙古政权统治下的北方,文化凋零,但是佛教《大藏经》继续得到印刷发行。燕京弘法寺贮有经板,战火中有所损失,窝阔台汗时曾加以雕补,这部藏经后来发展成为元代著名的"弘法藏"。忽必烈建立元朝,统一全国,佛教势力有更大的发展,"累朝皇帝先受佛戒九次,方正大宝"(陶宗仪《辍耕录》卷二《受佛戒》),每朝皇帝都要营建新寺,大做佛事,并对寺院颁发巨额的赏赐。当时有人估计:"国家经费,三分为率,僧居二焉。"许多佛教寺院都得到皇帝颁赐的"护持"诏书,享有种种特权,僧、尼可以免税免役。高级僧侣享有帝师、国师等称号,以及太尉、司空、司徒等荣誉头衔,声势显赫,在政治生活中占有重要地位。所以,元代有人这样评论:"盖佛之说行乎中国,而尊崇护卫,莫盛于本朝。"

蒙古统治者对各种宗教采取兼容并包的态度。因为他们懂得,任何一种宗教,只要加以很好地利用,都可以起到麻醉人民、巩固统治的作用。原金朝统治区内的道教流派全真道,在民间影响很大,蒙古贵族进入中原以后,也积极加以扶植。佛、道两教都以蒙古统治者和贵族官僚做后台,互相排挤倾轧,甚至聚众斗殴。双方争斗日益激烈,蒙古统治者不得不亲自出面处理,先后组织双方领袖人物进行了两次辩论。第一次辩论在宪宗五年(1255),地点是漠北和林,由蒙哥汗亲自主持;第二次是在宪宗六年(1256),地点仍在和林,因道教代表人物未到而止;第三次在宪宗七年(1257),地点在开平,规模最大,到会有僧三百余人,道二百余人,还有儒生二百余人。由蒙哥委托忽必烈主持(辩论经过见祥迈《至元辩伪录》)。由于蒙古统治者倾向佛教,辩论以道教失败告终,参加后一次辩论的十七名道士被勒令削发为僧,不少道教宫观变成了佛寺,许多道教经典被烧毁。自此以后,佛在道前,成为元朝的制度。

13世纪上半期,蒙古政权统治下的北方佛教,以禅宗的临济宗和曹洞宗为盛,律宗趋于衰落。13世纪40年代,吐蕃地区归附蒙古政权,吐蕃的喇嘛教随之传入中原和蒙古地区。喇嘛教内部也分成许多派别。其中萨迦派的领袖们最受蒙古统治者尊崇,相继被封为国师或帝师。此外,许多喇嘛教上层人物都封官拜爵,"百年之间,朝廷所以敬礼而尊信之者,无所不用其至"。喇嘛教势力盛极一时,禅宗相形见绌。不仅如此,忽必烈在一度推崇禅宗之后,转而采取"崇教抑禅"的政策。在统一全国以后,这种倾向特别明显。他在召集江南佛教上层人物聚会时,"升教居禅之右",还从北方派遣禅宗以外各教派的僧侣三十人到江南各大寺院宣讲,扩大这些教派的影响。因此,无论南、北,禅宗的势力都有所下降,天台宗等教派有所上升。但是忽必烈的"崇教抑禅",目的在于适当压抑势力最盛的禅宗,调整各宗派之间的关系,便于自己驾驭使用而已,并没有对禅宗采取过于严厉的措施。所以,元代禅宗仍是一个具有相当势力的宗派,其中仍以临济宗最为突出。

元朝中央政府中设有宣政院,管理佛教事务。这个机构秩从一品,仅次于中书省,和枢密院、御史台的地位相等。另外,还设有专门管理醮祠佛事的都功德使司,常由丞相兼领。在地方上,与行政机构并列,设有各级僧司衙门,分别管辖所在地区的寺院。据至元二十八年(1291)统计,全国寺宇共四万三千余所,僧尼二十一万余人。随着佛教势力的日益昌盛,"髡首从游"者不断增多。元代对出家为僧采取"本寺住持、耆老人等保明申院,以凭给据披剃"的办法。此处的"院"指宣政院。元代末年曾一度恢复入钱卖牒的办法,这便为上层僧侣开了方便之门。元代中期有人说"天下塔庙,一郡动千百区,其徒率占民籍十三"。这虽然有些夸大,但多少反映了佛教势力之盛。大的寺院都拥有大量土地、商店、当铺、矿冶和其他资产,还占有许多劳动人民。以大都的大护国仁王寺为例,它仅在大都附近就占有水陆地六万余顷,玉石、银、铁等矿冶十五处,山林、河泊、鱼塘、竹场等二十九处,在江淮各处还有水陆地四万余顷和其他资产。元代寺院经济的发达,在我国古代社会历史上是很少见的。

道教:蒙古兴起,进入华北,金朝迁都河南,山东成为蒙、金、宋三方面力量角逐之地,道教支派全真道创始人王嚞的弟子、当时的全真道领袖丘处机住在山东登州(今山东蓬莱)、莱州(今山东莱阳)一带,也成了三方争夺的对象,"随处往往邀请"。丘处机采取观望的态度,等待时机。1219年,成吉思汗从中亚派遣使臣前来宣召。丘处机一变过去的消极态度,率领弟子,经过长途跋涉,到达中亚,谒见成吉思汗,备受恩宠。成吉思汗称丘处机为神仙,下令免除全真道寺院的差发税赋。许多蒙古贵族和北方汉族军阀也跟着对全真道大加尊奉。大道教(真大道)与太一教也先后与蒙古贵族建立了联系。大道教首领郦希诚"居燕城天宝宫,见知宪宗,始名其教曰真大道,授希诚太玄真人,领教事"。太一教首领萧辅道,"世祖在潜邸,闻其名,命史天泽召至和林,赐对称旨,留居宫邸"。但是它们的地位远不及全真道。

南宋统治区内最有影响的道教派别是江西龙虎山的正一

道。1259年,当蒙古军攻打武昌时,忽必烈专门派人秘密来到宋朝管辖下的龙虎山,访问正一道首领、三十五代天师张可大,"问天命之存亡",而张可大完全不顾当时宋、蒙的敌对关系,加以接纳,并要来人向忽必烈回报:"后二十年天下当混一。"实际上就是预言南宋将会灭亡。张可大的态度当然使忽必烈感到高兴,元灭南宋以后,忽必烈遣使召见张可大之子张宗演,恩宠备至,命他主领江南道教。正一道的首领可以娶妻生子,世代相袭,掌管教务。在元代,正一道教主均有主领江南道教的职衔。

道教势力的兴盛导致了与佛教的冲突,结果已见前述,以佛胜道败而告终。但是,忽必烈的用意不过是对道教加以适当的压制,不使其势力过大,所以,经过一些道教上层人物疏通活动以后,压制很快便取消了。道教各派系的领袖,仍然相继出入宫廷,得到各种封号,受到宠遇,有的甚至参与了某些重大政治问题的决策(例如,忽必烈以完泽为相,就听取了正一道代表人物张留孙的意见)。中央政府中设有集贤院,秩从二品,负责道教事务。在地方上,道教和佛教一样,设有衙门,"一如有司,每日公署莅政施刑"。"道官出入,驺从甚都,前诃后殿,行人辟易,视部刺史、郡太守无辨。"虽然势力远不及佛教,但仍有很大的影响。

元朝统一以后,正一道在北方得到一定的传播,而全真道则在江南有很大的发展。总的来说,全真道的影响更大一些。元代以后的文艺作品,常常以全真作为道士的代名词,正是这种情况的反映。

基督教:基督教传入中国的历史,可以上溯到唐代。基督教的一支——景教(聂思脱里派)创立于5世纪,流行于波斯、中亚一带,唐太宗时获准在中国设立教堂,得到一定的发展。唐武宗取缔佛教,景教也受到株连,教堂被毁,教士勒令还俗。遭此打击以后,景教在中原地区就趋于衰落了。

到了11世纪,蒙古的克烈部、乃蛮部和汪古部,相继信奉景教。在畏兀儿人中间,景教也得到了一定的传播。大蒙古国建立后,历代大汗对各种宗教采取兼容并包的政策,基督教也受到重视。贵由汗的师傅合答和亲信大臣镇海都是景教徒,合答曾向贵由传授景教教义,因此景教徒颇受优待。拖雷之妻唆鲁忽帖尼出身于克烈部,是个虔诚的景教徒。她的儿子蒙哥汗也对景教持保护的态度,宫廷中有景教教士,不时举行景教的仪式。

忽必烈即位后,基督教继续受到保护。也里可温(景教教士)和僧、道一样享有免除杂泛差役的权利,但是忽必烈对各种宗教有厚薄之分,他最重视的是佛教(特别是佛教中的喇嘛教),其次是道教,然后才是基督教和伊斯兰教。这是因为佛教和道教在中原和南方影响最大,他的宗教政策必须适应这种情况。在元朝政府中,设有崇福司,秩从二品,专门管理基督教事务。元代中期,全国曾设立也里可温掌教司七十二所,可见在很多地方都有基督教在活动。现在有记载可考的,如大都、扬州、镇江、杭州、温州等地,都修建有基督教教堂。很早就归附了成吉思汗的汪古部,其首领在元朝世代尚公主,仍以其原来居地为封国。近几十年来,在原汪古部居地(今内蒙古百灵庙一带),发现了不少景教徒墓石,说明这里在元代始终是景教的一个中心。福建泉州也发现有若干基督教墓碑石。泉州在元代是一个重要的对外贸易港,经常有许多外国人在这里居留,其中包括不少基督教徒,因此,这里的基督教相当活跃。

基督教有不同的教派。蒙古统治者最早接触的是景教,因

我国现存最大的藏式喇嘛塔：元妙应寺白塔

此，在元朝统治区内流行的也是景教。罗马教皇和法国国王路易九世在13世纪上半期曾分别派遣教士普兰迦儿宾和卢布鲁克到蒙古大汗的宫廷，进行外交活动，但他们对宗教事务并未产生影响。13世纪末，罗马教皇派遣教士数人，以孟德高维诺为首，来中国传教。孟德高维诺在大都建立教堂，招徕信徒，同行教士则分赴福建等地传教。孟德高维诺的传教产生了一定的影响，原来信奉景教的汪古部首领阔里吉思率领他的一部分臣民改奉罗马天主教，并在自己的领地建立了一座教堂。但总的说来，罗马天主教当时在中国的势力比不上景教。

伊斯兰教:随着中外经济、文化交流的增多,伊斯兰教在唐代开始传入我国,但是传入的确切年代目前尚难以断定。宋代,在我国沿海的一些从事对外贸易的城市如广州、泉州、杭州、扬州等处,都有不少信奉伊斯兰教的大食、波斯等地的商人、水手经常来往,有的就在当地落户定居。于是,在这些城市中,出现了一批伊斯兰教的寺院,如广州的怀圣寺、泉州的清净寺,扬州的礼拜寺(仙鹤寺)等。10世纪前后,伊斯兰教传入我国新疆地区,在当地各民族中影响不断扩大。蒙古政权建立后,三次发军西征,统治了中亚和西南亚广大地区。这些地区的许多伊斯兰教徒,相继来到中国,当时被称为"回回"。他们"皆以中原为家,江南尤多",伊斯兰教也就随着得到传播。比起前代,元代的伊斯兰教寺院大有增加,仅泉州一地,"礼拜寺增为六七"。元代诗人张昱在描写大都的伊斯兰教活动情况时写道:"花门齐候月生眉,白日不食夜饱之,缠头向西礼圈户,出浴升高呼阿弥"(《张光弼诗集》卷四《辇下曲》。花门,唐代指回纥,这里借用来指回回)。

元朝政府对伊斯兰教同样采取保护的态度。答失蛮(伊斯兰教士)和僧、道、也里可温一样享有免役的权利。但是元朝政府没有设立专门管理伊斯兰教的机构。伊斯兰教内部有严密的组织,掌教者称为哈的大师。哈的大师往往干预教徒的世俗生活,元朝政府为此曾专门规定:"哈的大师只管他每掌教念经者。回回人应有的刑名户婚钱粮词讼大小公事,哈的每休问者,交有司官依体例问者。"(《元典章》卷五三《刑部十五·诉讼》)从而对哈的大师的职责做了明确的限制。

摩尼教:摩尼教是公元3世纪时在波斯出现的一种宗教,唐代传入我国。北方的回鹘人信奉摩尼教，在中原地区摩尼教也得到一定的传播，武宗灭佛时，摩尼教也受到打击，在中原地区近于绝迹，但在我国西北部，西迁后的回鹘人中间，摩尼教仍有很大影响。

在宋代沿海的两浙、福建地区，仍有摩尼教的活动。北宋末年，仅温州一处，即有明教（摩尼教的别名）斋堂四十余处，经常举行宗教仪式。摩尼教举行仪式时，夜聚晓散，容易受到政府的猜忌。北宋的某些起义曾利用摩尼教作为组织和发动群众的工具。因此，宋朝政府在北宋末年下令取缔，南宋时禁令更严。经过这些打击，摩尼教更加衰落。

到了元代，官方文书中再没有提到摩尼教。但是，据当时的记载说，温州平阳有潜光院，"明教浮屠之宇也"。元、明之际，温州流行一种宗教叫作大明教，"造饰殿堂甚侈，民之无业者咸归之"，很可能与摩尼教（明教）有关。福建泉州华表山上的草庵，奉祀摩尼光佛，佛像作于后至元五年（1339）。从这些情况看来，摩尼教在浙、闽沿海一带尚未完全消失。

婆罗门教：婆罗门教是印度的一种古老宗教，崇拜梵天，因其由婆罗门种姓担任祭司而得名。在我国的福建泉州一带，有宋、元时期婆罗门教寺院建筑的遗物，这说明婆罗门教曾在当地流行过。不过，婆罗门教应该是来到这个地区的印度商人和水手传入的，这种宗教对中国当地人民没有发生多少影响。

科学技术

元朝继承并发展了前代科学技术的成就。火药更广泛地应用于军事方面,指南针应用于航海,活字印刷术得到改进。数学、天文学、医药学、生物学、地学和技术科学等也取得了很好的成果。

火药和火器在南宋、元代传到阿拉伯国家。14世纪初,又从阿拉伯人那里传到欧洲。指南针极大地推动了亚洲航海事业的发展。继宋代泥活字之后,元代又有人发明了木活字,使活字印刷术更趋完善实用。印刷术的推广,对传播科学文化起到了很大的推动作用。

在数学方面,金、元之际的李冶著有《测圆海镜》和《益古演段》,提出了天元术。天元术是设未知数 x 为天元,根据题问列出算式,然后求解。不久便发展为天地二元、天地人三元和天地人物四元术。四元术见于元初朱世杰的《四元玉鉴》,在代数运算上已相当复杂。由于天文学计算的需要,元代出现了"招差术"计算法。元代王恂、郭守敬所编的《授时历》中,在太阳、月亮、五星天体运动计算中,都用到了招差术,这是与高阶等差级数相关的一种复杂运算方法。商业发达引起的计算上的需要,对计算技术提出了改革的要求。在元代朱世杰《算学启蒙》中,归除歌诀已十分完备。从元代刘因的算盘诗和陶宗仪的《辍耕录》可以知道,至迟在元代就已经有了算盘。明洪武年间所刊《魁本对相四言杂字》中已有珠算算盘图。这是明初刊印的一本看图识字的启蒙书,书中的插图都用元代典章制度。它的出现更证明了元代已用珠算算盘。

在天文历法方面,由大科学家郭守敬主持编订的《授时历》,是一部胜于前朝的优秀历法。它集宋、金各家历法优点之大成,不但计算详尽准确,还采纳了许多新颖的改历意见。为了使历法更加精确,元朝曾举行了一次大规模的天文大地测量

登封元代观星台

"四海测验",取得了很好的成绩。今河南登封告成镇保存了一座元代观星台,台前有石圭三十六方,组成"量天尺"。这是我国现存最早的天文台建筑。

元代的医学理论在很大程度上继承了金代传统,出现了"金元四大家"。这四大家是金刘元素的寒凉派,金张从政的攻下派,金、元之际李杲的补土派和元朱震亨的滋阴派。这些学派都自成家法,独树一帜,展开不同见解的争论。他们还对"本草"进一步研究,创造了药物学上的一些理论,把我国医药学研究推进了一大步。

元代王恽的《宫禽小谱》,介绍了十七种鸟的形态和别名。

这是我国最早的一部论鸟类的专著。元人朱思本著有《舆图》。据明代罗洪先《广舆图》序文说，朱图"计里画方之法，而形实自是可据，从而分合，东西相俟，不至背舛"。罗洪先的书就是在朱图的基础上加以扩充而成。虽然朱思本原图已佚，但据罗图可知，朱图的绘制已有相当水平。

在技术科学方面，元代继承了宋代的特色，对技术制图、技术标准（或规范）有所发展。元初薛景石的《梓人遗制》是一部纺织技术的专著。书中的插图绘制精细，有总体图和部件图。该书把华机子（提花机）等四种织机的构造分件绘出，并加以说明，属于世界上较早的机械制图著作。在一些技术著作中，往往标出机械部件的尺寸，实际上属于标准化的雏形。北宋修撰、金元续修的《河防通议》记载了各项定额管理制度。如该书对造船物料规定，凡船每一百料，长四十尺，面阔一丈二尺，底阔八尺五寸，斜深三尺。对应用各种材料的名称、数量、规格等，也都有叙述。甚至连用钉子数及用麻索的重量等，也都做了巨细无遗的记录。此外，还详细列出三百料到八百料船的装船斤重、下水装若干斤、上水装若干斤、每船用若干人等等。技术制图和技术标准的制定，使得技术的传授不再仅靠师徒口耳相传，而是有章可循。这是技术科学发展史上的重大变革。

元代的中外关系

比起前代来,我国与外国的联系在元代有显著的发展。这一时期,我国与毗邻诸国的交往更为密切。亚洲的其他国家和地区,以及非洲(主要是东北非)、欧洲都和我国发生了直接的接触。许多国家和地区派来了使节,元朝也不断派遣使节出访,彼此建立了正式的政治联系。但是,更为频繁的是中外的经济交流。海道贸易的大规模开展,是这一时期中外经济交流的一个特点。我国商船出入高丽、日本和南海各地,外国商船也相继前来。有不少外国商人、水手就在中国落户,在当时被称为"蕃客"。我国的瓷器、纺织品等远销亚、非、欧洲各地。与此同时,外国的香料、药材等货物也大量运来中国。由于海外贸易的发展,在我国沿海地区出现了广州、泉州等世界闻名的海港城市。除了海道贸易之外,通过陆路进行的中外贸易活动,仍有相当的规模。

中外科学文化的交流也有很大的发展。我国三大发明在宋、元时期先后传到外国,对世界文明的发展做出了巨大贡献。我国人民在文学艺术方面的许多创造相继被介绍到其他国家。另一方面,其他国家在科技方面的不少成就(如天文历算、粮食栽培、制造工艺等)也先后传入我国,推动了我国科学文化的进步。

这一时期,出现了不少有关中外交通的著作,如周达观的《真腊风土记》、汪大渊的《岛夷志略》等。它们是中外关系发展的产物,对于研究这一时期的中外关系以及有关诸国的历史,都有重要价值。

高 丽

918年,高丽王朝逐步实现了朝鲜半岛的统一。13世纪初,成吉思汗建立了大蒙古国。蒙古政权在对金战争中节节胜利,辽东地区很快便落入它的控制之下。蒙古成吉思汗十三年(1218),蒙古政权与高丽王朝发生了接触,接着便不断派遣使节到高丽,索要各种财物,引起高丽人民的极大愤慨。在成吉思汗十九年年底(1225年初),蒙古使者着古欤在出使途中被杀,双方关系断绝。窝阔台汗三年(1231),蒙古出兵攻打高丽,双方时战时和,延续了二十余年之久。蒙古蒙哥汗九年(1259),高丽国王遣世子入朝,双方从此开始了和平友好的关系。元世祖忽必烈即位后,高丽王室与元朝皇室之间建立了固定的婚姻关系,很多高丽国王娶元朝公主为妻。高丽国王经常来中国,高丽的贵族、官僚和商人、僧侣不断来往于两国之间,关系更加密切。

这一时期中国与高丽之间的贸易有很大的发展。元朝统一以后,不但两国的海路贸易仍然继续,而且陆路贸易也日趋活跃。14世纪上半叶,高丽出现了一本名叫《老乞大》的汉语教科书,书中主要描述高丽商人经过辽东来到大都进行商业贸易活动的情况。这本书显然具有商业指南的性质。它的出现反映出当时两国之间陆路贸易的繁荣。高丽向中国输出的商品,主要是苎布(毛丝布)、铜器、药材(人参、红花、茯苓等)、干果(栗、枣、杏仁等)、马匹以及各种工艺品。高丽的手工业有相当高的水平,"工技至巧",深受中国人民的欢迎。特别是苎布(毛丝布),质地优良,在我国民间很流行,人们称之为"洗白复生高丽毯丝布"。中国运销高丽的商品,主要有丝绸、瓷器、香料、药材等。

在元代,中国与高丽在科学技术方面的交流也很频繁。14世纪中叶,高丽使臣文益渐出使元朝,得到木棉种子,回国后交给他的舅父郑天益培种,逐渐蕃衍。郑天益又创制了轧花机和纺车等工具,棉花栽培和纺织技术由此开始在高丽传播开来。中国的火药也传到了高丽。元朝末年,有一个名叫李元的中国烟硝匠移居高丽,崔茂宣向他学习了制造火药的技术,并有所改进,对于高丽抗击倭寇起了不少作用。

在思想文化的交流方面,元代比较重要的是程朱理学在高丽的传播。程朱理学大约是在13世纪末到14世纪初传入高丽的,最初在中国"得而学之"的是白颐正和安珦,后来影响较大的理学家是李齐贤和李穑。高丽王朝末期,社会矛盾日益激化,统治集团内部形成保守和改革两大派,程朱理学是改革派的思想武器。此外,两国的诗人、学者、画家、建筑师等也有很多接触。高丽思想家李齐贤同时也是一个很有成就的文学家,14世纪上半期曾经多次来过中国,与元朝的著名作家、艺术家赵孟頫、元明善、朱德润等结下了亲密的友谊。元朝杰出的人物肖像画家陈鉴如还曾专门为他画像。两国思想家和文学艺术家的频繁来往,对促进两国文化的交流和发展以及促进两国人民之间的友谊,起了很好的作用。

14世纪中期,元末农民战争爆发。根据元朝政府的要求,高丽国王曾派遣军队协助元军镇压农民起义。后来,红巾军的一支部队曾由辽东转战高丽,被高丽军队击败。至正二十八年(1368),明军进入大都,元顺帝仓皇北走,不久病死,其嗣位者继续以元朝名义进行活动,历史上称为"北元"。高丽政府起初仍和北元保持联系,在明朝控制了辽东以后,高丽断绝了和北元的关系。此后不久的1392年,高丽王氏政权被朝鲜李朝所取代。

日　本

在元朝之前,北宋、南宋与日本有活跃的海上贸易,而疆域局限于北方的辽朝和金朝,由于缺乏优良的港口,航海业不发达,与日本没有多少来往。

忽必烈即位后,从至元三年(1266)到至元十年(1273),先后五次派遣使节去日本,劝谕日本来朝,日本政府拒绝答复。忽必烈改而采取军事进攻的办法,至元十一年(1274),忽必烈派遣忻都率军二万余人,由高丽合浦乘海船出发,攻取日本对马、壹岐两岛,继而在博多湾(今日本福冈)等处登陆。日本军队坚决抵抗,元军受阻。不久许多战船又为台风所坏,元军不敢久留,便撤回高丽。但是忽必烈并未因此罢休,在平定南宋之后,他又着手组织一次规模更大的远征。

至元十八年(1281)五六月间,元军十余万人兵分两路,一路仍由合浦出发,一路由浙东庆元(今浙江宁波)出发。两路军队在博多湾外志贺岛一带汇齐后,因将领内部意见不一,逗留不进。八月初,日本海台风大作,波浪如山,元军战船大都被撞坏,高级将领选择完好的船只逃命,剩下的军队大部被日军所杀,少数做了俘虏。前一次战争在日本史上称为"文永之役"(至元十一年是日本龟山天皇文永十一年),后一次战争称为"弘安之役"(至元十八年是日本后宇多天皇弘安四年)。

元军失败后,忽必烈仍不死心,准备发动另一次远征。他征集军队,调发大批民工修造船只,弄得"民不聊生,激而成变",

江南接连发生武装暴动。面对广大劳动人民的坚决反抗,忽必烈为了稳定自己的统治,不得不中止了这次新的出征计划。后来忽必烈还想与日本建立联系,派遣王积翁出使,但中途为人所杀,未能到达。元成宗时,又派遣僧人宁一山持国书附日本商舶出使日本,宁一山受到日本朝野的欢迎,但是日本政府对元朝的国书仍置之不理。自此一直到元朝灭亡,两国政府之间始终没有发生联系。

尽管元朝与日本发生了严重的军事冲突,但是两国的民间贸易并未因此中断。"文永之役"后,至元十六年(1279),来到庆元的日本商舶有四艘,篙师二千余人。"弘安之役"后不久,至元二十九年(1292),又有四艘日本商舶来庆元,因遇风暴,只有三艘到达。自此以后,中、日两国人民之间的海上贸易日益频繁。

元代中国对日贸易的主要港口是庆元(今浙江宁波),日本对中国贸易的主要港口是博多。商舶往来一般利用季风。从庆元出发,通常在夏天五、六月间,利用西南季风。从日本博多出发,通常在春季三、四月间和秋季九月,利用东北季风。顺风时十天左右即可到达。中国向日本输出的商品主要有纺织品、香药、书籍、瓷器、文具、铜钱等,日本输向中国的商品有木板、砂金、硫黄、药材、螺钿工艺品、刀剑等。

在生产技术方面,两国之间的交流也是很多的。日本手工业发展史上占有重要地位的濑户烧(陶瓷)、博多织(缎子)等,都是宋、元时期日本人民在学习中国有关技术基础上发展起来的。另一方面,日本的一些生产技术,也对中国发生了影响。如元代松江印染的青花布,"宛如一幅院画,芦雁花草尤妙"(孔齐《至正直记》卷一《松江花布》)。这种雕版印染的方法,就是从日本学来的。

在元代,中、日之间的文化交流继续得到发展。僧侣在这方面起了很大的作用。宋、元两代先后到过中国的日本僧侣,仅姓名可考的即有三四百人之多。元代来中国的日僧邵元、善玖,是其中比较著名的。日本僧人来华后,一般均受到友好的接待,他们中不少人还与中国的文人、画家、僧人结下了亲密的友谊。"明朝相别思无限,万里海天飞白鸥。"这是元代文人张雨为日本僧人送行写下的诗句,它充分表达了中、日两国人民的友好情意(《草堂雅集》卷七《送日本僧》)。此外,元代诗人杨维桢、郑元祐、至仁等均写有赠日本僧人的诗篇。这一时期也有不少中国僧人渡海去日本,姓名可考的有二三十人。其中影响较大的是上面提到的宁一山。他在日本二十年,对日本的佛学和文学艺术产生了不可磨灭的影响。佛教禅宗在日本的兴起,饮茶之风在日本的流行,都是与两国僧人的上述活动分不开的。通过两国僧人之手,不少中国的书籍和绘画在这一时期传入日本,一直保存下来。

从元代中期起,倭寇已经开始在中国和高丽沿海地区活动。至大元年(1308),倭寇在庆元"燔炳城郭,抄掠居民",腐朽的元朝政府,对此却无可奈何。元朝末年,倭寇的活动日益猖獗。辽东的金、夏二州已为红巾军所占领,倭寇发动突然袭击,"杀红军,据其州",元朝政府竟然派人去加以奖赏,显然是想借倭寇的力量来对付起义军。在山东、浙江沿海一带也不断有倭寇骚扰。到了明代,倭寇发展成为一个严重的社会问题。

交趾、占城

10至14世纪,在今天越南疆域内,北部是交趾,中部是占城,南部则是真腊的一部分。

13世纪中期,蒙古政权向南宋发动了猛烈进攻。宪宗蒙哥汗命忽必烈率领军队,进攻云南,灭大理政权。随后,忽必烈回到北方,留下大将兀良合台继续攻取未降之地。当时交趾李朝已为陈朝所取代。宪宗七年(1257),兀良合台遣使诏谕,交趾囚杀使者。于是,兀良合台进兵大败交趾军,攻占其都城。因为气候炎热,蒙古军无法久留,很快便撤回云南。陈朝向南宋求援,要求宋朝派兵进驻,协助防守,并提出在危急时要到宋朝境内避难。南宋政权出于共同抗击蒙古的考虑,同意在危急时接纳交趾国王,并派出一支军队在边境上待命;此外,还支援陈朝一批弓箭。此后,陈朝采取两面政策,一面与南宋保持关系,另一面又向蒙古政权进贡,承认它为自己的宗主国。忽必烈统一全国以后,认为交趾不肯全部履行藩属国的义务,深为不满。

至元二十二年(1285)和至元二十四年(1287),忽必烈两次发兵大举进攻交趾,都因天气炎热无法久驻而被迫退回。至元十九年(1282)到二十二年间(1285),元朝还曾对占城用兵,也以失败告终。在战争期间及战争之后,交趾陈朝仍自认是元朝的藩属,称臣纳贡,但其国王始终不肯"入朝"。忽必烈对此颇为恼怒,至元三十年(1293)又准备发兵,但次年即病死,此次在酝酿中的军事行动遂告中止。元朝的这几次军事行动,不仅给交趾和占城人民造成很大的灾难,也为中国人民带来了痛苦。中国人民用逃亡、怠工以及武装起义等方式表示了他们对这种非正义战争的反抗,出征元军的粮饷补给因而常常接济不上,这是元军失利的一个重要原因。

忽必烈死后,元成宗铁穆耳继位,改变了对交趾、占城的政策,采取友好睦邻的态度。但是这时的交趾陈朝野心勃勃,不断向四周扩张,接连对占城、真腊、老挝等国用兵。它对元朝表面上自居藩属,暗地里不断进行骚扰,有时蚕食吞并元朝边境土地,有时怂恿支持元朝境内的少数民族首领,进行分裂活动。如仁宗皇庆二年(1313),交趾出动三万余人,侵犯广西边境,"杀掠居民,焚烧仓廪庐舍"。延祐七年(1320)、泰定三年(1326)、至顺元年(1330)都发生过类似事件。当元朝政府责问时,陈朝就以"边鄙鼠窃狗偷辈自作不靖,本国安得而知"为借口,一推了之。(《元史》卷二〇九《安南传》)13世纪末到14世纪20年代,广西上思州(今广西上思县)瑶族头人黄圣许"雄踞一方,伪立号名",发动叛乱,劫掠附近州县,就是在交趾陈朝支持下进行的。黄圣许被元军击败后,逃入交趾,屡次勾结交趾军队侵犯元朝。

元代中国和交趾、占城的经济交流很频繁。尽管陈朝"恐中国人窥见其国之虚实",对中国商舶多方防范,但"偷贩之舟"仍然不绝。南宋灭亡时,有不少中国人移居交趾和占城,在元军几次侵犯交趾、占城时,又有一些中国人流落到当地。他们带去了中国的科学文化。例如,丁善德能为"俳优歌舞",交趾的"险竿技自此始";李元吉善歌,会演杂剧,在他传授下,交趾开始有戏剧。邹孙、邹庚父子在交趾行医,传播了中国的医学(《大越史记全书》卷五《陈纪一》)。占城人民的劳动成果占城稻是一种优良品种,传入中国后,对中国的农业生产起了很好的作用。

真　腊

在元代,真腊是东南亚地区的一个强大国家,其疆域大体包括今天的柬埔寨和越南的南部。真腊物产丰富,经济繁荣,当时有"富贵真腊"之称。真腊人民创造了光辉灿烂的文化,从9世纪开始兴建,到12世纪完成的举世闻名的吴哥窟(即吴哥寺,或小吴哥)和吴哥城(即大吴哥),便是杰出的代表。

真腊国与中国很早就有使节往来。元朝统一以后,于元贞二年(1296)派遣使节前往真腊,第二年回国。随同使节前去的周达观,回国后写了《真腊风土记》一书,详细记述了他在真腊的见闻。书中对真腊的政治、经济、文化和风俗习惯,都做了翔实的记录。他生动描绘了吴哥城的壮丽建筑,这是中国对吴哥文化古迹的最早记载。他还叙述了真腊和中国人民之间的友谊,书中说,许多中国农产品和手工业品运到真腊,受到当地人民的欢迎;中国人在真腊受到尊重;有些"唐人"(海外诸国对中国人的称呼)在真腊安家落户,和当地人民亲密相处。周达观的这部著作,对于研究真腊历史具有重要价值,同时也是两国人民悠久友谊的宝贵文献。

在元代,中国和真腊之间有相当密切的贸易关系。从中国东南的泉州、温州等港口出海,顺风时一个多月就能到达真腊。从中国运去的货物主要有金银、瓷器、酒、糖、纺织品等。元朝的地方特产,如真州的锡蜡、温州的漆器、明州的草席等,也都受到当地人民的欢迎。真腊物产丰富,黄蜡、犀角、香料、大枫子油等,在东南亚一带都很有名,是用作交换的主要物品。

南海诸国

亚洲南部东起菲律宾群岛、西到印度洋的广大地区,在我国历史上被称为"南海"。随着对这一地区认识的不断发展,元代开始把这一地区分称为东、西洋,大体上以苏门答腊岛为界,以西印度洋地区称为西洋,以东称为东洋。

在元朝之前,宋朝就与南海诸国有密切的商贸联系。宋朝设立市舶司,专门开展海外贸易。元朝统一以后,忽必烈写信给海外诸国国王,积极与南海诸国建立联系,元世祖至元二十三年(1286)九月,同时派遣使节来访的外国达十国之多。根据记载,宋、元时期和我国发生政治、经济联系的南海诸国和地区,已达百处以上。除前面分别叙述过的交趾、占城、真腊之外,较大的还有:三屿(今菲律宾群岛)、三佛齐(今印尼苏门答腊岛东南)、阇婆(今印尼爪哇岛)、缅(今缅甸)、暹(今泰国北部)、罗斛(今泰国南部)、细兰(今斯里兰卡)、渤泥(今加里曼丹岛)、北溜(今马尔代夫群岛)、注輦(元代称为马八儿,在今印度东南部)、故临(元代称为俱蓝,在今印度西南部)等。

宋、元时期航海技术和造船工艺的进步,为加强我国与南海诸国的联系提供了有利的条件。指南针已在中国商船上得到广泛的应用。季风的规律已被掌握,并在航海中得到广泛利用。通常在冬季乘北风发船去南海,夏季利用南风回国,"北风航海南风回"。海船一般载重二三千料("料"是船舶的计量单位,大体上每一千料船载重千石),载客数十人至数百人,在当时世界上居于前列。根据阿拉伯旅行家的记载,中国与印度半岛之间的海上交通,主要掌握在中国人手里。从中国到印度西南部的故临,商人们都乘坐中国的大船,再往西去,则多换乘大食(阿拉伯人)的船。不过,元朝的中国商船也可以继续西航,很多船只成为波斯湾和非洲各大海港的常客。从广州或泉州出发,三四十日可到苏门答腊岛上的三佛齐和蓝里(又名南巫里,今亚齐)等地。过冬后,一月左右即可到达故临。当时南海诸国把中国船称为唐舶,把中国人称为唐人。除了海上交通之外,元朝和一些边境相接的国家之间陆路交通也很发达,如通缅甸就有三条路,与西天(今印度半岛地区)也有陆路可以往来。

　　元朝除了前面说过的曾对交趾、占城用兵之外,还曾先后对缅、爪哇用兵。至元十年(1273),忽必烈遣使节去缅国,使臣一去不返。至元十四年(1277),缅军数万进犯云南金齿,被元军击败。此后,元军数次进攻缅甸,到至元二十四年(1287),元军撤回,双方关系趋于缓和,缅国遣使入贡。大德四年(1300),缅国内乱,缅王为权臣阿散哥也所杀,其子逃到云南求援。元朝出兵征讨,阿散哥也进行抵抗,还以金银贿赂元军将领,于是元军撤回。元朝政府处罚了统兵将领。阿散哥也遣使入贡,并"自言杀主之罪",元朝自此罢兵,双方恢复了和平友好的往来。

　　在统一南方以后,忽必烈多次派遣使节去爪哇,要求爪哇国王前来朝见,均遭拒绝,至元二十六年(1289)还将元使黥面送

《马可·波罗行纪》

回。至元二十九年（1292），忽必烈命史弼等率军乘海船出征爪哇，次年抵达。此时爪哇国主为邻近的葛郎国主哈只葛所杀，其婿土罕必阇耶转而向元军求援。元军击败葛郎国军，哈只葛被迫投降。四月，史弼等准备带哈只葛和土罕必阇耶班师回国，土罕必阇耶中途逃去，集结军队，袭击元军。元军猝不及防，且战且行，乘舟回国，士卒死者三千余人。忽必烈对此很是恼怒，准备召集军队，再次进攻爪哇，但因病逝而作罢。元成宗即位后，爪哇派遣使节来中国，双方恢复了友好的联系。

这一时期我国和南海诸国的贸易得到了很大的发展。据《马可·波罗行纪》的记载，印度西部输出的货物，主要运往中国，运往西方的不及前者的十分之一。当时从中国输往这一地区的货物，主要是陶瓷器、漆器、纺织品（如苏杭五色缎、绸绢、布、丝等）、金属（如金银、铁块）、金属制品、日常生活用品（木梳、扇、草席、伞等）、食品（米、酒、盐、糖等）；从南海诸国运到中国的货物主要是香料、药物、布匹、皮货和各种宝物（象牙、犀角、珊瑚等）。中国商舶经常出入于南海诸国的港口，十分活跃。14世纪中叶，摩洛哥旅行家伊本·白图泰在印度港口古里佛（今加尔各答）看到同时停泊着十三艘来自中国的商船。中国商舶不仅经营中国与所去国家之间的贸易，而且还在南海诸国之间运销货物，如以西洋布供应东洋诸国，将北溜出产的贝子运往朋加剌等地。他们的贸易活动，促进了南海地区经济的发展，因此受到了当地人民的欢迎。在元代，文老古（今摩鹿加群岛）人民"每岁望唐舶贩其地"；麻逸（今菲律宾明多罗岛）的商人将中国商舶的货物"议价领去，博易土货，然后准价舶商，守信终始，不爽约也"（汪大渊《岛夷志略》）。南海诸国的商人也络绎来到中国。印度马八儿国宰相对元朝使臣说"本国船到泉州时，官司亦尝慰劳",便是一例。除了商人之外,这一时期南海诸国派来的使节往往就是商队,他们在建立政治联系的同时也从事贸易活动,有时使节本身就是商人。

由于政治、经济联系的加强,在元代有不少中国人移居南海各地。根据元代旅行家汪大渊《岛夷志略》的记载,龙牙门(今马六甲海峡入口处的林加群岛)、勾栏山(今印尼卡里马塔岛附近)等处都有中国人与当地居民"杂而居之"。13世纪末出使真腊的周达观也在《真腊风土记》中写到,他看见不少中国水手在当地安家落户。迁居到缅、暹等国的中国人也不在少数。元朝中叶暹国派来中国的一名使者,就是在当地落户的杭州人。这些移居到海外的中国人,与当地人民友好相处,为这些地区的开发做出了贡献。与此同时,南海诸国也有不少人来到中国居住。福建泉州出土了婆罗门教寺院的各种遗物,表明这里有不少印度半岛的居民,其中知名的有在元代移居泉州的原马八儿国宰相不阿里。

伊　朗

位于亚洲西南的伊朗有悠久的历史。早在汉代,就与我国有所交往。尽管在10至12世纪伊朗的政局动荡不安,但与中国的经济联系仍然相当密切。历史悠久的陆路交通因政治的动荡不定而受到很大影响,尽管仍有商旅往来,但总的来说趋于衰落。与之相反,海路交通则得到了很大的发展。从波斯的海港西拉甫(Siraf)和记施岛(Kish),经印度半岛和印尼群岛,到中国的广州和泉州,是当时十分活跃的一条海上交通线。不少波斯商人来中国贸易,有的就在泉州、广州安家落户。

12世纪上半期,蒙古西征,建立了伊利汗国。伊利汗国的创始者是拖雷之子旭烈兀。伊利汗国势力最盛时所控制的地区,除了波斯之外,还包括现在的阿塞拜疆、亚美尼亚、伊拉克等地。在伊利汗国王室和元朝王室之间,一直保持着密切的联系,使节往来不绝。泉州出土的一块墓碑记述了墓主人在大德三年(1299)"悬带金字海青牌面,奉使火鲁没思田地勾当,蒙哈赞大王特赐七宝货物,呈献朝廷,再蒙旌赏"。火鲁没思即伊朗的忽里模子(Hormuz,此地今译霍尔木兹)。泉州的这方墓碑,是两国密切交往的实物例证。

伊利汗国的建立,使得中国与波斯之间的陆道交通又开始繁荣起来。蒙哥汗时期,常德奉命出使旭烈兀处,回国后口述一路见闻,由刘郁整理成《西使记》一文,是关于当时陆路交通的珍贵记录。著名欧洲旅行家马可·波罗东来,就是经由伊利汗国,越过帕米尔高原,到达元朝境内的。但是,随着"西北诸王"起兵反抗忽必烈,战火连年不绝,自13世纪70年代以后,陆路交通又被阻断。14世纪初,都哇、察八儿等向元成宗求和,战争停止,陆路交通又得到一定的恢复。陆路交通时断时续的情况,使得波斯与中国之间的海道交通在这时得到很大发展。伊利汗国的主要海港此时已由西拉甫和记施移到上文提到的忽里模子(Hormuz)。元朝与伊利汗国交往的主要港口是泉州。至元二十七年(1290),在马可·波罗护送下嫁伊利汗国王室的蒙古女子阔阔真去伊利汗国,便是由泉州出海,到忽里模子上岸的。大德五年(1301),杨枢乘船航海到西洋,"遇亲王合赞所遣使臣那怀等如京师,遂载之来"。那怀等回国时,元朝政府派杨枢护送,于大德八年(1304)出发,因路途耽搁,历经三年才到忽里模子,又过了两年,杨枢返回中国,前后用了五年时间(黄溍《金华先生文集》卷三五《海运千户杨君墓志铭》）。杨枢到西洋显然是进行贸易活动的,那怀等使臣搭乘杨枢的舶船,说明当时中国商船在这条航线上十分活跃。

由于政治、经济联系的密切,双方科学文化的交流有很大的发展。中国瓷器大量出口到波斯,对当地的陶瓷制造工艺和装饰艺术都发生了很大的影响。这一时期波斯大量仿制中国瓷器,其装饰画有的也采用中国式的主题,如莲、凤凰等。表示立体感的皴法是中国绘画的一大特点,此时已为波斯绘画所采用;有的波斯织金锦缎也以莲和中国鸟兽做装饰图案。旭烈兀时,伊利汗国修建天文台,由天文学家纳速剌丁主持,他在编制《伊利汗历》时得到了被称为"先生"的中国天文学家的帮助。著名历史学家拉施德丁编著的《史集》,也曾得到中国学者的许多帮助,其中起作用最大的是元朝派遣来的使臣蒙古人孛罗丞相。拉施德丁还编写了有关中国医学的专门著作。中国的两项重要发明——印刷术和火药通过伊利汗国,传到了欧洲。

与此同时,波斯的科学文化也介绍到中国来。忽必烈时,波斯学者扎马剌丁进"万年历",并造七种"西域仪象"(《元史》卷四八《天文志》)。元朝政府建立回回司天台,以扎马剌丁为提点。元代我国天文学的进步,与波斯天文学的传入是有关系的。元朝政府还设有"专掌修制御用回回药物及和剂"的广惠司,后来又设有回回药物院,可见回回医学已传入中国而且有一定影响,在回回医学中既包含阿拉伯医学,也有波斯医学的成分。

非洲诸国

唐代,我国人民对非洲已有一定了解。到宋代,我国与东非、北非的许多国家和地区,已有相当密切的接触。

元代统一以后,我国与非洲的联系又有了进一步的发展。宋代与非洲的交通,主要通过海道;元代则在海道之外,以伊利汗国为桥梁,陆道的交通也发展了起来。阿拉伯地理学家说,元代中国使节曾到过埃及,向马木鲁克王朝的算端赠送过礼物。马可·波罗在他的游记中记载,忽必烈的使节曾到达马达加斯加岛。元代旅行家汪大渊到过层摇罗(即层拔,今桑给巴尔),在他的著作《岛夷志略》中做了叙述。另一方面,非洲人来到中国的也不断增多,其中最著名的是摩洛哥旅行家伊本·白图泰(Ibn Battuta),他在14世纪40年代由海上来到泉州,曾游览大都等地。他在中国期间还遇到过来自埃及和摩洛哥的商人。

在元代,从中国运往非洲的货物主要有瓷器、丝织品、金银、铜钱等。白图泰就提到中国瓷器远销至他的家乡摩洛哥。在埃及和肯尼亚、桑给巴尔、索马里等很多地方,都发现有大量的中国钱币,多是宋代制造的,还有许多中国宋、元时代的瓷器碎片出土。这些遗物是中、非之间频繁的经济交流的有力证据。由非洲输入中国的商品有香料、武器、药材、象牙等。埃及出产的刀剑在元代风行一时,元顺帝时,"米西儿"等地生产的刀、弓、锁子甲等被作为贡品进献,元朝文人还写有"唐人宝刀夸大食,如今利器称米息"的诗句(张宪《北庭宣元杰西番刀歌》)。上面提到的"米西儿""米息"都是"Misr"(阿拉伯语对埃及的称呼)一名的音译。诗句反映出,埃及出产的刀剑深受元人的喜爱。

这一时期,中、非的科学文化交流也相当频繁。中国的造纸和印刷术先后传入埃及和摩洛哥。火药也在13世纪传入埃及。中国瓷器的大量输入引起了埃及等地手工业者的仿造,有的达到了很高的水平。在另一方面,中国也在向非洲学习。马可·波罗在游记中提到,福建有个地方的居民原来不知制糖,只会煮浆,后来一个埃及人传授了用树灰炼糖的方法。此外,元代阿拉伯天文历算方面的许多成就也被介绍到中国来,在大都北司天台的藏书中就有埃及亚历山大城天文学家托勒密的著作集,中文译名叫作《麦里思的造司天仪式》(见《秘书监志》卷七《司属》)。

欧洲诸国

著名的丝绸之路,从汉代起,就把中国与欧洲连接了起来。到了13、14世纪,两者的联系进一步增强了。

13世纪三四十年代,拔都奉命西征,前锋远达东欧,使整个欧洲为之震动。为了探明蒙古人的真实情况、他们的目的和企图,教皇和欧洲各国的统治者陆续派遣使节,来到东方,普兰迦儿宾(John of Plano de Carpini)和卢布鲁克(William of Rubruck)就是最著名的两位。

普兰迦儿宾是1246年从法国里昂出发的,经过欧洲中部和东部,渡过顿河和伏尔加河,最后来到离和林不远的蒙古贵族举行忽里勒台大会的地方,见到了新即位的大汗贵由。他带来了教皇致蒙古大汗及其臣民的信件,携回蒙古汗的复书。1253年,法国国王路易九世派教士卢布鲁克等人来到东方,他们在伏尔加河畔见到拔都,又从那里出发到达和林以南的大汗驻营地,受到蒙哥汗的接见,并随蒙哥到和林。他也带回了大汗给国王的复信。迦儿宾和卢布鲁克回国后,都写下了旅行记。他们因为负有重要使命,所以沿途注意观察,报道比较翔实,具有较高的价值。他们谈到了蒙古的历史、社会组织、风俗习惯,也记录了所经过地区的见闻。他们都谈到汉族聚居的中原和江南地区的情况,指出那里出产丝,品质之佳,为世界之冠,"工艺之精,世无其匹"。他们也讲到中医治病和汉字的特点。这些报道对于欧洲人民了解中国的情况,起了一定作用。

在成吉思汗和拔都、旭烈兀相继西征之后,东、西方的交通和贸易又逐渐繁荣起来。从欧洲来到东方的商队先后相继,接连不断。著名的欧洲旅行家马可·波罗(Marco Polo)就是这时到中国来的。马可·波罗是意大利海港城市威尼斯人,父亲尼古剌·波罗和叔父玛窦·波罗都以经商为生。1226年,尼古剌和玛窦来到东方,并在1266年左右见到忽必烈,带了忽必烈给教皇的书信回到欧洲。他们第二次到中国复命时,带了马可·波罗同行,经过长途跋涉,于1275年抵达上都。此后马可·波罗在元朝政府中任职,他的足迹曾遍历中国各地,可能还到过亚

马可·波罗像

洲的一些国家。他在中国住了十七年,1291年离开中国,由海道到忽里模子,经君士坦丁堡,回到家乡威尼斯。后来他因参加城邦之间的战争,被另一城市热那亚俘虏。在监狱中他口述自己的见闻,由旁人记录,这就是闻名世界的《马可·波罗行纪》。

《马可·波罗行纪》共分四卷,分别记述了他在东方各地的见闻,其中以中国部分最为详尽。他对忽必烈时期的一些重大政治事件,如乃颜之乱、王著杀阿合马、李璮起兵等等,都有清楚的记载。对汗八里(汗之城,即大都)、行在(杭州,这是沿袭宋代的称呼)以及其他许多城市的情况,做了细致的描写。关于元朝的政治、经济制度以及各地的风俗习惯、宗教信仰、物产等等,也都有很好的叙述。对于南海诸国和伊利、钦察、察合台等几个汗国的历史和状况,他也根据亲身经历或传闻,做了一定的介绍。

《马可·波罗行纪》的内容广泛,记载翔实,对于历史和地理的研究,具有重要价值。这部著作对于后来欧洲人寻找新大陆,产生过一定影响。更重要的是,它是这一时期中国与欧洲友好联系的生动记录。长期以来,马可·波罗这个名字,已经成为欧洲和中国之间友谊的象征。这部书已被翻译成世界各种主要文字。

在马可·波罗以后,陆续有不少欧洲人到中国来,主要是教士、商人等。当时大都建有基督教教堂。近百年来,泉州、扬州等地有不少属于元代的拉丁文墓碑出土,说明这些地方曾是欧洲人居留的场所。

这一时期我国也有人去欧洲。13世纪下半期,有两个畏兀儿人景教徒,前往伊利汗国。其中一人名叫扫马,曾奉伊利汗国阿鲁浑汗之命,出使欧洲,到过巴黎、罗马、日内瓦等地。后来还有人为他们两人写了传记。

分说

尊孔与衍圣公家族的命运

自汉朝起,中国历代王朝都尊崇儒家。儒家创始人孔子被冠以种种头衔,他的嫡系子孙也得到优遇,享有特权。唐玄宗时,封孔子三十五代孙为文宣公。北宋至和二年(1055),有人指出"文宣"是孔子的谥号,不宜作为后裔的封号,于是改封衍圣公。自此以后,历代相沿未改,一直行用了八百多年。

在金代,衍圣公的地位不断上升。金朝统治者对衍圣公的待遇超过了前代,也超过了当时对峙的南宋。这说明他们充分意识到了儒学对于巩固统治的作用。金哀宗天兴元年(1232)正月,蒙古军包围汴京,金朝处于风雨飘摇之中。避难的衍圣公孔元措出城投降,蒙古政权要他回曲阜"奉祀",并于第二年(1233)六月命他"袭封衍圣公"。此时金朝尚未灭亡,而"圣者之后"已经接受了新朝的封号。朝代变了,衍圣公的地位并没有受到影响。

孔元措在蒙古政权和地方军阀庇护下,袭封衍圣公十余年,直至蒙哥汗元年(1251)因病去世。此后,曲阜孔子后裔围绕着衍圣公的爵位,发生矛盾冲突,以致出现数十年爵位空缺无人承袭的情况。衍圣公长期空缺,一直持续到元世祖忽必烈去世(1294)。当时佛、道等教派的领袖人物,也都受到元朝政府的种种优遇,每当一位领袖人物死去,其继任人(或由死者生前指定,或由该教派上层人物推举)总是很快得到政府的承认,享有正式的头衔,没有出现长期空缺的现象。用元朝大臣王恽的话来说,忽必烈对"三教九流,莫不尊奉"。唯有作为儒家象征的衍圣公,却成了例外。

衍圣公爵位长期无人承袭并非孤立的现象。曲阜孔家在忽必烈统治时期总的来说是遭到冷落的。在即位以后,忽必烈从未召见过任何一位"圣裔"。忽必烈的宠臣阿合马还以"孔夫子的子孙多有,只教他每自看着"为理由,将前代赐予孔府的一百户洒扫户都拨做军、站、民户,承担国家的赋税差役。当时有人感慨地说:"林庙户百家,岁赋钞不过六百贯,仅比一六品官终年俸耳。圣朝疆宇万里,财赋岁亿万计,岂爱一六品官俸,不以待孔子哉!且于府库所益无多,其损国体甚大。"这番牢骚引起了不少人的共鸣,但并没有使事情发生任何变化。"可怜杏老空坛上,惟有寒鸦噪夕阳。"孔府和孔庙是一片萧瑟的景象。

忽必烈对孔府的态度与他对儒学的认识有关。他采用"汉法",推行改革,实现了全国的统一,加强了中央集权,这是众所周知的。但是,忽必烈真正赏识并加以重用的汉族士大夫,主要是刘秉忠、王文统一类"尚霸术,要近利"的人物。对于只知讲道德性命、圣贤之道的儒生,他虽然也加以收留,给予一定荣誉,但一般都安插在闲散的位置上,并不重视。在他统治期间,不少人提议行科举,他始终置之不理,这和对儒生的轻视态度是分不开的。讲求圣贤之道的儒生得不到重视,作为"圣人后裔"、儒教象征的衍圣公,自然遭到冷落了。当然,"圣裔"们内部为了争夺爵位争吵不休,把家丑公开化,给忽必烈留下了很坏的印象,也是一个重要的原因。总体来看,元朝统治者采用"汉法"

孔子讲学图

与重用儒生、尊奉孔孟之道并不能完全等同起来。

1294年,忽必烈死,其孙铁穆耳嗣位,是为元成宗。他在某些方面采取了不同于忽必烈的政策,其中之一便是尊孔。在即位之初,他就"诏中外崇奉孔子"。诏书中说:"孔子之道,垂宪万世,有国家者,所当尊奉。"大德十一年(1307),铁穆耳死,武宗海山继位。他在尊孔方面更为积极,加封孔子为"大成至圣文宣王"。这个头衔以后一直沿用,用鲁迅的话来说,这是一个"阔得可怕的头衔"。为什么要加上"大成"二字呢?原来,"世尝知尊孔子矣,而皆未至也";"大成之号,其所以致褒称之隆,蔑以尚矣"。也就是说,加号"大成",是为了表示元朝皇帝尊孔最为虔诚,超过以往任何一个朝代。在加封的诏书中还说:"盖闻先孔子而圣者非孔子无以明,后孔子而圣者非孔子无以法。所谓祖述尧舜,宪章文武,仪范百王,师表万世者也。""父子之亲,君臣之义,永维圣道之尊。天地之大,日月之明,奚罄名言之妙。"诏书最后说:"尚资神化,祚我皇元。"尊孔的目的,说到底,就是为了巩固元朝的统治。这一点从上述诏书中可以看得很清楚。至大二年(1309),元武宗又下令将在全国学校加号诏旨立碑,用丞相三宝奴的话来说:"交立碑石呵,今后学本事的人,肯用心也者。"后来的元朝皇帝,还对孔子的父母、妻子以及弟子等,加赠种种称号。

当元成宗尊孔的诏书下达后,济宁路达鲁花赤按檀不华闻风而动,集资修庙。自大德二年(1298)起,到五年止,"殿蠹重檐,亢以层基,缭以修廊。大成有门,七十二贤有庑,泗、沂二公有位。黼座既迁,更塑郓国像于后寝。缔构坚贞,规模庄丽。大小以楹计者百二十有六"。到元顺帝元统二年(1334),又一次大规模修葺,工程共进行了两年多时间,"门垣缭庑,重门层观,丹碧黝垩,制侔王居"。元朝政府还赐给田地作为庙产,恢复孔庙的洒扫户。大德五年(1301)孔庙大殿落成后,元成宗"赐田五千亩,以供粢盛,复户二十八,以应洒扫"。顺帝元统元年(1333),又将没收罪人的"田八顷八十九亩,屋二十有七间,家奴若干人",赐给曲阜孔庙。"没入产俾孔氏袭封世业之。其家奴婢俾籍于有司,居所没入居,田所没入田,世服役孔氏为洒扫户而输其租。"

既然尊孔,孔子的后裔当然要优待。元成宗下诏尊奉孔子的次年,即元贞元年(1295),召孔治入朝,命他袭封衍圣公,阶中议大夫(正四品)。"孔子世爵,弗传者久,至是乃复。"由孔元措死(1251)算起,到孔治袭爵止,衍圣公爵位空缺了四十余年。孔治袭爵后,"独领虚名未沾实禄",到大德四年(1300),翰林学士阎复上书请求"照依随朝正四品例,每月帮支俸钞,俾之有爵有禄,以奉祭祀"。从此开始,衍圣公才有了正式的俸禄,"月俸百千"。元仁宗延祐二年(1315)后,衍圣公月俸增至五百贯(五百千,相当于钞十锭)。泰定三年(1326),山东廉访副使王鹏南上言:"袭爵上公,而阶止四品,于格弗称,且失尊崇意。"于是在泰定四年(1327)升衍圣公阶嘉议大夫(正三品)。到元顺帝至正六年(1346),又高升了一步,"制授中奉大夫"(从二品),衍圣公印章也由铜制改为银制了。品阶一迁再迁,表明元朝政府对衍圣公愈来愈重视。

衍圣公之外,孔子的其他子孙也得到优遇。曲阜县尹一职仍在孔子族人中选充,但不再由衍圣公兼任,"世封其大宗为衍圣公以奉祀事,世任其小宗为曲阜尹,以治其地"。元朝政府还从孔子后裔中选择学校教官,"凡孔氏后,得从其族长推举,移衍圣公府,送所隶类选注学校官,出身视庶族优一等"。有的"蠢然无学,既充路教,甫历初阶,即升八品"。

至正二十七年(1367),朱元璋统一南方,遣军北伐。明军很快便攻取了山东。十二月,衍圣公孔克坚派遣孔希学"率曲阜县尹孔希章、邹县主簿孟思谅等,迎见[明军将领张]兴祖于军门"。自己却称疾不出,意存观望。明军将孔希学送到南京,朱元璋亲自接见,慰劳有加,同时对孔克坚称病不来表示不满,专门派人"以敕往谕之曰:'朕闻尔祖孔子垂教于世,扶植纲常,子孙非常人等也。……[朕]虽起自布衣,实承古先帝王之统。……天命所在,人孰违之。闻尔抱风疾,果然否,若无疾而称疾则不可。谕至思之。'"朱元璋一面表示对孔子的尊敬、对圣裔的优待,另一方面表示自己是正统所在,警告孔克坚必须端正态度。果然,敕书一到,孔克坚立即就入朝了。朱元璋马上召见,对他说:"你祖宗留下三纲五常,垂宪万世的好法度。你家里不读书,是不守你祖宗的法度,如何中?"朱元璋封孔希学为衍圣公,阶为二品。赐予孔克坚房屋、马匹,但不任职,用朱元璋的话来说:"以其先圣之后,特优礼之,故养之以禄而不任之事也。"朝代又一次变化,衍圣公的地位却更加显赫了。

衍圣公的政治地位在元代有很大的提高。宋制,衍圣公阶八品,而到元末,已升至二品。由此可见,由蒙古统治者建立的元朝,在尊孔崇儒方面,超过了前代。但应指出的是,元代衍圣公地位的变化,是在元中期以后发生的。蒙古统治者最初以弓马之利得天下,虽然受一些汉人谋士的影响,也采取一些尊孔崇儒的措施,以资号召,但实际上是不甚重视的。只有经过一段相当长时间的实践以后,他们才真正认识到尊孔崇儒对于巩固统治的作用,从而大力加强这方面的工作。

理学地位的确立

与衍圣公家族的命运相似,理学在蒙元时代也经历了一个不断提升的过程,逐渐成为国家的统治学说,并对后世产生了极为深远的影响。

理学创始于北宋。它的奠基人是程颢、程颐兄弟。到了南宋时期,朱熹继承了二程的理论,加以发挥,构成了一个庞杂的客观唯心主义体系,又称"朱学"。陆九渊是当时理学另一流派的代表人物,宣扬主观唯心主义,他的思想体系被称为"陆学"或"心学"。在南宋中期,朱熹和陆九渊是思想界两个最活跃和最有影响的人物。他们都是唯心主义者,但两人的思想体系和方法论皆有区别。他们聚徒讲学,互相诘难。"一时学士大夫雷动云从,如在洙泗,天下并称之曰:朱陆。"朱学和陆学,在当时都是显学。进入南宋后期,由于统治者的重视,朱学的地位日益提高,陆学逐渐衰落。"晦庵(朱熹)殁,其徒大盛,其学大明,士大

朱熹像

夫皆宗其说。……而象山(陆九渊)之学反郁而不彰。"

当时中国的北方地区在金朝的统治之下,理学趋于衰落。到了金朝后期,儒生讲究的是词章歌赋,几乎没有人知道理学了。

金朝灭亡后,蒙古政权与南宋对峙。窝阔台汗七年(1235),由蒙古贵族阔出率领的一支军队,南下掠取汉水流域各地。当攻克德安时,由于当地居民曾进行抵抗,蒙古军对全城居民大肆杀戮,但是"凡儒服挂俘笈者,皆出之"。从刀下逃得性命的儒生中,有一个名叫赵复,他全家都遭杀害,只有本人因为精通程、朱理学,被俘后立刻受到随军官员杨惟中、姚枢等人的重视,请他到燕京(今北京)开办太极书院。赵复在书院中讲授"程、朱二氏性理之书","学徒从者百人"。后来,他被公认为元代北方理学的开山祖师。

另一个在思想上影响不及赵复，但在政治舞台上颇有地位的理学家窦默，也有类似的遭遇。他原是金朝的儒生，蒙古攻金时，到处流亡，最后逃到南宋的德安地区，在那里接触到程、朱理学。在阔出率军南下时，他也当了俘虏。但因是儒生，和赵复同样受到优待，回到北方讲学。后来，受到忽必烈赏识，官至少傅。元代北方理学名家许衡和姚枢，便受到窦默和赵复的影响。

同时被俘的还有一个儒生，名叫砚坚。他的遭遇不如以上二人，来到北方后，"周流河朔，不获宁居"。后来，蒙古政权考试儒士，他中选了，于是身价骤高，"耑以授徒为业"。不久，又被擢为本郡儒学教授，一直当上国子司业。元代北方著名理学家刘因、滕安上等，都出于他的门下。

知晓程、朱性理之学，"则虽被俘虏，犹能为人师"，居于一切别的俘虏之上。

进据中原的蒙古贵族，迫切需要控制人民的精神工具，用以巩固其统治。起初，他们特别热衷于利用各种宗教，儒学被放置在一个次要的地位上。但是，逐步增长的统治经验，使一部分蒙古贵族日益认识到孔孟之道的重要作用。13世纪中叶，忽必烈受命管理"漠南汉地"之后，就大事招徕有名望的汉族地主士大夫，其中包括理学家们。窦默首先应聘，见面之后，大讲三纲五常，忽必烈十分赞赏，认为"人道之端，无大于此。否则，不名为人，且无以立于世矣"！于是，不仅窦默本人得到重用，其他理学家如许衡、姚枢，也得以相继入仕，先后成了忽必烈的亲信幕僚。

在元灭南宋过程中，南宋朝廷中的那些理学家们，不是束手无策，坐以待毙；就是抢先迎降，争当新朝的顺民，博取一官半职。"学问议论，一尊朱子，崇正辟邪，不遗余力"的理学家方回，便是一个很典型的例子。元军南下时，方回正任严州知州。

"回倡死封疆之说甚壮。及北军至,忽不知其所在。人皆以为必践初言死矣,遍寻访之不获。乃迎降于三十里外,鞑帽毡裘,跨马而还,有自得之色。郡人无不唾之。"

元朝统一以后,南、北理学合流,更壮大了理学的声势。但是,元朝统治者在对待理学家的态度方面,和南宋后期的统治者是有所不同的。南宋后期的统治者,如理宗,推崇理学,以为理学家有"治国平天下"的本领,用他们管理政治,管理经济,结果是愈搞愈糟,"万事不理,丧身亡国",民间传以为笑谈。忽必烈在政治、经济方面,很少让理学家插手,主要是任用他们去控制思想文化部门,加强意识形态领域中的影响力。许衡便是这方面的代表性人物。他长期担任国子祭酒,在国学中招集各族贵族、官僚的子弟,用程、朱理学作为基本教材,加以培养。他还曾向忽必烈提出建议,要求从京师到地方举办各级学校。他认为,教育的目的是"明父子、君臣之大伦",只要办学十年,"上知所以御下,下知所以事上,上和下睦,又非今日比矣"。可见他很自觉地意识到教育对于巩固国家统治秩序的作用。正因为如此,许衡博得了元朝统治者的欢心,死后被尊为"继往开来"的"圣人"。

"儒者可尚,以能维持三纲五常之道也。"元仁宗这句话,确实道出了元朝统治者尊崇理学的原因。不少理学家受到征聘,高官厚禄,平步青云。"布衣之受特知、蒙特恩如此",不仅其本人感激,而且诱使更多的儒生趋之若鹜,以理学为升官发财的终南捷径。许多理学著作,都由政府明令雕版发行。为了确认理学是儒学的正统,元朝政府还专门以宋代理学家二程、朱熹等九人,加上许衡,"从祀"孔庙。理学成为学校的必修课程和科举考试的内容,并用法律形式加以严格规定,从而确立了理学在思想文化领域中的绝对统治地位。

在金、宋统治下,南北各地学校的课本很不一致。有的讲《四书》《五经》,有的学《太公家教》《蒙求》等。一直到元初,仍是如此。农村中的村学,主要用《随身宝》《衣服杂字》等作为课本,适合群众日常生活的需要。教学内容的混乱,当然不能适应地主阶级在意识形态领域中加强统治的要求。于是,至元十年(1273),元朝政府下令,禁止讲授《随身宝》《衣服杂字》等,"今后止许遵守已降条画,训以圣经,教其句读、音义"。至元二十三年(1286),又规定:农村中每社(五十户为一社)设立学校一所,学生入学后,"先读《孝经》《小学》,次及《大学》《论[语]》《孟[子]》、经、史"。《小学》是朱熹编纂的一本理学著作,其他几种书籍都是理学家们加意推崇的"圣经"。通过教学课程的强制改革,元朝政府加强了对全国人民思想的控制,进一步扩大了理学的影响。

科举制度在元代前期并没有举行。元仁宗时才正式恢复科举考试,规定专试经学,不用词赋,以程、朱注解的《四书》《五经》为主。考试的办法实际上完全以朱熹的《贡举私议》为蓝本。许衡的儿子许师敬在制定这套办法时起了重要的作用。

经过元朝政府大力提倡和以法令形式强制推行后,"海内之士,非程、朱之书不读"。任何稍微不同于程、朱理学的观点,就被视为异端,要受到打击和排斥。程、朱理学北传之初,还有人敢于著书立说,表示不同的意见。到了元代中期,有人不过想将朱熹的《四书集注》稍加发挥,"增多至若干言"。就这样还遭到正统理学家的攻击,因为在他们看来,朱熹"关于天命之微,人心之奥,可谓极深研几,发其旨趣而无所遗矣",不允许有任何变动。理学简直成了神圣不可侵犯的宗教信条。个别胆敢冒大不题"非考亭（朱熹——引者）之学"的作品，一出现就被当作"邪说"毁掉。正是在国家政权的保护下，利用种种暴力的和非暴力的手段，程、朱理学得以在思想文化领域中占有绝对的统治地位。

元代有人说："孔子之教，非帝王之政不能及远；帝王之政，非孔子之教不能善俗。教不能及远，无损于道；政不能善俗，必危其国。"这段话在一定程度上道出了孔孟之道与国家政权之间的互相依存关系。只有依靠国家的大力支持，孔孟之道才能扩大其影响，在思想文化领域保持其统治地位；反过来，孔孟之道在思想上对人民的"教化之功"，又是政权得以巩固其统治的必要条件。理学与元朝政权之间的关系，就是如此。

朱学与陆学

元代理学，派系林立。从大的方面来说，有朱熹一派理学，有陆九渊一派心学，此外还有一些调和朱、陆两派的理学派别。

朱、陆两派的徒子徒孙，在元代"各立门户若仇雠"。朱熹门下对陆学大肆攻击，而陆氏徒众亦"直斥程、朱之说为非"。但是，朱学由于得到统治者的提倡，而日益兴盛；陆学则趋于衰微，"其学几绝"。到了元代，陆学更加消沉，在思想界虽有一定的影响，但传承若断若续。有元一代，除了李存、张翥稍为知名外，陆学简直没有出现什么有影响的人物。浙东庆元便是很好的例子。这个地区在"宋季皆尊尚陆九渊氏之学，而朱熹氏学不行"；"士生其乡知陆氏而已"。但到元代，当地儒生"于朱子之书莫不家传人诵之"，还出现了程端学、程端礼等理学名家。朱学完全压倒了陆学。

朱学内部又有许多派别。北方最著名的理学家是许衡和刘因,两家各立门户,互不相下。南方理学以浙东和徽州二地为最盛。徽州是朱熹的老家,理学在这一带有很大的势力。元代徽州出了不少理学名家,如休宁陈栎、婺源胡一桂、新安赵访等。浙东绍兴、庆元、处州等地都有一些理学名家,但影响最大的是婺州(今浙江金华)学派。婺州学派开端于何基、王柏,被认为是朱熹的嫡派。到金履祥、许谦师徒时,俨然成了南方朱学的中心,"是以近世言理学者婺为最盛"。

尽管元代理学风靡一时,派别众多,互争雄长,但在程、朱理论之外,都没有重大的创造。被捧为继承"道统"的许衡,便是一个很有代表性的例子。他所留下的一些作品,如《直说大学要略》《小学大义》《论生来所禀》等篇,不是重复"格物致知"的唯心主义认识论,就是阐发"人之赋命于天,莫不各有当然之别",鼓吹宿命论和人性论;或是强调一个"敬"字,实即宣扬宗教禁欲主义。如此等等。翻来覆去都是朱熹等人不知讲过多少遍的旧说。清代有人说他的著作"皆课蒙之书,词求通俗,无所发明",确是符合实际的评语。南方理学家们在著作的数量方面大大超过了北方的同行,但在理论上实在高明不了多少。婺州学派的嫡传心法是所谓"理一分殊",并自夸这是理学"异于异端"的一个根本标志。其实,程、朱的"理一分殊"说本来取自佛教哲学命题"一多相摄"而成,尽管以排斥"异端"自诩,实际上理学与"异端"(佛、道)有着血肉相连的密切关系。婺州学派竭力鼓吹"理一分殊",既说明了他们和其先辈一样,是主张"理在气先"的唯心主义者,又说明他们只会对前人亦步亦趋,缺乏新见卓识。

理学家们在理论建树上乏善可陈,而他们对其他学说则进行抨击和压制。在理学家看来,只有理学才直接继承了孔孟的"道统",其他都在排斥之列。以许衡作为例子,他公然声称:"《小学》《四书》吾敬信如神明……他书虽不治可也。"他不仅替理学的经典涂上一层神圣的油彩,而且还将其他书籍都置于"不治"之列,其蛮横武断可以说达到惊人的地步。在这种思想指导下,上面提到的对非议朱熹的作品严加取缔的办法,就很自然了。

理学家在聚徒讲学、传播学说方面做了大量工作。元代兴建书院之风盛极一时,原因就在于此。不过,他们对待元朝政府的态度有一些差别。当时流行一个著名的故事,说:"鲁斋先生衡,中统元年(1260),应召赴都日,道谒文靖公静修刘先生因。谓曰:'公一聘而起,毋乃太速乎?'曰:'不如此,则道不行。'至元二十年(1283),征刘先生至,以为赞善大夫。未几,辞去。又召为集贤学士,复以疾辞。或问之,曰:'不如此,则道不尊。'"这个故事的具体情节并不可信,但许衡"一聘而起"和刘因"以疾辞"都是事实。"一聘而起",说明做官之心,急不可待;"以疾辞",不过是抬高身价,等待时机。需要注意的是,理学家对政府的态度尽管有所不同,但从本质上没有根本的区别。刘因在推辞征召的答书中,对元朝政府"知遇之恩","养育生成之德",是相当感激的。吟诵"幸逢尧舜为真主,且放巢由作外臣"的吴澄,当"真主"聘书再至时,也就起赴京师了。

在主张"中庸""持敬"的理学家中间,也会有矛盾,有论争。刘因就曾写文章攻击许衡,批评他"以孔孟之时义、程朱之名理自居不疑",实际则是"以一身之利害而节量天下之休戚","以术欺世而以术自免也"!刘、许两个北方理学"大师"之争,在当时已成为人们议论的话题,到后代更被看成思想史上的一大公案。又如,国学这个重要教学机构,一直被许衡门徒所把持,不许他人染指。元朝中叶,吴澄一度被任为国学司业,但没有多久,就被许衡的徒子徒孙们以"不合于许氏之学,不得为国子师"为理由,排挤了出去。

当时有人对理学家有这样的评论:"是皆假美名以深护其短,外以聋瞽天下之耳目,内以蛊惑学者之心思。"话虽显尖刻,倒揭示了一些真实情形。

朱陆之学的调和

元代,朱学占有统治地位,陆学衰微,但仍有一定影响。公开声言信奉陆学者固然为数不多,但还有不少人对朱、陆两家抱调和折中的态度。在这方面比较突出的,有吴澄、郑玉等。

吴澄(1249—1333),江西临川人。他是元代学问最渊博的一个理学家,在元代思想界有很高的地位,"皇元受命,天降真传,北有许衡,南有吴澄"。许、吴齐名,被认为是元代两位理学大师,实际上许衡学问浅薄,不能和吴澄相比。吴澄是饶鲁的再传弟子,而饶鲁则是朱熹门人黄幹的学生,从传授来说,他是朱学的正统;事实上,他也的确"以绍朱子之统"自任。但他和朱学的一般信徒不一样,对于陆学不是加以排斥而是采取肯定的态度。他说:"先生(指陆九渊——引者)之道如青天白日,先生之语如震雷惊霆,虽百数十年之后有如亲见亲闻也。"可见倾倒的程度。他还为陆九渊及陆门弟子傅梦泉的语录作序,对"陆先生之学"大加赞扬。他甚至把陆九渊与朱熹、二程相提并论,说:"论之平而当足以定千载是非之真者,其唯二程、朱、陆四子之言乎!"吴澄一度任教当时的最高学府国子监,在监中"尝为学者言:朱子道问学工夫多,陆子静(陆九渊——引者)却以尊德性为主。问学不本于德性,则其弊偏于言语训释之末,果如陆子静所言矣。今学者当以尊德性为本,庶几得之"。元代的国子监创办自许衡,"继之者多其门人",一直是朱学的天下。吴澄居然敢在国子监中提倡以陆学来补朱学的不足,立刻招致非议,"议者遂以先生为陆学,非许氏尊信朱子之义"。吴澄遭到攻击,不安其位,只好自动告退。众所周知,"道问学"和"尊德性",是朱、陆二人在认识论方面的主要分歧,吴澄则企图将二者调和起来。吴澄的友人刘岳申曾说过:"先生出乎二氏之后,约其同而归于一,所谓尊德性而道问学者,盖兼之矣。"这种态度在一些朱学的忠实信徒看来,便是对陆学的一种偏袒。

明代王守仁重振陆学,为了扬陆抑朱,他摘取朱熹一些肯定陆学的言论,编成《朱氏晚年定论》一篇,用以论证朱氏"晚岁固已大悟旧说之非"。在此篇之末,专门"取草庐(吴澄之号——引者)一说附于后",以印证其说。王守仁主张:"道问学即所以尊德性也。"从这些地方都可以看出吴澄对王守仁有一定的影响。

郑玉(1298—1357),徽州歙县人,离朱熹的家乡较近。徽州在元代是南方理学的一个中心。郑玉是元代后期徽州地区最有声望的理学家之一。他年轻时由于父亲在淳安做官,因而"得游淳安诸先生间,吴暾先生则所师也,洪震老先生、夏溥先生则所事而资之也,洪赜先生则所友也"。郑玉的这些师友都是陆学的信徒,因而他的思想受到陆学的影响。后来"侍亲归新安(徽州——引者),益读朱子之书,求朱子之道",成了朱学的忠实信徒,认为朱熹"号集大成,功与孔孟同矣"。但他对陆学仍采取尊重的态度,反对两家互相攻击:

又近时学者，未知本领所在，先立异同，学朱子则肆毁象山，党陆氏则非议朱子。此等皆是学术风俗之坏，殊非好气象也。某尝谓陆子静高明不及明道（程颢——引者），缜密不及晦庵（朱熹——引者），然其简易光明之说，亦未始为无见之言也……是学者自当学朱子之学，然亦不必谤象山也。

他还就朱、陆两家的共同点和优缺点发表了如下的意见：

方二先生相望而起也，以倡明道学为己任。陆氏之称朱氏曰江东之学，朱氏之称陆氏曰江西之学。两家学者各尊所闻，各行所知，今二百余年卒未能有同之者。以予观之，陆子之质高明，故好简易；朱子之质笃实，故好邃密，各因其质之所近为学，故所入之途有不同尔。及其至也，三纲五常、仁义道德岂有不同者哉！况同是尧、舜，同非桀、纣，同尊周、孔，同排释、老，同以天理为公，同以人欲为私，大本达道，无有不同者乎。……陆氏之学，其流弊也如释氏之谈空说妙，至于卤莽灭裂，而不能尽夫致知之功。朱氏之学其流弊也，如俗儒之寻行数墨，至于颓惰委靡而无以收其力行之效。然岂二先生立言垂教之罪哉，盖后之学者之流弊云尔。

郑玉指出陆、朱两家都是旨在维护三纲五常，都主张存天理灭人欲，从根本上说是没有什么区别的。两家学说各有长处，各有流弊，不应采取"不求其所同，惟求其所以异"的办法。换句话说，他是主张在二家之间求同存异的。郑玉的调和态度在这里表现得很明显。因此,清代学者全祖望说:"继草庐而和会朱、陆之学者,郑师山(郑玉号师山先生——引者)也。"他认为,二人的倾向有所区别,吴澄多右陆,"而师山则右朱"。也就是说,郑玉学说中朱学的成分更多一些。

除了吴澄、郑玉之外,虞集、赵汸等人也都在一定程度上对朱、陆二家采取调和折中的态度。虞集是元代中期最享盛名的文学家,他说:"陆先生之兴,与子朱子相望于一时,盖天运也。其于圣人之道,互有发明。"赵汸是元末徽州重要理学家之一,他"生朱子之乡,而又有得于陆子之学",他认为朱、陆之间有许多相同之处,"使其合并于暮岁,则其微言精义,必有契焉"。吴澄、郑玉、虞集、赵汸等人在元代思想文化界有很高的地位,他们的态度说明陆学在元代还有相当大的影响。

总的来说,元代朱学并没有出现学术上有较高成就的人物,大都只是对程、朱之说亦步亦趋而已,陆学也是一样,而一些真正有成就的思想文化界代表人物则往往对朱学和陆学两者采取兼容并蓄的态度。因此,我们可以说,在有元一代思想领域中,真正比较值得注意的不是朱学,也不是陆学,而是朱、陆混合的潮流。

元代佛教与元代社会

在古代中国流行过多种宗教,其中佛教影响最大。到了元代,佛教受到政府的特别尊崇,对社会生活的各个方面产生了很大的影响。从政治、经济等方面谈谈元代佛教的情况,对于我们认识那段历史的真实面貌是很有裨益的。

佛教与统治阶层

13世纪初期,蒙古崛起于北方草原。当时,它刚跨入阶级社会的门槛。在宗教信仰方面,主要保存了原始的信奉万物有灵的萨满教,但也有少数部落开始信奉景教。

成吉思汗及其后裔连年发动战争,统治了极其广大的地区。分别受封并管辖一定领地的蒙古贵族们,逐渐适应了各自所在地区的经济状况,在不同程度上采取了当地原有的统治方式和剥削方式。与之相适应,他们还纷纷改信当地流行的宗教,扶植各种宗教团体,用以巩固自己的统治。在蒙古大汗的宫廷里,既有萨满教的神巫,也有佛教、伊斯兰教和基督教的僧侣。这种对各种宗教兼容并包的政策,是适应对各种宗教信仰的广大居民进行统治的需要。

魏、晋以来,佛教在中原和江南地区,势力日盛。唐代以降,佛教分为禅、教二大流派,禅指禅宗,教指禅宗以外的其他宗派,主要有天台宗、华严(贤首)宗、慈恩(法相)宗、律(南山)宗、密宗等。佛教是从印度传入的,印度佛教宗派林立,各有经典传入中国,也就产生了许多宗派。禅宗则是完全中国化的佛教宗派,标榜自己是佛祖于教外别传的,不立文字,以心传心,和其他宗派以一定经典为据有所不同。这样便形成了禅、教之分,互争雄长。禅宗内部也有不少派系,一般分为五支,即临济、曹洞、沩仰、云门、法眼。金朝统治地区,盛行禅宗中的临济宗和曹洞宗,金朝末年,曹洞宗的万松,出入宫廷,受统治者尊奉,声势显赫一时。在南宋统治地区,禅宗也占有明显的优势。"宋南渡之初,东南禅门之盛,冠绝于一时。"其中势力最大的,也要数临济宗。

1211年,成吉思汗发动对金朝的战争。进入中原以后,他开始接触佛教,临济宗僧侣海云和他的师父中观大概是最早和成吉思汗发生联系的僧人。这位草原游牧民族的领袖,不仅善于弯弓射雕,而且富有政治经验,他立即意识到佛教是可以利用的工具,专门颁布命令,称中观和海云为大、小长老,"好与衣粮养活着,教做头儿,多收拾那般人,在意告天。不拣阿谁休欺负,交达里罕(蒙古语'自由自在'之意——引者)行者"。成吉思汗之后的蒙古诸汗,都对佛教大加尊崇:"太祖则明诏首班,弘护兹道。太宗则试经、造寺、雕补藏经。谷与(即元定宗贵由——引者)则令僧扈从,恒诵佛经。蒙哥皇帝则供僧书经,高营宝塔。"忽必烈建立元朝后,"大弘密乘,尊隆三宝"。此后的元朝诸帝,更是一个比一个狂热:"累朝皇帝,先受佛戒九次,方正大宝。"许多佛寺都得到皇帝的诏书,"作大护持"。不少上层僧侣享有各种封号、官爵。以统治者做佛事而言,至元三十年(1293)共一百零二次,到大德七年(1303)达五百余次。"一事所需,金银钞币,不可数计,岁用钞数千万锭。"以建寺而言,元朝每个皇帝即位后,都要营建新寺:"世祖建大宣文弘教寺,赐永业,当时已号虚费;而成宗复构天寿永宁寺,较之世祖,用增倍半。若武宗之崇恩福元、仁宗之承华普庆,租权所入,益又甚焉。英宗凿山开寺,损兵折农,而卒无益。"建寺、做佛事和对寺院、僧侣的赏赐,成了元朝财政的一项巨额开支,当时有的官员估计:"国家经费,三分为率,僧居二焉。"不仅如此,僧、尼还享有免税免役的特权,尽管元朝政府中有些人为了整个统治集团的利益,不止一次地提出并实施了对僧、尼以及其他一些人户征税派役的办法,但是每次都没有维持很久就遭到另一些人反对而取消。无怪当时有人说:"盖佛之说行乎中国,而尊崇护卫,莫盛于本朝。"

佛教在元代的势力,还可以从它和其他宗教的关系看出来。金、元之际,北方全真道盛极一时。全真道的首领丘处机曾应成吉思汗之召,远赴中亚觐见,备受恩宠。全真道的道宇院舍也都得到护持诏书。成吉思汗重视全真道,下面的贵族官僚当然也就大加尊奉。佛、道两家都以蒙古统治者和贵族官僚做后台,献媚争宠,互相排挤倾轧,甚至抢占对方的庙宇财产,聚众斗殴。由于双方斗争日益激烈,蒙古统治者亲自出面处理。宪宗五年(1255)蒙哥汗召集佛、道两派代表人物,在漠北和林举行第一次辩论。宪宗六年,在和林举行第二次辩论,道教领袖"怯不敢去",未能进行。宪宗七年(1257),蒙哥委托忽必烈在开平召开第三次辩论会,到会有僧三百余人,道二百余人,还有儒生二百余人。这两次辩论都以道教失败告终,参加第三次辩论的十七名道士还被勒令削发为僧,许多道观也变成了佛寺,不少道教经典被烧毁。此后僧、道斗争仍在继续,"争夺观院"之事不断发生。至元十七年(1280)忽必烈将一些道士判刑。第二年又下令烧毁除《道德经》之外的全部道教经典。

由于南、北道教领袖的活动以及一些蒙古贵族的斡旋,忽必

景教徒墓碑(元代,泉州出土)

烈虽然很快就停止对道教的打击,但佛教优势的确立则是不可改变的事实。"维道家方士之流,假祷祠之说,乘时以起,曾不及其(佛教——引者)什一焉。"至于也里可温(基督教)、答失蛮(伊斯兰教)等,势力更在道教之下,"随朝庆贺班次,和尚、先生祝赞之后,方至也里可温人等"。在元朝中央政府内,掌管佛教的宣政院秩从一品,掌管道教的集贤院秩从二品,管理也里可温的崇福司也是秩从二品。这些机构品秩的差别,反映出各种宗教在政治生活中地位的高低。有元一代,在宫廷和大都城中,各种宗教寺院林立,活动频繁,仪式多样,有"十字寺神""国俗"祀奉的萨满神,也有来自"龙虎山"的"道家",还有"出浴升高呼阿弥"的答失蛮,但是最有影响的还是崇拜"麻纥剌"神的喇嘛僧和其他佛教宗派的僧侣。

元朝统治者崇尚佛教,固然是由于他们需要从宗教寻求寄托和力量;但更重要的是,因为他们意识到佛教是控制人民群众思想的有力的精神工具。元代有人说得好,"世祖皇帝以神武统一区宇,治功底定,期与休息,因民俗向善求福,咸归佛氏",所以大力尊奉佛教。"崇尚其教敬礼之,日盛月益,大抵为社稷生灵计也。"

元朝统治者对佛教内部各派系,和对待各种宗教一样,也有厚薄之分,而且前后有所变化。

13世纪上半期,蒙古统治者最重视拉拢禅宗的代表人物。禅宗中的临济宗十六世祖海云,少年时代已崭露头角,蒙古军南下后,他"历事太祖、太宗、宪宗、世祖,为天下禅门之首",成吉思汗曾亲颁诏令予以护持,窝阔台汗"特遣使臣阿先脱兀怜赐以'称心自在行'之诏"。贵由汗"颁诏命师统僧,赐白金万两"。蒙哥汗又命他"掌释教事"。忽必烈的太子出生后,由海云"摩顶立名"。

除了海云之外,原在金朝得到恩宠的曹洞宗僧侣万松,也与蒙古贵族和汉族军阀有着密切的关系。万松的弟子福裕曾受贵由汗之命,居漠北和林兴国寺,宪宗蒙哥汗时,又被召至"北庭行在"。忽必烈即位后,"命总教门事"。福裕出任嵩山少林寺住持,"万松、海云实为之主"。另一个曾"为万松侍者"的至温,当忽必烈为藩王时,已被召见,"留王庭多有赞益","宪宗命海云主释教,诏天下作佛戒会,师持旨宣布中外而辅成之"。后来,他受命总关西等地僧尼之事。

总之,13世纪上半期,在蒙古政权统治下的北方,禅宗中的临济宗和曹洞宗势力最盛,海云和万松地位最高。禅宗在当时政治生活中的影响,还通过耶律楚材和刘秉忠两个人表现出来。耶律楚材是万松的嗣法弟子,为成吉思汗、窝阔台汗所信任,是蒙古统治者采用"汉法"的一个重要赞助者。他与万松一直保持着密切的联系,自称"以儒治国,以佛治心","治天下之道为治心之所兼耳"。刘秉忠原来是个默默无闻的青年僧侣,经海云推荐入忽必烈幕府,"参帷幄之密谋,定社稷之大计",成为最亲信的谋士之一。后来他奉命还俗,官至太保、参领中书省事。元代前期的这两个重要政治家的经历,从一个方面说明了禅宗与蒙古政权之间的密切关系。

这些禅宗的上层僧侣,对于巩固蒙古政权在中原的统治起了很大的作用。首先,他们宣传安分守己,顺从忍耐,劝说广大劳动人民把希望寄托在天国的恩赐上,从而消弭他们的斗争意志。其次,禅宗的上层僧侣本身就是地主阶级的一部分,和世俗地主的代表人物有密切联系,他们能起牵线搭桥的作用,促使蒙古贵族与中原汉族地主相互合作,共同统治。例如,海云曾建议蒙古贵族尊崇儒学,他说:"孔孟之道,万世帝王法程,宜加表树,以兴学校。"儒生获免差赋,他是出了力的。尊儒重道,实际上就是蒙古贵族与中原汉族地主联合的一个标志。至于海云等推荐刘秉忠等有代表性的地主士大夫进入蒙古政权,更是直接推动了两者的结合。第三,禅宗上层僧侣一贯参与政治活动,能为蒙古统治者出谋划策。窝阔台汗时调查汉地户籍,"有司欲印识人臂",因为在使用奴隶的蒙古贵族看来,人民群众和牲畜并没有什么区别,都可以打上烙印。海云深知这样做会引起各族人民的激烈反抗,就建议:"人非马也,既皆归服国朝,天下之大,四海之广。纵复逃散,亦何所归,岂可同畜兽而印识哉!"蒙古贵族听从他的劝告,停止了印臂之法。最有意思的是海云和忽必烈的谈话:"殿下亲为皇弟,重任藩寄,宜稽古审得失,举贤错枉,以尊主庇民为务。佛法之要,孰大于此。国家先务节用爱民,锄奸立善,以保天命。""世法即是佛法",信奉佛法与执政治民原来是一回事。

到了13世纪中叶,禅宗的地位开始下降。

13世纪40年代,吐蕃地区归附蒙古政权。藏传佛教僧侣在这个过程中起了很重要的作用。藏传佛教也是佛教的一个派别,它是佛教密宗传入吐蕃地区以后和当地宗教混合而成的。藏传佛教内部也有不少宗派。1247年,藏传佛教萨迦派首领萨班到甘肃西凉,与蒙古宗王阔端(窝阔台之子,镇守河西)见面。在萨班号召下,吐蕃地区的僧俗首领都表示服从蒙古政权。1252年,忽必烈奉宪宗蒙哥之命征云南大理,道经吐蕃地区,萨班之侄八思巴应召入见,"日见亲礼"。忽必烈即帝位后,"尊为国师,授以玉印,任中原法主,统天下教门"。此后,萨迦派历代领袖均被尊为国师或帝师,许多藏传佛教上层人物相继被封官拜爵,"百年之间,朝廷所以敬礼而尊信之者,无所不用其至"。忽必烈及其以后的历代皇帝,对藏传佛教特别尊奉,原因之一是它的理论和仪式,与蒙古族原来信奉的萨满教有许多共同之处,但更重要的则是因为吐蕃地区的藏传佛教势力很大,元朝统治者想要"因其俗而柔其人",便利用它来有效地实现对这个地区的统治。忽必烈时开始设置的宣政院,"掌释教僧徒及吐蕃之境而隶治之"。将佛教事务和吐蕃地区的管理合于一个机构,看起来未免有些不伦不类,实际上正好反映了元朝统治者的上述思想。

藏传佛教势力日盛,禅宗就黯然失色了。不仅如此,忽必烈在一度推崇禅宗之后,很快就转而采取"崇教抑禅"的态度。统一全国以后,他以江南"教不流通"为理由,从北方选派了禅宗以外各教派僧侣三十人,来到江南开讲,设立"御讲三十六所"。有的禅宗寺院因此被易为教寺。至元二十五年(1288),忽必烈还召集江南禅、教的代表人物,到大都"问法"。这次集会的主要目的,是笼络江南佛教的上层人物,使为新朝效忠,同时也为了压抑禅宗的势力。在这次集会上,禅、教的代表人物进行了辩论。结果是忽必烈决定"升教居禅之右",使禅宗受到很大的挫折。自此以后,天台等宗的势力明显上升,如浙江天台国清寺,原是天台宗发源地,后被"易教为禅",此时为天台宗夺回。有些禅宗僧侣改投其他教派,"从教入禅今古有,从禅入教古今无",这种情况的出现,说明了禅、教之间势力的消长。但是忽必烈对待禅宗的态度比起对待道教来要缓和得多,用意不过是稍加抑制,缩小其影响而已,并非要加以打击或取缔。所以,在此之后,禅宗仍是一个有着相当势力的佛教宗派,只是不像以前那样显赫了。

元朝是蒙、汉以及其他各族统治阶级的联合政权,他们在维护元朝统治这个根本问题上是完全一致的,但是他们内部为了争权夺利也存在这样那样的矛盾。忽必烈是个精明能干的统治者,他惯于利用各种政治力量之间的矛盾,加强自己的统治。他抬高藏传佛教,除了前面所说的原因之外,显然还为了压低汉族地区原有佛教各宗派的地位。崇教抑禅,目的也是使这些在汉族地区流行的佛教宗派势力不致过大,更便于驾驭使用。应该说,对待佛教各宗派态度的前后变化,主要取决于元朝统治者的政治需要。

佛教的管理形式

元代僧、尼在国家户籍上专列一类,称为释户或僧尼户。

出家为僧的办法在元代有过多次变化。在取代金朝统治了中原地区以后,蒙古政权在清查的基础上,于丁酉年(1237)下令"汰三教,僧、道试经通者给牒受戒,许居寺观"。还规定"识字者可为僧,不识字者悉令还俗"。后来因海云等上层僧侣反对,"虽考试亦无退落事"。己酉年(1249),又规定,五十以上,任便修行,五十以下,都要"依例试经受戒,许为僧"。忽必烈即位后,进一步规定,三年一次"于各路置院考试僧人"。实际上,"考试"云云,不过徒具形式而已。

南宋灭亡、全国统一以后,考试的办法实际上已经停止,南方原来在南宋统治下"输钱县官,始给度牒"的办法也陷于停顿,而是普遍实行由"本寺住持、耆老人等保明申院(宣政院——引者),以凭给据披剃"的办法。这就为上层僧侣开了方便之门。他们利用出家可以免除差役做号召,广事招徕,自行剃度,借以取利。如白云宗沈明仁"擅度僧四千八百余人,获钞四万余锭"。出家为僧"影蔽门户,苟避差役"者日益增多,为国家承担义务者日益减少,针对这种情况,元朝政府又规定"丁力数多,差役不阙,及有昆仲侍养父母者",经勘当是实,方许剃度。为了增加国家财政收入,元政府还在元统二年(1335)重新采用前代以钱买牒的办法,"入钱五十贯,给度牒,方听出家"。五十贯即钞一锭,当时约可买米一二石。比起宋代来,这个价钱应该说是不高的。但没过多久,元末农民战争就爆发了。因此,元朝出卖度牒的时间很短。

据至元二十八年(1291)统计,全国寺宇共四万二千三百余所,僧、尼共二十一万余人。随着佛教势力的日益昌盛,寺宇不断增加,"髡首从游"者日益增多,以浙西的松江为例,元末当地"招提兰若附郭者至二十余区,作始于数十年者实居其半"。有人做过这样的估计:"天下塔庙,一郡动千百区,其徒率占民籍十三。"这一说法不免有些夸大,但佛寺之盛由此可见。一个大寺院,僧徒动辄数百甚至上千人。

　　为了管理僧侣和佛教事务,元朝政府设置了专门的管理机构,建立了严密的教阶制度。在中央设置了宣政院(原名总制院),"掌释教僧徒及吐蕃之境而隶治之",院使则"僧俗兼用"。至元十七年(1280),又成立了都功德使司,专门管理醮祠佛事。宣政院品秩从一品,仅次于中书省(最高行政机构),与枢密院(最高军事机构)、御史台(最高监察机构)地位一样。都功德使司品秩虽为从二品,但常由丞相兼领,地位也很重要。在中央同时设立两个品秩很高的佛教事务管理机构,这在中国古代历史上是少见的,充分说明了佛教在元代的特殊地位。在地方上,设有行宣政院及总统所、总摄所、僧录司、僧正司、都纲司等机构,分别管理一定地区的佛教事宜。这些机构统称为僧司衙门。行宣政院仅杭州一处,院使一般由江浙行省丞相(行省的最高行政长官)兼任,其所辖范围也就限于江浙行省的佛教事务。这是因为江浙一带佛教势力最盛,所以需要专门设置宣政院的派出机构来进行管理,其他行省并未设置行宣政院。行省以下各级僧司衙门的长官一般都由上层僧侣充任,称为僧官。各级僧司衙门在僧官之下设有书吏、贴书、祗候、曳剌等职役,僧官"视事如监司守令,马前后呵殿有驺从,案牍有胥吏,笞挞有卒徒",和一般政权机构没有什么区别。行宣政院一度取消,不久复置。其他僧司衙门在元代中期以后也被撤销了,管理僧、尼的权力委付给"各寺院里住持的和尚头目"。

　　高级僧侣中有不少人和元朝政府中的官僚一样,得到太尉、司空、司徒等荣誉头衔,以及太中大夫(从三品)、荣禄大夫(从一品)等资品。如华严宗惠印,特赐荣禄大夫、司徒;白云宗沈明仁,封荣禄大夫、司空;禅宗临济宗北溪,授荣禄大夫、大司空、领临济宗事;律宗法闻,授开府仪同三司、大司徒、银章一品。喇嘛教僧侣受封者为数更多,领袖人物享有帝师、国师的称号,"其弟子之号司空、司徒、国公佩金玉印章者,前后相望"。因此,当时有人说:佛教"莫盛于今日","昔者其徒属于有司,而未尝自为官府,别为异教,而未尝加以名位";"金紫银青、开府之号,间见前代,特记其异,未有设大臣拟政府,在外者与州县并也"。

各级僧官名义上都要选择"有德业者充任",实际上多有"不公不法勾当",茹荤饮酒,玩弄妇女,收受贿赂,无所不为。元朝政府曾多次下令罢免"僧官有妻者",可见这种现象是很普遍的。元朝政府之所以在后来裁撤各级僧司衙门,就是因为"僧官每教和尚每生受"。忽必烈的亲信、江淮释教总统杨琏真迦,胡作非为,仅据官方记载,即有人命四条,赃款十余万锭,霸占土田二万余亩,私庇平民为佃户达二万三千户,其他不计其数。为了搜刮财物,他还公然发掘了南宋历代皇帝的陵墓。白云宗沈明仁权势极大,地方官府都仰他鼻息,他要置仇人于死地,官吏立即为之罗织罪名,并且说:"此沈公意,孰敢拒也!"浙江永嘉僧侣、江心寺住持祖杰,仗势迫奸依附于寺院的民家妇女,后因被害者企图逃脱他的控制,便令手下党徒将其全家七口残酷杀死,此事在当时曾轰动一时。僧司衙门是元朝国家机器的一个组成部分,僧官们就是披着袈裟的贵族官僚,在剥削和压迫人民方面,比起世俗的贵族官僚来没有一丝一毫的逊色。连元朝皇帝尊奉的国师胆巴也不得不承认:"好和尚哪里肯做僧官!"

在各级僧司衙门下面,是大、小寺院。每个寺院的首脑称为住持。较大的寺院在住持之下有东、西两序(班)职事僧,即西序头首(首座、书记、知藏、知客、知浴、知殿、侍者)和东序知事(都监事、维那、副寺、典座、直岁)。两序下面又有列职杂务人员,包括寮元、净头、化主、园主、磨主、水头、炭头、庄主等。凡是在寺院中担任过各种职务的僧侣,统称"勤旧"。"寺之勤旧所以股肱住持,毗赞法社,错综庶务,酬酢事物。"他们是寺院僧侣中的上层人物。

寺院住持按规定应由寺院的上层僧侣"公同推举",条件是"德劭年高,行止廉洁,堪服众望者,又当合诸山(指众寺院——引者)舆论"。推选定当以后,众人列名佥状,保申有司,经过批准,方能担任。通常先在本寺内挑选,"本寺里无呵,别个寺里好学识的讲主、长老内众僧美爱的委付者"。一些大寺院的住持,往往由皇帝亲自指定。实际上,所谓"德劭年高,行止廉洁"云云,除了"年高"之外,其余多是虚饰。"罢了的僧官,更有罪过的、有媳妇孩儿的和尚",只要向宣政院和各级僧司衙门送上贿赂,都可以当上住持。为了争夺住持的职位,每每"词讼不绝",真是"贵鬻豪夺,视若奇货"。这些理应看破红尘的出家人,在争权夺利方面,和俗世并无区别。元代有人说:"所谓住山者,古人或坚不肯出,或勉强应世,如甚不得已者。今则攘臂争席者相望矣。"

住持如此,下面的职事僧也是一样。总之,这些寺院中的上层人物,"丰衣肥马,要结权势,昵声色,殖货产,大者可以埒封君"。元代官方文书中也说他们"将常住(寺院财产——引者)金、谷,掩为己有",自行起盖私宅,开张解库(当铺),"饮酒茹荤,畜养妻妾,与俗无异"。除了削发和穿着袈裟之外,寺院地主与世俗地主之间并没有什么差别。元人朱德润有一首题为《外宅妇》的诗,就是写僧人"十年积蓄多财资,寺傍买地作外宅",

僧人的妻子则"金珠翠玉堆满头，又有肥膻充口腹"。当然，这样的僧人必然是住持或职事僧人。

寺院中的大多数是普通僧人。他们往往出身于穷苦的劳动人民家庭，残酷的剥削和压迫逼得他们无路可走，只好遁入空门。朱元璋就是很好的例子。但是，在寺院中等待他们的同样是压迫和剥削，不过形式有所不同罢了。各种清规戒律如果说对于上层僧侣是毫无作用的话，那么普通的下层僧侣却是必须条条照办、不得违反的。实际上，清规戒律只是上层僧侣控制下层僧侣的工具。元朝政府明令规定，除了奸盗诈伪、致伤人命等罪行由地方官审问外，"和尚每其间不拣什么相告的勾当有呵，各寺院里住持的和尚头目结绝了者"。也就是说，寺院住持对和尚们（特别是下层普通僧侣）有一定的司法审判权。僧人犯有"过失"，轻则罚钱、罚香、罚油，重则"集众棰摈"，甚至烧毁衣钵道具，"遣逐偏门而出"。

寺院中还有不少仆役，名目繁多，有火工、道人、轿夫、老郎等。大寺院里，"诸方勤旧动至百数，仆役倍之"。他们和下层僧侣一起，构成了寺院中的被统治群体。除了为上层僧侣服役外，他们也从事生产劳动。

佛教寺院不过是世俗社会的缩影。层叠的僧司衙门直至寺院中的等级制度，是一种按世俗的方式建立起来的教阶制。它和世俗社会的等级制一样，都是当时政治制度的组成部分。寺院中上层僧侣与下层僧侣、仆役之间的关系，是统治与被统治的关系，这种关系也正是古代阶级对立关系在寺院中的反映。

还应该提及的是，在上层僧侣中，也有个别以苦行著称的。元代在这方面最出名的是高峰妙和中峰本师徒。高峰妙曾于浙江天目山顶作死关，"阅十七暑寒不跬步出外"。中峰"给侍死关"、"昼服力役,夜事禅定,十年胁肤不沾席"。这一对师徒在元代后期名重一时,"从之者如云"。苦行是宗教狂热的一种表现,也是爬到上层僧侣行列的一条特殊的途径。由于这一类僧侣比那些花天酒地的和尚有更大的社会影响,他们也往往得到统治集团的特别重视,"身栖谷岩,名闻庙朝"。元仁宗曾专门"遣使入山"向中峰本"致礼","诸达官尤加敬爱",在其死后,元顺帝还追赠以普应国师称号。但是,正像元朝政府中的"清官""良吏"屈指可数一样,尽管统治者大力提倡,僧司衙门和寺院的上层僧侣中,到处充塞着拥赀巨万、胡作非为的酒肉和尚,而谨守戒律的苦行僧却像白乌鸦一样少见。

佛教与元代经济

元代寺院通过种种巧取豪夺,占有了大量财产(主要是土地)和劳动力,在元代整个地主经济中占有重要地位。

国家的赏赐是寺院财产的一个重要来源。元朝每个新上台的皇帝都要创建寺院,赐给这些寺院以大量土地、劳动人手和其他各种财产。对于原有的寺院,他们也不时加以赏赐。忽必烈时,建大圣寿万安寺,"赐京畿良田亩万五千,耕夫指千,牛百,什器备"。元仁宗爱育黎拔力八达于至大四年(1311)"赐大普庆寺金千两,银五千两,钞万锭,西锦、彩缎、纱罗、布帛万端,田八万亩,邸舍四百间"。过了不久,延祐四年(1316),这座普庆寺又得到益都田百七十顷。同年,上都开平的开元寺得到江浙田二百顷,华严寺得到百顷。对僧寺的最大一次赐田是在文宗图帖睦尔至顺元年(1340),"括益都、般阳、宁海闲田十六万二千九十顷赐大承天护圣寺为永业"。这个寺院还得到籍没罪人的田土四百顷。以上仅是几个比较突出的例子。

私家捐献是寺院财产的另一个重要来源。不少地主富商希望死后能进天堂继续享福,便捐赠部分剥削收入,来购买进入幸福天国的门票。例如,至元二十八年(1291),两浙运使、大地主瞿霆发(他家有田二千七百顷,并佃官田共及万顷,为浙西著名大地主)为上文提到的高峰妙在天目山建大觉正等寺,"割巨庄,先后凡二百顷有畸,及买山田若干"。至大四年(1311),海道漕运万户杨梓一次施舍浙江杭州崇宁禅寺庄屋一区,田六千亩,每年可收租四千石。还有一些地主,为了逃避国家赋役,便把土地布施给寺院,自己甘心在寺院势力的庇护下充当二地主。

用各种方式巧取豪夺,是寺院财产的第三个来源。前面提到的杨琏真迦就是一个例子。又如,白云宗总摄沈明仁,强夺民田达二万顷之多。从元朝政府两条法令的变化,可以看出寺院兼并土地现象之激烈。一条是关于寺院田土免税的规定。元初,寺院田土一律免税。后因寺院兼并田土现象日益严重,政府不得不加限制,除宋代旧有常住田土并统治者所赐外,新增田土一律纳税。这不利于寺院扩充财产,因此遭到上层僧侣的反对,几经反复。元朝统治者终因害怕国家财政收入减少,不仅屡次重申,而且还进一步颁布了"民间田宅,僧、道不得为邻"的规定。原来,按元朝的法律,民间出卖田宅,首先要问亲族及四邻。"不得为邻",就是不许强买田宅。到了元朝末年,又颁布了新的更为明确的禁令:"禁僧、道买民田,违者坐罪,没其直。"另一条是元朝政府为了扶植佛教寺院,曾颁布过寺院常住田土不许民争的法令。寺院利用这条法令,把百姓的土地说成寺院常住,进行霸占。这种现象极为严重,以致元朝政府不得不加以修改:"不教争呵,不中;似这般相争的,教廉访司官归断者!"

通过上述三种方式,寺院占有的土地,"大者田至万亿,少者犹数百千"。此外,还有许多邸舍、铺席(商店)、浴室、药局、园林、碾磨、坑冶、解典库等。以大都的大护国仁王寺为例,它在大都附近占有水地二万八千余顷,陆地三万四千余顷,山林、河泊、湖渡、陂塘、柴芦、鱼、竹等场二十九,玉石、银、铁、铜、盐、硝碱、白土、煤炭等坑冶十五,栗万九千余株,酒馆一。在河间、襄阳、江淮各处还有水地一万三千余顷,陆地二万九千余顷,酒馆百四十所,湖泊、津渡六十一处,税务、闸坝各一。又如,镇江一路共六十一万余口,田地山荡共三万六千余顷,平均每人土地六亩左右;而僧、尼共二千四百人,占有土地却达一千二百余顷,平均每人为五十亩左右。从以上一个寺院和一个地区的数字,可以看出寺院的财产是十分惊人的。

应当指出的是,当时所谓的大德高僧,往往是增殖财产的能手。谁能为寺院争得土地资产越多,谁在丛林中就越有地位,各地寺院都会抢着请他去当住持。前面提到的至温,他之所以出名,就在于"锐意卫教,凡僧之田庐见侵于豪富入他教者,皆力归之。驰驲四出,周于所履,必获其志乃已"。禅宗僧侣法照,住持林州玉泉禅院时,"百废俱举,增置田土二十余顷。庄园、耕具并皆周备"。不久,转到新城云居寺,又"置地三顷有余"。因为法照能"富赡常住",所以当时有名的嵩山少林寺"不远千里"请他去当住持。元代后期最有名的禅宗僧侣、被封为"释教宗主兼领五山寺"的大䜣,就以善于殖产著称。杭州凤凰山"大报国寺以灾毁",他主持后,"栋宇一新,而规制有加于旧,土田为豪民所据者,悉取而归之"。杭州中天竺寺"亦以灾毁",他去后,"不一年,尽复其旧"。所以,元文宗在为新建的大龙翔集庆寺选择开山住持时,立即挑中了他。

寺院的土地经营方式主要采取租佃制。

由元朝统治者兴建的寺院，如大护国仁王寺、大圣寿万安寺等，都在政府中设有专门机构进行管理。大护国仁王寺设有会福总管府（院），下辖仁王营缮司、襄阳营田提举司、江淮等处营田提举司、大都等路民佃提领所、会福财用所等。除营缮司管修建、财用所管粮草诸物外，其他几个提举司、提领所部经营土地，由百姓租佃，征收地租。大圣寿万安寺则设寿福总管府（院），下面也分设若干机构。

这些大寺院凭借政治上的特权，残酷剥削劳动者。寿福院的田地遍布浙西数郡。"比岁浙西被水，有司按实当检放。"无论官、民田的租税都已"罢征"，"而院犹责偿未已"，可见其贪婪凶狠的程度！

一般寺院的田地都分设田庄进行管理。杭州的宝林华严教寺，"隶于本郡及庆元、嘉兴诸庄者总为田五千余亩"。集庆的报宁禅寺，"其在句容、乌江二县者为庄五"，此外太平青山庄还有田千亩。辽阳义县的大奉国寺，"寺之美庄在郭西、在水北、在山阳者所据不一，会计总得良田数百顷"。在寺院职事僧中，专门设有庄主，任务是"视田界至，修理庄舍，提督农务，抚安庄佃"。土地出租给佃户后，"提督则有甲干，收租之时自有监收僧行"。甲干就是监视佃户劳动的监工。庄主和监收僧可以直接向佃户敲诈勒索，中饱舞弊，因此被视为寺院中的肥缺，成为上层僧侣争夺的目标。"为住持私任匪人者有之，因利曲徇者有之，为勤旧执事人连年占充者有之，托势投充者有之，树党分充者有之，角力争充者有之。"在披着袈裟的地主中间，同样充满了争夺利益的矛盾。

寺院佃户的数量很大。江南寺院佃户总数达五十万户有余。大护国仁王寺所辖承担赋役的人户一万七千九百余户,其中大部分是佃户。仅此二例,可见其余。

除了出租土地之外,寺院还普遍经营商业和高利贷。

较大的寺院都附带开张铺席(商店),经营浴室、塌房(囤积货物的地方)、碾磨、药局等。在贵由汗、蒙哥汗统治时期,僧人经商不纳商税。忽必烈中统五年(1264)起,规定僧人做买卖者出纳商税。但是,那些"做大买卖的"和尚们"却不纳税",而且还都"执把着圣旨"做护身符。因为这种情况影响政府的赋税收入,元朝政府屡申禁令。这些禁令实际上仍是一纸空文。僧人们享有政治特权,"将着大钱本,开张店铺做买卖",不仅自己照旧不纳税,还"夹带着别个做买卖的人"。寺院僧侣还经营海外贸易,想方设法逃避抽分。

发放高利贷也是寺院重要的收入之一。大的寺院,往往由统治者赐予本钱,发放营利。如元仁宗曾赐大乾元寺钞万锭,"俾营子钱,供缮修之费"。许多中、小寺院,也都经营高利贷,收取利息。"依时生息,岁无丰凶,必本息顿偿,毋缩展转。"这是寺院控制、剥削劳动者的又一项手段。

寺院中的上层僧侣,是披着袈裟的地主、商人和高利贷者。由于他们得到国家的庇护,在政治上有很大的势力,再加上披着宗教的外衣,有很大的欺骗作用,因此,其剥削和掠夺的残酷程度,往往超过了世俗地主。

佛教与元朝政局

元代社会尖锐的阶级对立和严密的社会等级结构在佛教寺院内部都得到了反映。上层僧侣与下层僧侣、佃户、仆役之间,是压迫和被压迫、剥削和被剥削的关系。上层僧侣是地主阶级的一个重要组成部分,参与政治活动,有很大的影响力;下层僧侣则和寺院佃户、仆役等一起,积极参加了反抗斗争。

元成宗时,北方爆发了大规模的驱奴逃亡事件,有些地方甚至发展成武装暴动。这次使元朝政府大为震动的反抗斗争,便是由一个和尚领导的。至治元年(1321),陕西周至县发生过和尚圆明领导的起义。

元朝末年,社会矛盾日益尖锐。元朝统治者不断加强压迫和剥削,同时继续建寺写经、大做佛事,妄想乞灵于偶像,使自己岌岌可危的统治能长期继续下去。但是,任何宗教教义都不足以支持一个摇摇欲坠的社会。当民众不再甘于忍受苦难,走上与现存制度相对抗的道路时,宗教的麻醉愈来愈无济于事。不仅如此,农民起义的某些组织者还利用了佛教团体的组织形式,对宗教语言加以改造,用以进行组织和动员群众的活动。领导天完红巾军的南方白莲教领袖彭莹玉,本身就是一个僧人。他出身"民家",自幼在江西袁州慈化寺出家。慈化寺是一座历史悠久的禅宗寺院。在元代,元朝统治者多次下诏"护持",其住持惠庆曾得到统治者的封号。但是,处于寺院下层的彭莹玉,却成了皇朝的叛逆,起来造反了。

在宗教外衣下表示抗议,是民众反抗斗争在一定的发展阶段上共有的现象。劳动人民在宗教外衣下进行反抗元朝统治的斗争,不仅把矛头指向政府,而且也指向正统的佛教教会。以南方白莲会为核心组织起来的天完红巾军,在湖北蕲州、黄州一带起义后,立刻烧毁了当地的清泉寺。凡是农民战争烈火燃烧过的地方,"所谓名蓝望刹,多化为煨烬之区"。有的地主分子把元末农民战争对佛教教会的打击和唐武宗时的所谓"会昌法难"相比,并认为前者远远超过了后者。确实,起义农民用暴力对佛教教会所做的扫荡,绝不是统治者自上而下的取缔措施所能比拟的。经过元末农民战争的风暴以后,"名山胜地,浮图氏之寺宇,往往摧拉焚烧,化为狐兔之穴,草莽之墟"。"浮图氏脱兵而遗者十不一二。"佛教教会的政治势力和经济势力都受到严重打击。

元代的海外贸易与航海家族

元代,随着历史上规模空前的统一多民族国家的出现,我国人民与亚、非各国人民在政治、经济、文化诸方面的联系,比起前代来都有很大的发展。

国际贸易是各国经济交流的一种重要方式。元代的国际贸易,包括海道贸易和陆路贸易两个方面,而以海道贸易占主要地位。元代的海洋航运,向东抵达日本、高丽,向南前往东、西洋,包括今天的东南亚和印度洋地区,远至波斯湾、阿拉伯半岛和非洲的东北部。元代是我国航海事业、海外贸易取得辉煌成就的时代。通过对元代海外贸易和主要航海家族的介绍,我们不但可以了解当时我国的航海技术和组织方式,还可以从一个具体的侧面认识当时我国与亚、非各国的友好关系。

海外贸易的形式

我国通过海道与其他国家进行贸易,至迟从汉代起就有了明确记载。到宋代,海外贸易规模之大,远远超过前代。

元朝在灭亡南宋、统一全国的同时,立即着手组织海外贸易。元世祖至元十四年(1277),当元军取得浙、闽等地后,元朝沿袭南宋制度,在泉州、庆元(今浙江宁波)、上海、澉浦四地,设立市舶司,招降并重用原南宋主管泉州市舶的官员蒲寿庚。

至元十五年(1278),忽必烈命福建行省向外国商船宣布："其往来互市,各从所欲。"由于政府的积极提倡,海外贸易在改朝换代之际,不但没有受到影响,而且有所发展。在忽必烈统治的末年,曾一度"禁商泛海"。但成宗即位(1294)后,立即取消了这一禁令。在元朝中期,曾出现过实行海禁与废除海禁的政策反复,前后四禁四开。从英宗至治二年(1322)直到元朝灭亡,没有再出现禁止海外贸易的情况。元朝政府屡次取缔海商和市舶司,主要出于政治上的暂时需要,而每次取缔后不久就被迫重开,说明海外贸易已成为国民经济中相当重要的组成部分。

　　有元一代,经由中央政府先后指定开放的对外贸易港口,最多时有泉州、庆元、广州、上海、澉浦、温州、杭州七处,但兴废不常。到元末,仅有泉州、广州、庆元三处。元朝在这些港口设置市舶提举司(简称市舶司),管理市舶即海外贸易事宜。最初,市舶司由中央政府指定有关行省的高级官员负责。后来,一度与盐运司合并,成立都转运司。不久,又将二者分开,以市舶司隶泉府司(院)和致用院。最后,改隶行省。

　　元朝关于市舶的制度,"大抵皆因宋旧制,而为之法焉"。至元三十年(1293),在原南宋市舶官员参与下,正式制订了市舶法则二十二条。延祐元年(1314),重颁市舶法则二十二条。二者内容基本相同,主要包括:市舶抽分抽税办法、舶船出海手续、禁运物资种类、市舶司职责范围,以及外国商船的管理办法等等。这些法则的主要精神,是使海外贸易处于元朝政府的严密控制之下。

　　根据市舶法则的规定,出海贸易的船只、人员、货物,都要经市舶司审核批准,发给公验、公凭,方能成行。开船时,市舶官员还要检视有无违禁之物(金银、兵器、粮食等都禁止出口)。舶船出海，只许往原申请前往的地区贸易，"不许越过他国"。出海贸易均须在规定期限内返回。返航时，"止赴原请验、凭发船舶司抽分，不许越投他处"，更严禁中途"渗泄作弊"。舶船返航途中，市舶官员提前到"年例停泊去处"，"封堵坐押赴元发市舶司"，如庆元、上海等处的市舶官员往往赶到温州甚至潮州海面去"封海舶"。待舶船进港靠岸时，"又行差官监搬入库，检空船只，搜检在船人等，怀空方始放令上岸"。所有舶船货物均须抽分。抽分时，"省官亲临，具有定制"。开始时细货（珍宝、香料等高级商品）十分抽一，粗货（一般商品）十五分抽一。延祐元年（1314）改为细货十分抽二，粗货十五分抽二，加了一倍。抽分之后，还要交舶税，三十抽一。完成上述手续后，才允许"舶商发卖兴贩客人"。违反上述任何一项规定的，轻则没入船货，重则处罪判刑。

对于"番船"（外国商船）所载货物和中国舶船"夹带南番人将带舶货者"，也"照数依例抽解"，然后由市舶司差人"发卖其应卖物货"。"番船"回还本国时，也由市舶司发给公凭、公验，并在公验内"附写将去物货，不许夹带违法之物"。

上述办法主要适用于自行造船出海贸易的商人和"番船"。此外，元朝政府还实行过"官本船"的办法，即由政府"具船给本，选人入番贸易诸货，其所获之息，以十分为率，官取其七，所易人得其三"。最初实行这个办法是在至元二十二年（1285）。元朝政府想用这种办法垄断海外贸易，不许"别个民户做买卖的"下海，为此拨出了十万锭钞做经费。后来不许私商下海之法没有行通，但"官本船"一直存在。例如，大德五年（1301）杨枢"浮海至西洋"，就是乘的"官本船"。元代后期，市舶司在一度取消后重新恢复，泉州曾"买旧有之船，以付舶商"，这些船当然也成了"官本船"。拿国家本钱从事海外贸易的商人,叫作"斡脱"。"斡脱"是突厥语,原义为"合伙",在元代,"斡脱谓转运官钱、散本求利之名也",也就是用政府或皇帝、贵族的钱,经营商业,或借给商人、其他急需之人,收取利息。那些以官钱营利的人(主要是色目人),也就称为"斡脱"。原来,斡脱商人主要经营高利贷和陆路贩运,元朝统一全国后,不少斡脱商人转而经营海外贸易。元朝设斡脱总管府,发放高利贷给经营海外贸易的商人,每月利息是八厘,只相当民间月利三分的四分之一。

元朝政府每年从市舶获得巨额收入。抽分所得的实物,除一部分上供最高统治集团挥霍外,其余都由市舶司就地出售,"将民间必用并不系急用物色,验分数互相搭配,须要一并通行发卖,作钞解纳"。发卖抽分和市舶税所得货物的收入,在元代中期每年达数十万锭钞之多。无怪当时人们认为市舶是"军国之所资"。

主要的贸易海港

在元代的对外贸易港中,以泉州、广州、庆元三处较为重要,其中又以泉州占首位。泉州以"刺桐"一名著称,为当时世界各国商人、旅客所熟知。大旅行家马可·波罗、伊本·白图泰等,都对这个海港的规模和繁荣情况称赞不已,认为是世界最大的海港之一。马可·波罗说:"印度一切船舶运载香料及其他一切贵重货物咸往此港。"摩洛哥人白图泰曾在此港看见大舶百数,小船不可胜计。当时我国的记载也称它为"番货、远物、异宝、奇玩之所渊薮,殊方别域富商巨贾之所窟宅,号为天下最"。广州自唐、宋以来,一直是海外贸易的重要港口。元代,与之发生贸易关系的国家和地区"视昔有加焉","而珍宝之盛,亦倍于前志之所书者"。这两个港口主要从事对东、西洋的贸易(关于东、西洋,详见下文)。浙东的庆元是我国对日本和高丽贸易的主要港口,同时也有部分从事东、西洋贸易的船舶由此进出,"是邦控岛夷,走集聚商舸,珠香杂犀象,税入何其多"!

杭州、温州也是历史悠久的贸易港。南宋后期,废弃了杭州、温州的市舶务,使这两个港口的对外贸易一度中断。到了元代,贸易又重新繁荣起来。杭州"旁连诸蕃,椎结卉裳"。温州有专供商舶使用的码头。13世纪末周达观前往真腊(今柬埔寨),便是"自温州港口开洋"的。此外,澉浦在南宋"市舶场"的基础上,发展成为一个具有相当规模的港口,"远涉诸番,近通福、广,商贾往来",被称为"冲要之地"。上海原是松江府华亭县的一部分,至元二十七年(1290)始正式建县,不久又设市舶司。上海及其附近的昆山、嘉定一带,"数十年来,习始变,舟楫极蛮岛,奇货善物,往往充上国"。昆山原来本是墟落,"居民鲜少"。元代兴起,被称为六国码头,"番、汉间处,闽广混居","海外诸番,亦俱集此贸易"。尽管元末这里的市舶司被取消,但中、外商舶仍常由这里进出。澉浦和上海的兴起,正说明了元代海外贸易在前代基础上有了新的发展。

航海技术

元代海上航行的商船称为舶船。当时的记载说:"尝观富人之舶,挂十丈之竿,建八翼之橹,长年顿指南车坐浮庋上,百夫建鼓番休整如官府令。柂碇必良,缚纤必精,载必异国绝产。"这些"挂十丈之竿,建八翼之橹"的海舶,大概是载重一二千料的船。

宋代修造二千料海舶已很普通,大的有达五六千料者,元代应相去不远。

"料"的确切涵义不清楚,但由元代记载可知千料船载重千石。据此,则二千料船载重应在二千石左右。元制,一石重一百二十斤,按此计算,二千料船载重为一百二十吨左右,若五千料船,载重应在三百吨左右。根据元代记载,贩卖私盐的"在海大船",载盐少者数百引,"多者千余引"。元制盐一引四百斤,若千引则为二百吨,若千五百引则为三百吨,可知当时海船载重二三百吨已不罕见。这样规模的海舶,在当时世界上实居首位,无怪当时外国旅行家对中国海舶都感到惊异,大为赞赏。

根据马可·波罗等外国旅行家记载,当时中国海船大都以松木制成,船底二或三层(有的说四层)。普通四桅,也有五桅或六桅。每船分隔成十余舱或数十舱。附带小船,供碇泊时上岸采柴汲水之用。元代一些记载也提供了关于海船构造的若干资料。海舶两旁都用"大竹帮夹",和宋代海舶一样,目的是为了保持稳定,便于破浪航行。舵杆普遍用铁梨木(或作铁棱木)。"铁梨之木世莫比","来自桂林、日本东",这种木材坚固耐用,价值甚贵,造船时往往"不惜千金置"。铁锚大者重数百斤,下有四爪。还有木制的碇,也就是马可·波罗所说的木锚。

元代我国劳动人民的航海技术也达到了很高的水平。指南针已成为海舶必备之物。当时有关海上航行的文献中常有"行丁未针""行坤申针"等记载,即是根据指南针在罗盘上的位置以定方向,这就是所谓"针路"。在海上航行的水手和商人,都把"子午针"看成"人之命脉所系";"针迷舵失",是对海舶的致命威胁。海上季节风(信风)的规律早已为我国水手熟练掌握。元代去东、西洋诸国,"遇冬汛北风发舶",利用东北风启航;一般是在"次年夏汛南风回帆"。去高丽则正好相反,去乘南风,夏季发船,冬季乘北风回帆。风顺时三五天可到。去日本,一般在夏天,利用西南季节风;回国多在春、秋二季,利用东北季节风,顺风时十天左右可以走完航程。

舶船内部有严密的组织,每条舶船上都有纲首、直库、杂事、部领、火长、舵工、梢工、碇手等职务分工。他们是船上的技术人员和水手,都是由商人招募来的。纲首即船长,直库负责管理武器。杂事、部领的具体职责不详,杂事大概负责日常杂务,部领也许就是水手长。火长是领航员,掌管指南针。舵工或称大翁(大工),又称长年,负责掌舵。"大工驾柁如驾马,数人左右拽长牵,万钧气力在我手,任渠雪浪来滔天。"碇手负责碇、锚,"碇手在船功最多,一人唱歌百人和;何事深浅偏记得,惯曾海上看风波"。梢工则是一般水手。管理樯、桅的水手被称为亚班。

由于元代我国海舶制造和航海技术都居于世界先进之列,再加上全国统一以后农业、手工业都得到一定的恢复和发展,能够为海外贸易提供丰富的物资,我国商舶东起高丽、日本,西抵非洲海岸,十分活跃。

根据元成宗大德八年(1304)刊印的《南海志》中有关市舶的记载,当时与广州发生贸易关系的国家和地区,已达一百四十处以上。这些国家和地区,东起菲律宾诸岛,中经印尼诸岛、印度次大陆,直到波斯湾沿岸地区、阿拉伯半岛和非洲沿海地区。其中有相当一部分地名,不见于其他记载。这份资料充分说明了元代贸易活动的范围远远超过了前代。不仅如此,它还将所有这些国家和地区,划分为大东洋、小东洋、小西洋等几个区域。从元代起,中国文献中将过去统称为"南海"的广大海域,分称为东洋、西洋。大体上是以加里曼丹岛、爪哇岛、苏门答腊岛一带为界,以西的印度洋地区称为西洋,以东的地区则称为东洋。值得注意的是,"西洋"在元代的内涵非常丰富。作为地区概念,它是指从加里曼丹、爪哇以西直抵印度洋的广大地区;作为国家概念,它是指西洋国,即位于印度次大陆东南部的马八儿国。之所以被称为西洋国,很可能因为它是西洋地区最大的国家。明、清两代都沿用这些名称。和前代将这些国家和地区统称为"南海诸国"相比较,这种区域划分显然进了一大步。它说明由于海外贸易的开展,我国人民的海外地理知识不断增长。

元朝末年大旅行家汪大渊撰写的《岛夷志略》一书,是关于这一时期我国海外贸易活动的另一份珍贵文献。汪大渊先后两次"附舶以浮于海",回国后将自己的见闻记录下来,全书包括九十余个国家和地区,"皆身以游览,耳目所亲见"。根据他的记载,我们可以知道,元朝商舶遍及东、西洋各地,经常出入于波斯湾的波斯离(今巴士拉)、层拔罗(今桑给巴尔)等处。宋代,从中国到故临(元代的俱蓝,今印度西南部)都乘坐中国船,再往西去,就要换乘大食人(阿拉伯人——引者)的船只。到了元代,情况显然发生了较大变化,中国商船已成为波斯湾和非洲各大海港的常客了。元代的官方文书里也常说舶船前往"回回田地里"和"忻都田地里"。前者指的是阿拉伯半岛、波斯湾沿岸和非洲东北部广大地区;后者指的就是印度次大陆。外国的记载也证明了元代商舶在亚、非地区有很大影响。交趾(今越南北部)的贸易港云屯,"其俗以商贩为生业,饮食衣服,皆仰北客(中国商人——引者)"。印度的马八儿,商品大部运往中国,西运者不及东运的十分之一。伊本·白图泰说,由印度到中国航行,只能乘坐中国商船。他在印度港口古里佛(今加尔各答)曾看到同时停泊着十三艘中国商船。

贸易商品

元代我国通过海道向亚、非各国输出的商品,可以分为农产品和手工业产品两大类,而以手工业产品为主。

农产品主要是谷米。至元二十五年(1288)的一份官方文书中提到,广州商人于乡村籴米百石、千石甚至万石,搬运到"海外占城诸番出粜"。但因元朝政府屡加禁止,所以总的来说它在对外贸易中不占重要地位。

手工业产品又可分为如下几类:

(一) 纺织品。包括苏、杭五色缎、纳、绢、布(花布、青布)等。丝也是重要出口物资。纺织品是我国历史悠久的传统出口物资,享有极高声誉,深受亚、非各国人民欢迎。

(二) 瓷器、陶器。包括青白花碗、瓦瓮、粗碗、水埕、罐、壶、瓶等。至今西南亚地区伊朗、土耳其等不少国家的博物馆中都保存有元代的瓷器,非洲不少地区也有元代瓷器遗物出土。伊本·白图泰说,中国瓷器品质最佳,远销印度和其他国家,直到他的家乡摩洛哥。

(三) 金属和金属器皿。金、银都是禁止出口的东西,但实际上仍有不少泄漏出去。此外,出口的金属器皿有铁条、铁块等半成品和锡器、铜器(鼎、锅)、铁器(碗、锅)等。

(四) 日常生活用品。如木梳、漆器、雨

元代生产的青花瓷器

伞、席、针、帘子等。

（五）文化用品。包括各种书籍、文具和乐器。书籍和文具主要对高丽和日本出口。

（六）经过加工的副食品。如酒、盐、糖等。

大体说来，上述各种商品的大多数在宋代甚至更早已成为我国的出口商品，但是元代质量有所改进（如瓷器），数量也有所增加。这些商品除了一部分系供各国统治阶级消费之外，很大一部分都是人民生活和生产所必需的物资。例如，周达观在真腊看到，当地人民"盛饭用中国瓦盘或铜盘"，"地下所铺者，明州（宁波——引者）之草蓆"。还值得指出的是，当时我国若干手工业产品的出口，对于有些亚、非国家手工业技术的发展，起了一定的作用。如埃及的工人就仿制中国的青花瓷器，瓷胎用本地出产的陶土，瓷器上常有阿拉伯工人的名字。高丽原买中国的琉璃瓦，后自行燔制，"品色愈于南商（指由海道去的中国南方商人——引者）所卖者"。

元代我国从亚、非各地进口的商品，种类极多。《南海志》记载有七十余种，主要是从东、西洋进口的。《（至正）四明续志》所载市舶物货达二百二十余种，既有来自东、西洋的货物，也包括自日本、高丽进口的商品。将二者汇总，去掉重复，可知当时进口商品不下二百五十种。

将这些商品加以简单分类就会发现，珍宝（象牙、犀角、珍珠、珊瑚等）和香料（沉香、速香、檀香等，总数在四十种以上）占了很大一部分。这些商品主要满足统治阶级奢侈生活的需要，但香料中有些可作药材。另一类重要物资是药材，《南海志》登录了二十四种，《（至正）四明续志》所记更多，除了从东、西洋进口的没药、阿魏、血竭等药物外，还从高丽大量输入茯苓、红花等物。进口的其他物资包括布匹(白番布、花番布、剪绒单、毛𬘓布等)、器皿(高丽出产的青瓷器和铜器,东、西洋诸国出产的藤席、椰簟等)以及皮货、木材(包括船上用的铁梨木)、漆等物。日本出产的木材受到我国人民的欢迎,是建筑和造船的极好材料。高丽出产的新罗漆,质量很高,享有盛誉。

《南海志》说:元代"珍货之盛","倍于前志之所书者"。可惜,宋代广州进口物品缺乏详细记载,难以比较。但是,庆元地区宋、元两代都有记载,可资比较。据南宋《(宝庆)四明志》所载,市舶物货共一百六十余种。而元代《(至正)四明续志》所载则为二百二十余种。这两个数字,雄辩地说明了元代海外贸易比起前代来有更大的规模。

我国从事海外贸易的商船,不仅与亚、非各国直接贸易,而且在各国之间转贩各种商品,如将西洋诸国出产的布匹贩运到东洋各国出售,将北溜(今马尔代夫群岛)出产的𧵅子(即贝壳,东、西洋某些地区以此作货币,元代我国云南地区亦以此作为货币,与金银、纸钞同时流通)运到乌爹(今印度西部乌代布尔)等处换米,贩占城(今越南南部)布到吉兰丹(今马来西亚南部)等。对于促进这些国家和地区的经济交流,起了积极的作用。

元代我国商舶与亚、非各国的贸易,有的采取以物易物的方式,如灵山(今越南燕子岬)出产的藤杖,一花斗锡可换一条,"粗大而纹疏粗者"则可易三条。巴南巴西(今印度西部)的细棉布,"舶人以锡易之"。有的则用金、银作交换手段,如龙涎屿(今苏门答腊西北巴拉斯岛)出产的香料,"货以金、银之属博之"。值得注意的是,由于与中国商舶贸易往来频繁,不少国家、地区的货币已与元代纸钞之间,建立了一定的汇兑比例关系。交趾铜钱"民间以六十七钱折中统银(钞)壹两,官用止七十为率"。罗斛(今泰国南部)用贝子作货币,"每一万准中统钞二十四两,甚便民"。乌爹等处行用银钱和贝子,每个银钱"准中统钞一十两,易贝子计一万一千五百二十有余"。

除了贸易活动外,中国商人和水手还积极向各国各地区人民介绍我国的生产技术。火药是中国人民一大发明,元末传到高丽,介绍火药技术的便是一个"江南商客"。真腊原来席地而卧,新置矮桌、矮床,"往往皆唐人制作也"。原来当地无鹅,"近有舟人自中国携去,故得其种"。

和平友好的贸易关系,大大加深了中国与亚、非各国人民之间的友谊。当时东、西洋各国都称中国人为唐人,中国商舶为唐舶。文老古(今摩鹿加群岛)人民"每岁望唐舶贩其地"。淳泥(今加里曼丹岛)人"尤敬爱唐人,醉则扶之以归歇处",麻逸(今菲律宾明多罗岛)的商人将中国商舶的货物"议价领去,博易土货,然后准价[偿]舶商,守信终始,不爽约也"。

元代的航海家族

元代从事海外贸易的商人,称为舶商,在国家户籍上,专成一类,称为舶户,或舶商户。

舶商户中有不少是自己拥有船只和雄厚资金的大商人。以嘉定一地为例,元代中期这里有"赀巨万"的海商朱、管二姓。朱、管二家因互相争霸被元朝政府籍没后,又有"下番致巨富"的沈氏。元代的贵族官僚,也常常经营海外贸易,牟取暴利。此外,还有许多中、小商人,他们无力自备船只,只能充当有船大商人的"人伴","结为壹甲,互相作保",下海贸易,或是在舶船上充任各种职务或"搭客",捎带货物,出海买卖。

由于海上贸易的发达、航海活动的活跃,在元代出现了几个非常著名的航海家族。这些家族不但拥有远洋船队,而且很多家族成员还自己带船出海做远洋航行。

泉州商人蒲寿庚家族是元代航海家族中最早为学术界所注意的。蒲寿庚的祖先应是阿拉伯人,原居广州,至蒲寿庚之父蒲开宗,始定居于泉州。南宋末年,"寿庚提举泉州市舶司,擅蕃舶利者三十年"。此处的"三十年",指的是蒲寿庚"贩舶"三十年,也就是经营海外贸易三十年。据记载,蒲寿庚有"家僮数千",这些"家僮"又称"丁壮",其中主要应是海舶上的船员,这无疑是一支强大的海上力量。蒲氏以阿拉伯人定居中国,世代经营海外贸易,势力日大。元朝在灭南宋之前,就对蒲氏的地位有所了解,努力拉拢。蒲寿庚衡量利害,出于保存自身利益的愿望,再加上长期以来他与宋朝权臣的矛盾,终于使他倒向了元朝。入元以后,寿庚官至行省左丞,地位很高。其子蒲师文曾任福建道市舶提举。明初,在泉州圣墓树立《郑和行香碑》之镇抚蒲日和,据有的家谱记载是蒲寿庚之侄,曾与郑和同往西洋。如果此说有据,则蒲氏后代直至明初仍有人从事航海。

沙不丁家族在元代海外贸易方面地位显要。从名字来看,沙不丁显然是回回人,但出身不可考。至元二十四年(1287),权臣桑哥得势,保荐沙不丁为江淮行省左丞,乌马儿为参政,"依前领泉府、市舶两司"。据此可知,在这以前,沙不丁和乌马儿已负责泉府司和市舶司之事。泉府司由斡脱总管府演变而来。至元十八年(1281),"升总管府为泉府司"。泉府司"掌领御位下及皇太子、皇太后、诸王出纳金银事",也就是为皇帝及其亲族经营高利贷,和原来的斡脱总管府职责相同。后来又在江淮(江浙)设行泉府司,作为泉府司的派出机构。行泉府司除了为皇族

"出纳金银"之外,一度还"专领海运"。行泉府司管理的"海运"是由海道运送市舶货。沙不丁、乌马儿管理的应是江淮(江浙)行省的行泉府司和境内各港口的市舶司。官方和民间的海外贸易,以及市舶货物的沿海运输,都在他们控制之下,无疑已成为这方面举足轻重的人物。

至元二十六年(1289),沙不丁上市舶司"岁输珠四百斤,金三千四百两,诏贮之以待贫乏者"。由这个数额来看,市舶司的收入是很可观的,而且也反映出海外贸易总额之巨。沙不丁曾以私财作为行泉府司的本钱,条件是进贡珍异物品,因此得到忽必烈的同意。沙不丁管理行泉府和市舶两个机构,利用职权,多方牟利。除以私钱作为行泉府的本钱取息外,还肆意对中外商人进行掠夺。这些不法行为,为他挣来了大量财富。至元二十八年(1291),桑哥失宠被处死。沙不丁作为桑哥亲信也随之失势。但忽必烈对他显然仍有好感,这一年十一月,当监察御史对桑哥一案的处理提出疑问时,忽必烈回答说:"桑哥已诛,纳速剌丁灭里在狱,唯沙不丁朕姑释之耳。"可见对他的处理与其他人不同。次年(1292)正月,中书省上奏泉州贡赋和外国使臣的交通路线事宜,忽必烈说:"亦黑迷失、沙不丁曾至其地,可再问之。"当这两人"皆以为便"时,路线便确定了下来。亦里迷失是著名航海家,多次作为元朝使节出海访问。忽必烈将沙不丁与亦里迷失同等看待,可见他在忽必烈心目中的地位,同时这也说明忽必烈已将沙不丁宽大对待了。但是,终忽必烈之世,沙不丁未见重新任用。

成宗元贞二年(1296),"禁海商以细货于马八儿、唄喃、梵答剌亦纳三番国交易,别出钞五万锭,令沙不丁等议规运之法"。显然,沙不丁于此时(或以前)已重新起用,任"规运"官钱,利用市舶取利之责。大德二年(1298),元朝政府设制用院。大德四年(1300)十二月,通政院使只儿哈忽哈只等奏:"致用院官沙不丁言,所职采取希奇物货,合从本司公文乘传进上。"致用院应是沙不丁主持的"规运"官钱出海贸易的机构。沙不丁重新起用,仍与海外贸易有关。此后,武宗至大三年(1310),沙不丁为江浙行省左丞,建言其弟合八失、马合谋但的与澉浦杨家有船可供海运。沙不丁先后管理海外贸易达二三十年之久,而且拥有庞大的私家船队。沙不丁、合八失兄弟在元代海外交通中扮演了重要的角色。

上面提到的"澉浦杨家"也是著名的航海家族,元代著名航海家杨枢就出自这个家族。

澉浦是个沿海小镇,宋代属嘉兴府海盐县,元代属嘉兴路海盐州。在元代,澉浦杨氏声势显赫,拥有巨大的财富。杨氏的真正兴旺始自杨发。他在南宋时曾任利州刺史、枢密院副都统。元军南下,杨发在降将之列,"改授明威将军、福建安抚使,领浙东西市舶总司事"。"至元十四年(1277),立市舶司一于泉州,令忙古夕领之;立市舶司三于庆元、上海、澉浦,令福建安抚使杨发督之。每岁招集舶商,于番邦博易珠翠、香货等物。及次年(1278)回帆,依例抽解,然后听其货卖。"在这四个设置市舶司的港口中,泉州、庆元都有相当长的开放对外贸易的历史,澉浦、上海则是南宋时期开始兴起的港口,澉浦隶属于海盐县,上海隶属于华亭县。元朝政府将庆元、上海、澉浦三处市舶司都交给杨发管理,很可能有两个原因。一是三港位置相近,二是因为上海、澉浦二港是新开辟的港口,规模有限。杨发在南宋时是否与市舶有过联系,不可得知。但入元以后被委任为"领浙东西市舶总司事",管理三市舶司事务,可见元朝政府对他的重视。这一任命使他成为元朝经营海外贸易的重要人物。自此,杨氏家族与航海事业联系在一起。

杨发的儿子杨梓继承父业。澉浦杨氏在杨梓时声势最为显赫。至元三十年(1293),忽必烈发军征爪哇,"二月,亦黑迷失、孙参政先领本省幕官并招谕爪哇等处宣慰司官曲出海牙、杨梓、全忠祖、万户张塔剌赤等五百余人,船十艘,先往诏谕之"。杨梓参加海外远征,与他父亲杨发从事市舶的管理恐不无关系。这是从现有文献中知道的杨梓的最早政治活动和海上活动。此后,他曾任浙东道宣慰副使。浙东濒海,他与航海事业继续保持着联系。

武宗至大四年(1311),"岁辛亥,[杨梓]改运海道,改万户,督粮赴都"。杨梓因为有船,被任命为海运官员,在正式参与海运以前,这些澉浦杨家的船只无疑用于海外贸易。澉浦在元代成为颇为兴盛的贸易港,正是杨氏在当地刻意经营的结果。南宋时期,澉浦港已粗具规模,"此方不事田产,无仓廪储蓄,好侈靡,喜楼阁,惟招接海南诸货,贩运浙西诸邦,网罗海中诸物以养生"。杨发、杨梓父子,以澉浦为基地,"筑室招商,世揽利权";"代据金穴,富甲浙右"。在杨氏影响下,当地"小民争相慕效,以牙侩为业,习成奢僭攘夺之风"。

杨梓两子,长子进入仕途,次子杨枢继承航海事业,以此来保持家族的继续兴旺。杨枢生活在航海家庭,耳濡目染,对航海有一定的知识。后来,他被致用院选中,从事海外"官本船"贸易。杨枢远洋航行的事迹,主要见于黄溍的《松江嘉定等处海运千户杨君墓志铭》(《金华黄先生文集》卷三五),现摘引如下:

大德五年,君[杨枢]年甫十九,致用院俾以官本船浮海。至西洋,遇亲王合赞所遣使臣那怀等如京师,遂载之以来。那怀等朝贡事毕,请仍以君护送西还,丞相哈剌哈孙答剌罕如其请,奏授君忠显校尉、海运副千户,佩金符,与俱行。以八年发京师,十一年乃至其登陆处曰忽鲁模思云。是役也,君往来长风巨浪中,历五星霜。凡舟楫、糗粮、物器之须,一出于君,不以烦有司。既又用其私钱市其土物白马、黑犬、琥珀、葡萄酒、蕃盐之属以进,平章政事察那等引见宸庆殿。

这段文字记录了杨枢的两次远海航行。第一次在成宗大德五年(1301)出发,所到之处是西洋,归国应在大德八年(1304)。第二次在大德八年(1304)出发,大德十一年(1307)到达忽鲁模思,然后返航归国。这两次远航是以接送伊利汗国使节为名,而实际上进行了大量的贸易活动。航海的成功使杨枢声名大振,立即由白身成为阶从六品(忠显校尉)的海运副千户。不过,长期的海上生活,使杨枢积劳成疾,在家养病闲居将近二十年。

杨枢第一次航行所到的具体地点不很清楚,但肯定在加里曼丹岛和爪哇岛以西;而第二次航行则到了波斯湾内。忽鲁模思又作忽里模子,均为 Hor-muz 的音译。这是波斯湾内的重要港口,今译霍尔木兹。杨枢两次远航的成功,使他跻身元代著名航海家之列。

元代航海事业比起前代有很大的发展,但从事这一事业卓有成就而姓名可考者不多。比较突出的还有杨廷璧,他在忽必烈时代曾四次出海,到达马八儿(今印度东南)、俱蓝(今印度西南)等地。又有畏兀儿人亦黑迷失,"屡使绝域",到过马八儿、僧迦剌(今斯里兰卡)、爪哇(今印度尼西亚爪哇岛)、占城(今越南南部)等地。杨廷璧、亦黑迷失都是奉命出使的官员。元代中期又有汪大渊,"当冠年,尝两附舶东、西洋",他根据自己见闻撰写的《岛夷志略》一书,是关于元代海外交通的珍贵文献。《岛夷志略》中记录了阿拉伯半岛某些地区的情况,却缺少关于波斯湾内各地区的记载。

杨枢出海的次数不如杨廷璧和亦黑迷失,但航行目的地之远,超过了以上二人。汪大渊的身份缺乏记载,很可能是商人。和杨枢一样,汪大渊也曾两次远航,而且到达地区之多且远,超过了杨枢。不过,杨枢在航行中是以组织者和领导者的身份出现的,完全有理由称为航海家,而汪大渊在航行中的地位和作用目前尚无法断定。总之,杨枢年仅十九岁便出洋远航,在海上与"长风远浪"搏斗达十年之久,后来又一度从事国内海运。他不仅在元代航海事业中可以称为出类拔萃的人物,而且在整个中国古代航海史上亦有一定的地位。

另外,元代前期的朱清、张瑄家族在航海事业上亦有相当的作为。这两个家族以经营漕粮海运发家。朱清和张瑄原来都是海盗,熟悉南北海道,拥有大批船只。张瑄降元时,有"巨舻五百艘",朱清的实力亦当相去不远。他们利用熟悉海道和掌握海船的有利条件,开辟航路,每年将江南的大批粮食运到北方,解决了首都的粮食供应问题。两人因经营海道漕运得到元世祖的赏识,"二人者,父子致位宰相,弟侄甥婿皆大官,田园宅馆遍天下,库藏仓庾相望"。他们的船队不仅由海道运送粮食,而且从事海外贸易,"巨舻大舶帆交番夷中"。朱、张以太仓(今江苏太仓)为海运基地,"不数年,凑集成市,番、汉间处,闽、广混居"。"粮艘海舶,蛮商夷贾,辐辏而云集,当时谓之六国码头。"太仓成为一个重要的港口。张瑄之子张文虎,还曾任海船万户,率"巨舰"为出征交趾的元军运输粮食。

朱、张管理海运，先后达二十年之久。成宗大德七年（1303），有人检举朱、张"逆谋"，朱、张父子均被处死，家财籍没。元成宗"命御史台、宗正府委官遣发朱清、张瑄妻子来京师，仍封籍其家赀，拘收其军器、海舶等"。受命前往浙西执行此项命令的官员，"发所籍朱清、张瑄货财赴京师。其海外未还商舶，至则依例籍没"。在"籍没"时特别注意"海舶""海外未还商舶"，说明朱、张发往海外进行贸易活动的船只不在少数。在大德七年（1303）元朝政府一度"禁商下海"，很可能与拘收朱、张海舶有关。朱、张死后，这两个显赫一时的航海家族，也就完全瓦解了。后来，朱、张得到平反，子弟重新出仕，部分家财发还，但再也不能在海上称雄了。

综上所述，元代的这几个以航海为业的显赫家族，拥有大量的财富，而且在政治上都很有权势。这些家族的航海活动，持续了相当长的时间。这种情况，是中国以前各朝代所罕见的。元朝政府重视海外贸易和国内海运，由此引起航海事业的空前发展，是这些家族得以产生的时代条件。或者可以说，这些家族的出现，是元代航海事业比起前代来有所发展的一个明显的标志。只有大规模的持久的航海活动，才有可能产生以航海为业的显赫家族。元代以前，中国历史上出现过许多显赫的家族，但几乎无例外地以土地占有、农业经营为其经济基础。有的即使兼营商业，在其经济活动中也只能占次要的地位。这些以航海为业的显赫家族的出现，应视为元代社会与前代不同的一个变化。元朝灭亡，意味着这些航海家族的完全没落。明朝前、中期实行的海禁政策，从根本上取消了航海家族产生的可能性。随之而起的，是海上走私——海盗集团的大批出现。

以上简略介绍了与元代海外贸易有关的几个方面,我们看到,元代是我国海外贸易与航海事业取得辉煌成就的时代。元代航海事业的成就,为此后不久郑和下西洋的活动奠定了坚实的基础。我们还注意到,元代海外贸易虽然是在政府和大商人、大家族控制和组织下进行的,但是如果没有农民和手工业者创造了大量可资海外贸易之用的物资,没有造船工人修造了可供海上航行之用的船舶,没有许多船员和水手不畏风险,驾驶船舶,那么海上贸易是无法进行的。通过海外贸易,促进了我国与亚、非各国人民之间的经济、文化交流,加深了彼此之间的友谊。这是广大劳动人民的历史功绩。几大航海家族也对此做出了贡献,同样应充分肯定。尽管元朝曾经与某些邻国发生过冲突,但是,从整个元代来看,这些冲突不过是历史长河中的逆流,友好的交往始终是我国和亚、非各国之间关系的主流。这一点从海外贸易的状况可以得到充分的证明。

元代医疗习俗和医学状况

兼收并用 莫不崇奉——陈高华说元朝

医疗习俗

有元一代,战争不断,各种灾荒接连发生,加上城乡卫生条件普遍很差,多数百姓缺乏卫生常识,常见病(呼吸道疾病、肠胃病等)的发病率很高,大规模的传染病时有发生,男女的寿命一般是比较短的。

当时人们得病以后,采取的治疗方法,大体上可以说有四种:一种是请医生看病,一种是自己开药方抓药吃,一种祈祷上天、神祇救治,还有一种是求助于巫觋或道士施行巫术、法术驱除病魔。

元代为人治病的主要是中医,其次是回回医。中医就是用中国传统医学理论和技艺来治病的医生,诊断采用望、闻、问、切的方法,治疗以药物为主,配以针灸,以及某些手术。元代中医分为十科,即大方脉杂医科、小方脉科、风科、产科兼妇人杂病科、眼科、口齿兼咽喉科、正骨兼金镞科、疮肿科、针灸科、祝由书禁科。用今天的分类,即内科(大方脉杂医科、风科)、小儿科(小方脉科)、妇产科(产科兼妇人杂病科)、牙科和口腔科(口齿兼咽喉科)、外科(正骨兼金镞科、疮肿科)、针灸科、眼科。此外,祝由书禁科则属于巫术的变种(详下)。可见分科已很细密。医生大多专精一科,兼通各科者很少。

"望""闻"是观察病情;"问"是询问情况;

"切"是把脉,其中把脉对于确定疾病性质最为重要,也是中医诊断的一大特色。诊断确定患者的疾病以后,才能进行医治。对于内科、小儿科、妇科的疾病,一般由医师开出医方。医方有汤剂,也有丸、散、膏等,用各种药材配制而成。前代和元代的医学著作中有大量的医方。医师开方,通常以各种医书、医学著作为据,根据病者情况和自己的经验,适当加以增减。内蒙古额济纳旗发现的元代文书中,有医方五件,有的是抄写的某种医书残本,上有甘草附子汤和白虎汤等全剂药名、药物配比和主治病症,有的是制作丸药的剂方和汤剂方,还有临床治病的处方。额济纳旗是元代亦集乃路所在地,地处偏远,亦有中医为人治病,内地可想而知。

中医治病的情况,在高丽的汉语教科书中有比较生动具体的描写,我们看下面两个病例:

病例一:我有些脑疼头眩,请太医来诊候脉息,看什么病。太医说:"你脉息浮沉,你敢伤着冷物来?"我昨日冷酒多吃了,那般时消化不得,因此上脑痛头眩,不思饮食。"我这药里头与你些克化的药面,吃了便教无事。消痞丸、木香分气丸、神芎丸、槟榔丸,这几等药里头,堪服治饮食停滞,则吃一服槟榔丸。食后吃,每服三十丸,生姜汤送下。吃了时便动脏腑,动一两次时便思量饭吃。先吃些薄粥补一补,然后吃茶饭。"明日,太医来问:"你好些个么?"今日早晨才吃了些粥,较好些了。明日病瘥病了时,太医上重重的酬谢。(引自《老乞大谚解》卷上)

病例二:我今日脑疼头旋,身颤的当不的,请将范太医来看。太医来这里,请的屋里来。"好相公坐的,小人虚汗只是流水一般,夺脑疼的一宿不得半点睡,与我把脉息看一看。""咳,相公脉息尺脉较沉,伤着冷物的样子,感冒风寒。……我如今先与你香苏饮子熬两服吃,热炕上炕着出些汗。我旋合与你藿香正气散,吃了时便无事了。帖儿上写与你引子,每服三钱,水一盏半、生姜三片、枣一枚,煎至七分,去滓温服。然后吃进食丸,每服三十丸,温酒送下。"(引自《朴通事谚解》卷中)

两者病情都是脑痛头眩(旋),但病因不尽相同。前者是消化不良引起,后者则是受风寒所致。因此,医生在诊断以后,采用不同的治疗。前者用帮助消化的槟榔丸,后者则先用汤剂,再服丸药。

高丽汉语教科书《朴通事谚解》上卷还有关于针灸的描写:

"咳,贵人难见,你那里有来?这两日不见,你来怎么这般黄瘦?""我这几日害痢疾,不曾上马。""咳,我不曾知道来,早知道时,探望去好来,你休怪。""不敢,相公。""如今都好了不曾?""一个太医看我小肚皮上使一针,脚内踝上灸了三壮艾来,如今饭也吃得些个,却无事了。""虚灸那实灸?""怎么虚灸,将一根儿草来,比着只一把长短铰了。将那草销儿放在脚内踝尖骨头上,那稍儿到处,把那艾来揉的细着,一个脚上三壮家,灸的直到做灰。这般时,艾气肚里入去,气脉通行使好了。只是腿上无气力。""你且休上马,忙什么?且着干饭、肉汤,慢慢地将息却不好。"

在元代杂剧中也有不少中医看病的描写。如杂剧《萨真人夜断碧桃花》中,太医把脉后说:"这寸关尺三指脉微沉细,常是寒热往来;我下服建中汤,减了附子,加上官桂,就着他疾病痊可也。"另一出杂剧《降桑葚蔡顺奉母》中,两个骗人的庸医,为病人诊治,"双双把脉",一把左手,一把右手,诊断完全相反。杂剧《同乐院燕青博鱼》中,梁山好汉燕青因被罚气坏了眼睛,"会神针法灸"的燕二,用金针为燕青下针,配以口服药,便使他的眼睛"复旧如初"。

元代除了中医以外,还有回回医师。元代大批回回人(中亚和西南亚信仰伊斯兰教诸民族的成员)来中国定居,他们带来了伊斯兰文化,其中就有伊斯兰医学。元朝政府专门设立了广惠司,管理回回药物。当时的大都城有"回回医官"为人治病,很可能就是在广惠司任职的。还有"西域贾胡"久客江南卖药。所谓"贾胡",指的显然是回回人。这一时期,还出现了医书《回回药方》,系统介绍了伊斯兰医学的各种治疗方法。回回医师在治疗时主要使用"胡药",以丸散膏丹为主。这些都和使用中药、以汤剂为主的中医形成鲜明的对比。此外,伊斯兰医学在外科手术上也很有特色。它的传播是元代医疗方式不同于前代的一大变化。

13世纪初的蒙古人,没有专门的医生,人们患病时,不是听其自然,就是求助于上天或巫觋。但是长期的游牧和战斗生活的磨炼,使他们积累了某些特殊的医治方法,比较突出的是医治因外伤流血过多的方法。成吉思汗时期,将领布智儿身中数箭,血流遍体,昏迷不醒,成吉思汗"命取一牛,剖其腹,纳布智儿于牛腹,浸热血中,移时遂苏"。成吉思汗之子窝阔台在一次战斗中中箭流血,有人将"凝住的血咂去"。成吉思汗又用火将窝阔台"箭疮烙了"。咂血和用火烙便是蒙古人治箭(枪)伤的传统方法。在和王罕的战斗中,将领畏答儿受伤,"脑中流矢,疮甚",成吉思汗"亲敷以善药"。可见已有医治疮伤的药物。当然,这些治疗方法和药物都是很有限的。随着不断向外扩张,蒙古人逐渐接触到其他民族的医学,开始请其他民族的医生看病。成吉思汗信任的契丹人耶律楚材,"博极群书",兼通医、卜之术,"丙戌冬,从下灵武,诸将争取子女金帛,楚材独收遗书及大黄药材。既而士卒病疫,得大黄辄愈"。这是蒙古人引进中医的较早的例子。到窝阔台汗时期,宫廷中已经有汉人医生。大批蒙古人移居中原以后,每遇疾病仍求助于上天、巫觋,但请中医、回回医看病日趋普遍。

除了请人看病之外,随着医学知识的传播,也有自己开方治病的。在汉族和受汉文化影响较深的民族(如契丹、女真等)中,中医学知识传播较广。元代流行的日用百科全书型的民间类书《事林广记》便有"医学类",详记各种疾病的症状和治疗的用药方法,各种药物的用途与加工方法,以及"药性反忌""解救药毒"等,目的显然是普及医疗知识,便于自行诊治。当时医生数量有限,看病要收费,再加交通不便,有病请医生诊治并非易事。一般常见的病症,患者及其家属常采取自行购药服用的办法。名医罗天益的《卫生宝鉴》中记录了不少这样的例子,如齐大哥"因感寒邪、头项强、身体痛",先服用灵砂丹,后服通灵散;高郎中弟妇"产未满月,食冷酪、苦苣及新李数枚,渐觉腹中疼",家人便以槟榔丸服之;等等。但是,这种做法往往引起事故,导致病情的恶化,罗天益是不赞成的。

以上讲的是医生治病和自行诊断吃药的一些情况。治病的另一种方式是向上天和神祇许愿祈祷。例如:"王荐,福宁人,性孝而好义。父尝疾甚,荐夜祷于天,愿减己年益父寿。父绝而复苏……疾遂愈。""张旺舅,安丰霍邱人。……母病,伏枕数月,旺舅无赀命医,惟日夜痛哭,礼天求代,未几遂愈。"以上是祈天的例子。在祈祷神祇方面,比较常见的是向东岳神、城隍神、关公等祷告。

向上天或神祇祈祷祛病消灾,通常都和许愿联系在一起。从上面的例子可以看出,许愿的主要内容是减寿或以身相代,此外,也有表示在自己或某人病愈以后贡献物品的。元代杂剧中对此亦有描写。《降桑椹蔡顺奉母》一剧中,因母亲患病不起,蔡顺"对天祷告,愿将己身之寿,减一半与母亲"。果然他的行为"感动天地神灵",在寒冬天气降生桑葚,其母食用后病愈。杂剧《小张屠焚儿救母》中,因母亲得病,张屠向东岳神许愿,以五岁孩儿做祭品,来救母亲一命。实际上,这种荒谬、野蛮的举动并不能达到治病救人的效果,"感动天地神灵"只是文人的虚构而已。

祈天或祈神治病,常与"神水"有关。"王思聪,延安安塞人。……父尝病剧,思聪忧甚,拜祈于天,额膝皆成疮。得神泉饮之,愈。""赵荣,扶风人,母强氏有疾,荣……负母登太白山,祷于神,得圣水饮之,乃痊。"所谓神泉(水)治病,在民间流传已久,元代仍然流行。某些泉水因传说与天、神有关,因而蒙上了神秘的色彩,被认为有治病的特殊功能。

治病还有一种方式是请巫觋施行巫术或道士施行法术。当时各族群众中普遍存在这样一种认识:患病是鬼怪作祟的结果。施行巫术或法术,驱除作祟的鬼怪,可使病人恢复健康。流行于汉族中间的,是请道士施行法术治病。元代道教有不同派别,有的强调个人修炼,有的则擅长法术,施行符咒,自称能驱使鬼神、祈雨治疾。例如湖州道士莫月鼎,有疾患求治者,"或以蟹中黄篆符与之,或摘草木叶嘘气授之,无不立愈者"。杂剧《萨真人夜断碧桃花》中,状元张道南及第后任潮阳知县,"染病在身,医药无效",他的父亲认为"必有邪魔外道迷着",便请萨真人救度。萨真人设一坛场,施行法术,驱使神将押到女鬼,张道南因此得愈。

中医在形成发展过程中,与巫术、道教的法术有密切的关系。后来医术逐渐从巫术和法术中分离开来,但仍有巫术、法术的痕迹。元代中医分为十科,其中之一是祝由书禁科。所谓"祝由"是有病者对天告祝其由之意,"书禁"就是以符咒治病。符是符箓,在纸或木板、布帛上写含有神秘意义的文字或图案,将纸烧成灰吞服,或将木板、布帛悬挂、携带,据说便可产生治病的效果。咒是咒语,含有神秘意义的语言,据说诵读可以祛除病痛。唐、宋中医学中均有书禁科,元代继续存在。祝由书禁,实际上就是巫术和法术的变种,在元代仍是普遍认可的医疗手段。元代大医学家朱震亨有这样的议论:"移精变气(指祝由科治病——引者),乃小术耳,可治小病。若内有虚邪,外有实邪,当用正大之法,自有定式,昭然可考。然符水惟膈上热痰,一呷凉水,胃热得之,岂不清快,亦可取安。若内伤而虚,与冬严寒,符水下咽,必冰胃而致害。"显然,他对符咒治病持怀疑态度,但也说明这种医疗手段在当时是颇为流行的。

在元代多数人心目中,以上几种治疗方法并行不悖。疾病患者往往在求医的同时,祈祷上天、神祇援救,或求助于巫觋、道士,也有先用一种方法治疗,无效时再改用其他方法的。例如,上述《降桑椹蔡顺奉母》中,蔡顺母亲得病,他一面向上天祈祷,愿减己寿与母,另一面又请医生前来治病。甲寅年(1254),忽必烈的斡耳朵(营帐)中,有一个名叫丑厮兀闾的人,"发狂乱弃衣而走"。先由"巫师祷之,不愈而反剧",忽必烈便命汉医罗天益治之,用中医医术治愈。名医朱震亨记述了一个死亡的病例:有一金氏妇得病,"言语失伦",朱震亨认为:"此非邪,乃病也,但与补脾清热导痰,数日当自安。"但"其家不信,邀数巫者喷水而咒之,旬余乃死"。

医生和医药

元代为人看病的医生,有多种称呼。一般称医生为医人、医师、医工或医士。还有用作尊称的"太医"。太医原是官设医疗机构中的一种职位,前代有太医院(局),在其中任职的医生有太医的头衔。元代继承前代制度,亦设太医院,选择名医为太医,为宫廷及贵族、官僚服务。民间于是便把"太医"当作对医生的尊称。

从宋代起,出现了"儒医"一名。儒医既指身为儒生而致力于医学,为人治病;又指身为医师而有较好的儒学修养。在宋代以前,儒、医是不同的行业,两者可以说没有多大联系。儒医名称的出现,表示医与儒的合流,医生的身份有所提高。这是中国历史上医生身份的一大改变。到了元代,"儒医"的称呼更为普遍。名医罗天益说,他有一个治咳嗽的方子,是"从军过邓州,儒医高仲宽传此"。14世纪前期,元朝政府的一件文书中说:"比年以来,一等庸医,不通《难》《素》,不谙脉理……辄于市肆,大扁'儒医'。"庸医也以儒医自相标榜,可见儒医已成为医道高明的代名词。事实上,在元代医生中,可以看到上述两种情况:一种是身为医生而以读儒书自诩,例如江西"为医十有一世"的萧与宾,家有"读书堂",其祖父萧震甫说:"医道由儒书而出……舍儒而言医,世俗之医耳。"世代为医的医生也以讲读诗书为荣,这是由医向儒医发展。"金元四大家"中的朱震亨,是浙东理学家许谦的弟子,后因母久病不愈,到处求师问学,终于成为一代名医,这是由儒而成为儒医。当然,当时还有许多医生,实际上既不精于医术,儒学也不通,纯粹是欺世盗名而已。元代以后,号称"儒医"的医生就更多了。

就出身而言,元代的中医医生,有三种情况。

一种是家学。"医非三世,不服其药,圣人著之《礼经》,以示后世。"医学需要长期的钻研和经验的积累,所以古人强调家学,形成一种传统。元代这种传统的影响仍是很突出的。例如,"真定窦氏以医术名著百余年矣",在忽必烈时代,窦行冲被任命为尚医,为宫廷服务。河间名医王彦泽,"家河间数世矣,皆以医业相传"。江西庐陵萧尚宾为医十有一世,是见于记载历时最久的从医家族。平江(今江苏苏州)葛应雷,父葛从豫"业儒而于九流百家靡所不通,尤工行医"。应雷继承家学,又刻苦钻研,"其处方剂施砭焫率与他医异,以此名动一时"。元朝政府推行医户制度,行医之家凡在户籍上登记为医户者,必须世代以医为业,不能随便改易。这就从制度上加强了医学家传的传统。需要说明的是,元代户籍制度比较混乱,不少以医为业者不在医户户籍内。

第二种是师徒相传。有志学医的青年往往跟随已经行医的医生学习,这种情况相当普遍。北方名医罗天益,便是"金元四大家"中李杲的学生。"金元四大家"中的朱震亨,到处求师问学,最后得到罗天益的指点,成为一代名医。一些名医对徒弟的选择非常严格。李杲因年老,"欲道传后世,艰其人",友人向他推荐罗天益。"君(李杲——引者)一见曰:汝来学觅钱医人乎?

学传道医人乎?"罗天益回答:"亦传道耳。"正因为罗天益表示愿为医学发扬光大而努力,而不是仅仅作为谋生的手段,李杲才收下了这个弟子。朱震亨闻罗天益之名,"遂往拜之,蒙叱咄者五、七次,越趑三阅月,始得降接"。罗天益看到朱震亨专心求学,才将自己的学问倾囊传授。

罗天益登师门时作《上东垣先生启》,前面颂扬李杲医术神妙,"问病而证莫不识,投药而疾靡不瘳"。接着说自己"常切求师之志","欲敬服弟子之劳,亲灸先生之教"。并说:"今乃谨修薄礼,仰渎严颜。"可见投师要送上礼物,并呈上表示自己愿意学习医术的文字。罗天益入门以后,李杲对他十分照顾。"日用饮食,仰给于君。学三年,嘉其久而不倦也,予之白金二十两,曰:'吾知汝活计甚难,恐汝动心,半途而止,可以此给妻子。'"师徒关系十分亲密,不但不收学费,而且老师还负担徒弟的家用。这种情况大概是比较特殊的,在多数情况下,徒弟都要向老师交纳学费。

还有一种是通过医学校培养医生。元朝政府对医疗事业颇为重视,在全国路府州县普遍建立医学,招收医户和"开张药铺行货药之家"的子弟入学,"若有良家子弟才性可以教训愿就学者听"。医学分为十科,已见前述。医学学生要经过一定年限的学习,通过考试才能外出行医。但从现有一些记载看来,元代有名的医生似乎没有从医学校培养出来的,说明这种培养方式效果不佳。

成宗元贞元年(1295),"初命郡县通祀三皇,如宣圣释奠礼。……有司春秋二季行事,而以医师主之"。也就是在各地普遍建立三皇庙,祭祀伏羲、神农和黄帝,其仪式与孔庙相同,由医师负责日常事务。这是以政府的名义,确认"三皇"为医生行业的神祇。各地设立的医学,都和三皇庙在一起,就像儒学与孔庙在一起一样。"三皇之祠于医学,自国朝始。"凡是行医之家,每遇朔望,都要到三皇庙集会,"各说所行科业,治过病人,讲究受病根因,时月运气,用过药饵,是否合宜。仍令各人自写曾医愈何人病患,治法药方,具呈本路教授"。三皇庙的设置和三皇崇拜的流行,行医之人在三皇庙定期集会探讨医术,都可以说是元代医疗活动的特色。

元代的医学,就整体水平来说,比起前代来有明显的进步。"金元四大家"中的李杲、朱震亨,都生活在元代,他们的医学理论和实践影响广泛。针灸技术亦有新的发展,代表人物是窦默等人。回回医术的传入,对中医产生了有益的作用。但从当时的实际情况来看,真正出色的良医不多,滥竽充数甚至假医为名骗人钱财的庸医、江湖医生却是到处可见的。

元代名医罗天益的《卫生宝鉴》记录了不少庸医杀人的例子。他特别反对请所谓"福医"看病的风气:"不精于医,不通于脉,不观诸经、本草,赖以命运通达而号福医,病家遂委命于庸人之手,岂不痛哉!"这类缺乏必要医学修养只凭运气为人治病的"福医",正是"庸医"的典型,在当时比比皆是。至元五年(1268),提点太医院官员上奏说:"有不习医道诸色人等,不通医书,不知药性,欺诳俚俗,假为医名,规图财利,乱行针药,误人性命。又有一等妇人,专行堕胎药者,作弊多端。"请求取缔。忽必烈批准这一建议,"仰中书省遍行随路,严行禁约"。

将近半个世纪以后,同样的问题又提了出来。至大四年(1311),中书省刑部的文件中说:"比年来,一等庸医,不通《难》《素》,不谙脉理,至如药物君臣佐使之分,丸散生熟炮炼之制,既无师傅,讵能自晓。或日录野方,风闻谬论,辄于市肆,大扁

'儒医'，以致闾阎细民，不幸遭疾。彼既寡知，谩往求谒。庸医之辈，惟利是图，诊候中间，弗察虚实，不知标本，妄投药剂，误插针灸。侥幸愈者，自以为能，谬误死者，皆委于命。……似此致伤人命，不可缕数。"文件提出应加强对医生的管理，"若能明察脉理，深通修合者，方许行医看候。如有诊候不明，妄投药剂，误插针穴，致伤人命者，临事详其轻重追断"。还有一些江湖医生，"每当街聚众施呈小技，诱说俚俗，货卖药饵。及有不通经书，不知药性，乱行医药针灸，贪图钱物，其间多有伤害人命"。庸医、江湖医生不懂医理，随意诊治，谋财害命，屡禁不绝，已成为元代一大公害。

在元代杂剧中，常有关于医生的描写，有趣的是，多数都是以庸医的面目出现的。例如在《感天动地窦娥冤》中，有一个赛卢医，自称"行医有斟酌，下药依本草，死的医不活，活的医死了"，"小子太医出身，也不知医死多少人，何尝怕人告发"。在《萨真人夜断碧桃花》杂剧中，也有一位赛卢医，上场时说："我做太医手段高，《难经》《脉诀》尽曾学。整整十年中间，医不得一个病人好，拼则兵马司中去坐牢。""卢医"即古代名医扁鹊，以家在卢国，故又有此名，"赛卢医"是外号，即胜过扁鹊之意，但两剧中"赛卢医"都是医死人的庸医，外号和能力相比形成强烈的讽刺。还有一出《降桑椹蔡顺奉母》杂剧，蔡顺之母得病，请了两位医生，一个名叫胡突虫，一个是宋了人。两人治病，"指上不明，医经不能"，"活的较少，死者较多"。"他有一分病，俺说做十分病，有十分病，说做百分病。到那里胡乱针灸，与他服药吃。若是好了，俺两个多多的问他要东西钱钞；猛可里死了，背着药包，望外就跑。"这类人物形象的塑造，绝非偶然，无疑是现实生活中存在大量庸医的写照。

中医治病,需用各种药材。中药的发售,有专门的药铺。经营药铺者一般都懂医术,有的就是为人看病的医生。杭州蒋景是个突出的例子:

> 故宦族,而君之先独弗仕,至君遂学为医,然不专以其技自用,恒蓄善药为丹剂汤饵以售于人。取稽叔夜《养生论》所引神农氏语,以"养斋"扁其药室。其制药也,自山泽来,致其物者必以色味,参诸图经,非其地产及采暴之时弗苟取也。铢分之等,捣治熘灸,合和之宜,必本诸方书,小失其度,辄弃去弗苟用也。言医者冀得善药辅其术,教病家求药留之养斋。自达官显士、间巷小夫,至于旁州比县之人,无不知求药于养斋者,故其室无留药,日役数十人药犹不给。或持钱踽其门,累日乃得药,不以为愠。杭之业于药者千百不啻,莫敢与之齿也。凡学于君者多良医,而食于君者皆良工云。

杭州一地药铺"千百不啻",可能有些夸大,但数量可观则是可以断言的。蒋景本人是个良医,他经营的药铺"养斋"对药材的收购和加工都很认真,因此获得了良好的声誉,成为杭州药铺之冠。每日在他的药铺中从事药材加工的不下数十人,产品常常供不应求。这是大药铺的例子。杂剧《感天动地窦娥冤》中,赛卢医不但为人看病,还"在这山阳县南门开着生药局"。"生药局"便是药铺的别名,这家药铺显然规模很小。药铺都有特定的幌子作为标志。高丽的汉语教科书记载,有人害疥,痒当不得,旁人便说:"你去更鼓楼北边王舍家里,买将一两疥药来搽一遍,便成疙瘩都吊了。"此人问:"我不知道那家有什么幌字(幌子的谐音——引者)?"答:"那家门前兀子上,放着一个三只脚铁虾蟆儿便是。"这三脚铁虾蟆便是药铺的幌子。

元代医生中,庸医多,江湖医生多,已见上述。与之相应的是假药盛行,毒药泛滥。至元九年(1272)中书省的一件文书中说:"如今街上多有卖假药,及用米面诸色包裹诈装药物出卖的也有,恐误伤人性命。奉圣旨:您也好生出榜明白省谕者。如省谕已后有违犯人呵,依着扎撒教死者。""扎撒"是蒙古语音译,意为法律。也就是说,如果在禁令发布以后再卖假药,就要按照法律处以死刑。尽管如此,假药并未禁绝。元贞二年(1296)监察御史的呈文中说:"切见大都午门外中书省、枢密院前,及八匝儿等人烟辏集处,有一等不畏公法假医卖药之徒,调弄蛇禽傀儡,藏撅撒钹到花钱击鱼鼓之类,引聚人众,诡说妙药。无知小人利其轻售,或丸或散,用钱赎买,依说服之,药病相反,不无枉死。参详京师天下之本,四方取法者也。太医院不为禁治,不唯误人性命,实伤风化。理宜遍行禁治。"中书省批准这一建议。"八匝儿"是突厥语音译,意为市集。可见京师大都的热闹之处假药泛滥成灾。京师如此,外地可想而知。

中药铺中出售的药物,有一部分是含毒性的。有毒的药物在治疗某些疾病时是必需使用的,此外也有人在酿酒时"加以马蔺、芫花、乌头、巴豆大毒等药,以增气味"。更有甚者,则用来害人。杂剧《感天动地窦娥冤》中,张驴儿从药铺买来毒药,原想毒死蔡婆婆,结果毒死了自己的父亲。毒药的随意买卖,是社会的不安定因素。至元五年(1268)的圣旨中说,有些药铺"往往将有毒药物如乌头、附子、巴豆、砒霜之类,寻常发卖与人,其间或有非违,杀伤人命",因而要严加禁止。大德二年(1298)中书省上奏说:

> 今后如砒霜、巴豆、乌头、附子、大戟、芫花、藜芦、甘遂这般毒药，治病的药里多用着，全禁断呵，不宜也者，如今卖药的每根底严切禁治，外头收采这般毒药将来呵，药铺里卖与者。医人每买有毒的药治病呵，着证见卖者。卖的人文历上标记着卖与者。不系医人每闲杂人每根底休卖与者。这般省谕了明白知道。卖与毒药害了人性命呵，买的卖的两个都处死者。闲杂人每根底卖与呵，不曾害性命有人告发呵，买的卖的人每根底各杖六十七，追至元钞一百两与元告人充赏者。又街市造酒曲里这般毒药休用者。

这件上奏文书得到了皇帝的批准。它对毒药买卖做出了具体规定：毒药采集后，只许卖给药铺，药铺只能卖给医生，出卖时要有见证人，还要登记在册。凡因毒药买卖伤害人命，买卖双方都要处死，卖给不是医生的闲杂人，不曾伤害人命，一经举报，买卖双方都杖六十七，罚钞百两。不许用毒药酿酒。显然，毒药害人已成为社会公害，但又不能完全禁止，于是便采取种种办法，加强管理，控制毒药的流通。但这些禁令的效果如何是值得怀疑的。《窦娥冤》中张驴儿就是"闲杂人"，他用恐吓的手段从药铺得到了毒药。

医疗卫生与人民的日常生活联系紧密，而中华传统医学又是我国文化的重要组成部分。通过以上对元代医疗卫生情况的大体介绍，希望能引起读者对相关问题的关注。

元代的书画和雕塑艺术

元代的书画雕塑艺术,在中国艺术发展史上占有重要的地位。大体说来,元朝书画艺术的真正发展是从世祖忽必烈时期开始的,到元朝中叶,达到了繁荣的局面。其发展可以分为两个阶段。世祖、成宗、武宗为前一阶段,仁宗以后为后一阶段,前期奠定基础,后期发展壮大。书法和雕塑艺术大体也是如此。

元朝前期的书画雕塑艺术

大蒙古国前四汗时期,"汉地"经济凋敝,文化衰落,绘画、书法、雕塑等视觉艺术没有出现有成就的作者和有较大影响的作品。从忽必烈时代开始,特别是元朝统一以后,发生了明显的变化。绘画、书法艺术得到蓬勃的发展,雕塑艺术亦有令人瞩目的成就,在中国文化史上写下了重要的篇章。在元朝前期,绘画中成就最大的是赵孟𫖯(1254—1322)。孟𫖯,字子昂,号松雪道人,湖州人,宋太祖子秦王赵德芳后裔,以荫补官。至元二十三年(1286)被程钜夫荐举入仕,拜兵部郎中,累官至翰林学士承旨,死后封魏国公。赵孟𫖯在绘画上博采众长,自成一家,"他人画山水、竹石、人马、花鸟,优于此或劣于彼。公悉造其微,穷其天趣,至得意处,不减古人"。在山水、鞍马、古木竹石、人物、花鸟等众多方面都有精品问世。其传世的作品,在山水方面有《鹊华秋色图》《水村图》等;鞍马

《赵孟頫写经换茶图》(局部,明仇英绘)

有《秋郊饮马图》等;古木林石有《秀石疏林图》等;人物有《红衣罗汉图》;花鸟有《幽篁戴胜图》。在绘画的多种门类中都有杰出成就,这在中国绘画史上可以说是前无古人、后无来者的一代宗师。赵孟頫的绘画理论强调作画要有"古意","不求形似"。这都是针对南宋院体画的弊病而发的,在当时产生了深远的影响,使画坛风气为之一变。

这一时期的绘画各门类中,以山水画成就最大。山水画的名家,除赵孟頫外,要数钱选和高克恭成就突出。钱选,字舜举,号玉潭,生卒年不可考。他和赵孟頫同乡(吴兴人),又是好友,但是两人处世态度大不相同。赵孟頫出仕新朝,成为显贵,钱选则"励志耻作黄金奴",甘心"隐于绘画以终其身"。与赵孟頫一样,他在绘画艺术上亦有多方面的成就,山水、人物、花鸟、鞍马,无一不精。"精巧工致"是钱选画作的特点。他的山水画传世有《浮玉山居图》《山居图》。高克恭(1248—1310),字彦敬,房山(今属北京)人。他是西域人的后裔,元代的"西域"涵义广泛,包括中亚及其以西广大地区。有的记载说他是"回纥长髯客"。元代"回纥"与"回回"同义,他的祖先可能是阿拉伯人或波斯人。高克恭的祖父已与汉人通婚,父亲对于儒家经典和理学都有研究。在父亲影响下,高克恭熟悉儒家经典。至元十二年(1275)入仕,由吏而官,曾任刑部尚书和大名路总管(均为正三品)。总的来说,仕途比较顺利。"及卒之日,家无余赀",以廉洁见称。他"好作墨竹,妙处不减文湖州。画山水,初学米氏父子,后乃用李成、董元、巨然法,造诣精绝"。传世作品有《云横秀岭图》《墨竹坡石图》等。元末名画家倪瓒说:"本朝画山林木石"画家中,他最佩服的有四人,第一便是"高尚书之气韵闲逸",并列的三人是赵孟頫、黄公望和王蒙。由此可见,他在元代画坛的地位。

木石梅兰一类绘画题材,自宋代起为文人所爱,日趋兴盛。进入元代,仍是画家喜爱的题材。从现存记载可知,赵孟頫有不少以《竹石》《幽兰修竹》《墨竹》为题的作品。其中有些流传至今。他的妻子管道升(1262—1319),字仲姬,"能书,善画墨竹、梅、兰",有《墨竹卷》传世。这一时期享有盛名的画竹大家是李衎。李衎(1244—1320),字仲宾,号息斋道人,大都(今北京)人。"少孤贫",二十余岁在太常寺充当吏员。元朝前期不行科举,汉人入仕,主要通过由吏而官的途径。李衎便由吏员逐步高升,多次出任地方官,曾奉命出使交趾(今越南北部)。以荣禄大夫(从一品)致仕。元代画家中官员颇多,但品阶如此之高者仅有李衎与赵孟頫二人。李衎善画竹石枯槎,"始学王澹游,后学文湖州,著色者师李颇,驰誉当世"。王澹游是金代画家王庭筠子王曼庆(又作万庆),文湖州是北宋画家文同,李颇是唐代画家,三人都是画竹名家。李衎的传世作品有《双勾竹图》《四清图》等。他著有《竹谱详录》一书,讲述学习画竹的经过和心得;还收集了各种竹的资料(形状、产地、特点等),供创作之用。这是一本很有特色的著作。山水画名家高克恭亦喜画竹石,曾画竹自题云:"子昂写竹,神而不似;仲宾写竹,似而不神。其神而似者,吾之两此君也。"这段话表达了他的自负,同时也说明当时画竹存在不同的流派。画兰名家首推郑思肖(1241—1318)。思肖,字所南,福州人,做过南宋的太学生。元军南下时,"扣阙上疏",要求抗战。入元后,"变今名(思肖即思赵——引者),隐吴下,所居萧然。坐必南向,遇岁时伏腊,辄野哭,南向拜而返,人莫测焉"。"平日喜画兰,疏花简叶,不求甚工。其所自赋诗以题兰,皆险异诡特,盖所以输写其愤懑云。"郑思肖以宋遗民自居,其诗文充满故国之思和对新朝的不满,在画兰时也曲折地表达了出来。传世作品有《墨兰》及《墨竹》图卷。

画马在唐、宋时都出现过名家,如唐代的曹霸、韩干,宋代的李公麟等。元朝的画马名家,首推赵孟𫖯。他自称:"幼好画马,每得片纸,必画而后弃去。"由于对画马下过苦功,赵孟𫖯对画艺颇为自负,"友人郭祐之尝赠余诗云:'世人但解比龙眠,那知已出曹、韩上。'曹、韩固是过许,使龙眠(即李公麟——引者)无恙,当与之并驱耳"。赵孟𫖯传世画马作品数种,表现马的各种姿态,神形兼得。另一位画马名家是任仁发(1254—1327),字子明,号月山,松江(今属上海)人。家在海滨,以"弋水禽野雉为业"。任仁发早年"负笈力学",曾参加南宋末年举行的地方科举考试。元平南宋后,任仁发得到江浙行省平章游显的赏识,选充宣慰司吏员,后升海道副千户、千户,又任都水少监、都水庸田使司副使,以宣慰使司副使(正四品)致仕。任仁发是杰出的水利专家,在绘画方面也有很高的成就,擅长鞍马。同时代高丽名士李齐贤说:"月山用笔逼龙眠。"元末有这样的评论:"月山道人画唐马,笔力岂在吴兴下。""吴兴"指赵孟頫,可知在元代赵、任二人以画马齐名。任仁发传世作品有《出围图》《二马图》等。赵孟頫和任仁发是中国古代最后的画马名家,在他们以后画史上就很少有以画马擅名的了。

龚开(1221—1307?),字圣与,号翠岩,江苏淮阴人。龚开在南宋末年曾任两淮制置司监当官,参加过抗元的斗争。南宋灭亡后,往来于杭州、平江(今江苏苏州)等地,以卖画维持生计。龚开"作隶字极古,画山水师二米,画人马师曹霸,描法甚粗。尤善作墨鬼钟馗等画,怪怪奇奇,自出一家"。作品以鞍马和钟馗最得好评,传世作品有《瘦马图》等。龚开作画,"卷后必题诗或赞跋,皆新奇。尝自画《瘦马》,题诗曰:'一从云雾降天阙,空进先朝十二闲;今日有谁怜骏骨,夕阳沙岸影如山。'此诗脍炙人口,真有盛唐风致"。在诗、书、画结合方面,可以说开风气之先。

花鸟画在唐、宋都很流行,到了元代,相对来说比较衰落。这一时期的花鸟画家以钱选最有名。"其折枝啼鸟,翠袖天寒,别有一种娇态,又非他人所能及者。"传世有《八花图》《白莲花图》,前者精工细密,后者粗放简逸,风格有很大的差别,反映出他在花鸟画创作中既有对传统的继承,又有新的探索。画马名家任仁发亦画花鸟,传世作品有《秋水凫鹥图》。杭州画家陈琳,字仲美,"其先本画院待诏。琳能师古,凡山水、花草、禽鸟,皆称其妙"。他作画得到赵孟頫的指点,"多所资益,故画不俗。宋南渡二百年,工人无此手也"。传世唯一作品《水凫小景》,赵孟頫称赞说:"陈仲美戏作此图,近世画人皆不及也。"

人物画又可分道释、人物故事、肖像三门类,因为贴近生活,历来在绘画中占有重要地位。赵孟頫对人物画亦有贡献。他的《红衣罗汉图》是自己观察天竺僧神态并参以古法的杰作。他的画马作品如《人马图》《人骑图》《秋郊饮马图》中都有人物形象,显示了他在这方面的深厚功力。钱选多作人物故事画,传世有《紫桑翁像》《兰亭观鹅图》等。任仁发有《张果见明皇图》。他们的这些绘画都是上乘之作。

人物画得到元朝皇帝的青睐。不少人物画家特别是肖像画作者因此博得官职,"待诏掖廷"。至元十五年(1278),忽必烈命承旨和礼霍孙写太祖御容。至元十六年(1279),复命写太上皇御容,与太宗旧御容,俱置翰林院,院官春秋致祭。"太祖"即成吉思汗,"太上皇"即忽必烈之父拖雷,"御容"就是肖像画。蒙古人原来没有绘像祭祀的习惯。这种做法应是受中原传统文化的影响。历来论者常以为这两种"御容"是和礼霍孙所绘,其实不然。据当时大臣王恽记载,"近年画师覃人孙某奉诏追写太祖圣武皇帝与睿宗景襄皇帝御容,及奉进,上顾其惟肖,至泣下沾衿,宣赐甚渥。孙归,及家而殁"。孙画师"追写"的是太祖、睿宗(即"太上皇"拖雷)的"御容",与忽必烈的要求相合。而且,画先帝"御容"是很神圣的大事,忽必烈对"孙某"的画显然是肯定的,因此也就排除了和礼霍孙另有所作的可能性。翰林院供奉的太祖、太上皇"御容"应是画师"覃人孙某"的作品,和礼霍孙只是负责此项工作而已。但是这位画师因去世过早,赏赐之外,没有能博得一官半职,连名字也没有流传下来。

和"孙某"同时的另一位画家刘贯道要幸运得多。刘贯道,中山(今河北定州)人。至元十六年(1279)他"写裕宗御容称旨,补御衣局使"。"裕宗"即忽必烈之子真金,当时已受封为皇太子。可知宫廷中不仅为已故皇帝追画肖像,也为活着的太子绘制肖像。至元十七年(1280),刘贯道为忽必烈作《出猎图》,描绘忽必烈及其侍从在野外狩猎的情景,工笔重彩,是以忽必烈为中心的写实性群体人物画。刘贯道还有《消夏图》,描写文人闲适的生活。两幅画作形象生动传神,笔法豪劲熟练。据记载,刘贯道"工画道释人物鸟兽花竹……亦善山水"。《消夏图》以人物为主,配置花竹、山水、器用;《出猎图》在人物之外,有鞍马、走兽,反映了刘贯道的多方面才能。

知名的人物画家还有李肖岩和何澄。"海内画手如云起,写真近说中山李。"李肖岩和刘贯通一样都是中山人。至迟在武宗海山时代已入京师,"豪家贵人争识之。随求随貌皆入妙,耸动跃喜或嗟咨"。他主要从事肖像画,后来李肖岩进入秘书监任职,为宫廷服务。何澄(1223—?),大都人,"澄之画得自天性,世祖时已有名,被征待诏掖垣。至大初,兴圣宫成,皇太后旨总绘事,迁太中大夫、秘书监致仕"。何澄在绘画上也是一个多面手。宫廷作画应以山水、龙凤为主,他必然在这两方面有所成就。他还能画马,作界画,而传世作品《归庄图》则是人物故事画,以山水作为背景,人物穿插其间,犹如一幅连环画。他的作品见于记载的还有《陶母剪发图》《泣麟图》《四皓图》等,也都是人物故事图画,可见这是他的专长。李肖岩和何澄的艺术活动,延续时间较长,在叙述仁宗以后绘画时还会提到。

元代还出现了一种与人物肖像画有密切关系的工艺美术,称为"织御容"。忽必烈喜爱来自泥波罗(今尼泊尔)国的艺术家阿尼哥,他是帝师八思巴的弟子,"善画、塑,及铸金为像"。在建筑、雕塑等方面都有辉煌的成就(见下)。忽必烈去世,阿尼哥"追写世祖、顺圣二御容,织帧奉安于仁王万安之别殿"。后来又奉成宗之命,"织成裕宗、裕圣二御容,奉安于万安寺之左殿"。先由阿尼哥绘成帝、后肖像,然后在他指导下,由工人据画织锦,"织以成像,宛然如生,有非彩色涂抹所能及者"。自阿尼哥"织御容",每代皇帝都要下令织造前代帝后"御容",并在一些大佛寺并辟专门的殿宇供奉,这些殿宇称为"神御殿",又称"影堂"。应该指出,宋朝已有神御殿,"以奉安先朝之御容"。原来在寺、观内,后移入宫中。元代的神御殿虽是沿袭前朝的制度,但用"织御容"取代了绘画的"御容"。现存元代历朝帝、后像多幅(藏台北故宫博物院),很可能就是"织御容"的画稿。

前期书坛亦以赵孟𫖯的成就最高。"精篆、隶、小楷、行、草书,惟其意所欲为,皆能伯仲古人。"和绘画创作一样,赵孟𫖯在书法上亦提倡复古,强调以"古法"为准则,具体来说,便是追踪晋人,以二王(王羲之、王献之)为楷模。在学习"二王"书法的同时,他还兼采各家之长,融会贯通,自成一体。赵孟𫖯传世墨迹很多,以行书、楷书、草书为主,代表作有《胆巴碑》《闲居赋》《洛神赋》《千字文》等。赵孟𫖯的书风,不仅在元代风靡一时,对明、清两代书坛也有深远的影响。

这一时期知名的书法家还有鲜于枢、邓文原等。鲜于枢(1257—1302),字伯机,祖籍范阳(今北京)。以吏起家,历任两浙转运司、江浙行省、浙东宣慰司的首领官(经历、都事),以太常寺典簿致仕。鲜于枢在书法上与赵孟𫖯齐名,主张师法魏、晋、唐诸名家。"面带河朔伟气,每酒酣骜放,吟诗作字,奇态横生。善行、草,赵文敏极推重之。"传世作品有楷书《老子道德经》、草书《韩文公进学解》、草书《王安石杂诗》等。邓文原(1258—1328),字善之,祖籍绵州(今四川绵阳),其父避兵移居杭州,故为杭州人。由儒学正、儒学教授进擢应奉翰林文字、翰林修撰、集贤直学士、国子祭酒(从三品)等职,曾多次主持科举考试,在当时士人中很有声望。邓文原"工于笔札,与赵魏公孟頫齐名"。"行草书早法二王,后法李北海",但流传下来的作品不多,有章草书《急就章》《题伯夷颂诗》。

上面列举的画家、书法家以地域来区分,生长在北方的有高克恭、李衎、刘贯道、李肖岩、何澄、鲜于枢等,生长在南方的有赵孟頫、钱选、任仁发、邓文原、龚开、郑思肖等。元朝的统一,使得长期不通声气的南北书画界有了开阔眼界和互相接触交流的可能。赵孟頫、邓文原等到北方做官,高克恭、李衎、鲜于枢等到江南任职,彼此声气相求,互相切磋,"至元间中州人物极盛,由去金亡未远,而宋之故老遗民往往多在。方车书大同,弓旌四至,蔽遮江、淮,无复限制,风流文献,盖交相景慕,惟恐不得一日睹也"。其中如赵孟頫、高克恭、鲜于枢、邓文原等都结下了深厚的友谊。高克恭、赵孟頫曾共同创作。"不见湖州三百年,高公尚书生古燕。西湖醉归写古木,吴兴为补幽篁妍。……赵公自是真天人,独与尚书情最亲。高怀古谊两相得,惨淡酬酢皆天真。"高克恭曾说:"子昂写竹,神而不似;仲宾写竹,似而不神。其神而似者,吾之两此君也。"这段话道出了高克恭在艺术上的自负,同时也反映出南北画家之间存在互相切磋、彼此促进的亲密关系。最能说明南北统一推动艺术进步的例子,应数李衎对自己创作历程的分析。李衎原在北方学画,以金朝王庭筠、王曼庆父子的作品为榜样,虽知王庭筠宗北宋文同,但不能一睹文同的画作,常以为恨。元灭南宋后,李衎来到杭州,经友人介绍才见到文同真迹,以及唐代萧悦、五代李颇的作品。他感叹道:"幸际熙朝,文物兴起,生辇毂之下,齿荐绅之列,薄宦驱驰,辱遍交贤士大夫,讲闻稍详,且竭余力求购数年,于墨竹始见黄华老人(即王庭筠——引者),又十年始见文湖州,又三年于画竹始见萧、李,得之如此其难也,彼穷居僻学当何如耶!"另一方面,来到江南,也使他对各种竹有更多的认识,"行役万余里,登会稽,历吴楚,逾闽峤,东南山川林薮,游涉殆尽。所至非此君者,无以寓目,凡其族属支庶形色情状,生聚荣枯,老稚优劣,穷谳熟察"。江南之行,李衎得以观摩前人名作,并深入竹乡实地考察,两者结合,使他的创作迈上了新台阶。

  元朝画家就其身份而言,大致可以分为文人画家和职业画家两大类。所谓文人画家是指有一定传统文化修养、以绘画为业余爱好的画家,其中包括官僚和一般官吏,以及普通文人。如赵孟頫、李衎、高克恭、任仁发属于官僚阶层,鲜于枢是地位较低的首领官,龚开、钱选则是普通文人。职业画家常被称为画师、画工。他们中有的以画艺得以在官府中任职,甚至得到皇帝的青睐,如何澄、刘贯道、李肖岩,但大多数则生活在民间。文人画家一般视绘画为业余爱好和文化修养,作为怡情养性和社会交往的方式;职业画家一般则缺乏足够的传统文化修养,只是以绘画为谋生的手段。当然,这并不是绝对的,文人画家中亦有因贫困而以卖画为生的,如龚开画马,"一持出,人辄以数十金易得之,藉是故不饥"。文人画家与职业画家在创作上存在差异。文人画家的题材以山水、竹石梅兰为主,追求"神似"以及诗、书、画的统一,职业画家以人物(肖像画、释道人物画、故事画)为主,重写实。这种差别到元中后期更为明显。这一时期著名的书画家都是文人。

  与绘画艺术相近的雕塑艺术,在这一时期有突出的成就。其代表人物是上述尼波罗艺术家阿尼哥及其弟子刘元。阿尼哥经历世祖、成宗两朝,"授光禄大夫、大司徒,兼领将作院印,秩皆视丞相"。光禄大夫秩从一品,与丞相同等。他是以建筑和雕塑工艺上的成就而得以居此高位的,这在中国历史上极其罕见。世祖、成宗两朝许多重要的建筑都由阿尼哥主持修造,"其生平所成,凡塔三、大寺九、祠祀二、道宫一"。现存北京白塔寺的白塔,便是他的作品。这座白塔的形制,属于藏传佛教的"噶当觉顿"式。其特点是塔身低,相轮粗,华盖宽大,元朝时在中原颇为流行。在雕塑方面,"凡两京(大都与上都——引者)寺观之像,多出其手"。除寺观塑像之外,"上都国学始成,像祀夫子、十哲"。忽必烈亦命阿尼哥塑造。后来,大都国学文庙落成,"复命为之肖位"。阿尼哥造像,有的用金属铸成,有的则用泥塑,引进了称为"梵式"的藏传佛教式样,对中原传统的雕塑艺术有所推动。这一时期还有一位雕塑名家刘元。"至元七年(1270),世祖皇帝始建大护国仁王寺,严梵天佛像,以开教于天下,求奇工为之。得刘正奉于黄冠师。""刘正奉"即刘元,后受封为正奉大夫(从二品),故有此称。刘元曾是道士,"先事青州把道录,传其艺非一。及被君,又从阿尼哥学西天梵相,神思妙合,遂为绝艺"。他既熟悉中原传统的雕塑艺术,又学习了阿尼哥带来的"梵式"造像技术,融会贯通,成为一代高手。"凡两都名刹有塑土、范金、抟换为佛者,一出正奉之手,天下无与比者。""抟换者,漫帛土偶上而髹之,已而去其土,髹帛俨然其象。昔人尝为之,至正奉尤极好。""髹"是把漆涂在器物上的意思。也就是说,先用土捏成人像,蒙上布帛,再在布帛上涂漆,然后将泥人去掉,塑像就成功了。刘元的艺术创作延续了四十余年,阿尼哥、刘元师徒二人,一个阶从一品,与宰相等;一个阶从二品。以工艺方面的成就能到这样高的地位,这在其他朝代是难以想象的,也可以说是元代的特色。可惜的是,这两位雕塑大师的作品,现在都已看不到了。

元朝后期的书画艺术

仁宗时期,元朝书画艺术出现了繁荣景象。虽然高克恭、钱选、郑思肖、龚开已经去世,但赵孟頫、李衎、任仁发、何澄、李肖岩等人还在继续从事创作。一批新的画家、书法家不断涌现,使画坛、书坛的面貌为之一新。

在山水画方面,有商琦、唐棣、朱德润、方从义、曹知白、张彦辅、黄公望、王蒙、吴镇、倪瓒等。商琦出身官僚家庭,本人官至秘书卿。"商侯画山并画水,当今天下无双比。"有人称他的作品为"绝艺"。唐棣(1296—1364),字子华,吴兴(今属浙江)人。"以茂才异等起家。"元朝制度,"擢茂异以待非常之人",这是一种由官员保荐的入仕途径,为数很少,能被荐为"茂异"的大多是有声望的士人。唐棣由此入仕,历任教授、巡检、照磨、县尹、知州等职。所到之处,颇有作为。唐棣"诗文敏瞻,笔墨精绝",青年时代即以擅长诗、画闻名。后来的成就更获得普遍赞誉,被认为是高克恭和赵孟頫之后的画坛名家,"前朝画品谁第一,房山尚书赵公子。……尚书、公子不复见,得见唐侯斯可矣"。唐棣的传世作品有《林荫聚饮图》《霜浦归渔图》等。朱德润(1294—1365),字泽民,吴郡(今江苏苏州)人,年轻时即以诗、书、画知名,二十五岁时到大都,赵孟頫将他引荐给长期居留在大都的高丽沈王王源,王源向元仁宗推荐,"命为应奉翰林文字、同知制诰,兼国史院编修官",秩从七品。英宗即位,他因与王源的特殊关系得授征东行省儒学提举。英宗死后,他回江南隐居。

元末农民战争爆发后,重新出仕,为江浙行省照磨,参与镇压起义的军事活动。不久病归,在家闲住至死。"吴中胜士朱隐君,笔精墨妙天下闻。"他在当时已有很高的声誉。传世作品有《秀野轩图》《林下鸣琴图》等。

方从义,字无隅,号方壶,贵溪(今属江西)人,生卒年均不可考。他是道教正一派的道士。正一派是南方道教最大的宗派,以江西龙虎山为祖庭。14世纪40年代,方从义从江西龙虎山出发,出游大江南北,至正三年(1343)到大都,后南返,明初尚在。方从义"工诗文,善古隶章草","画山水极潇洒,无尘俗气"。他的画作以山水为主,亦画墨竹,名重一时。传世作品有《山阴云雪图》《武夷放棹图》等。曹知白(1272—1355),字贞素,号云西,浙西华亭(今上海市松江)人,是元代后期浙西豪门之一,富有资财,收藏大量书籍和法书名画,曹家园林闻名一时。曹知白喜欢招徕宾客,论文赋诗,评点书画。"风流文采,不减古人。"他本人"善书画",有"清气可爱"之誉。传世作品有《松林平远图》《疏松幽岫图》等。

黄公望、吴镇、倪瓒、王蒙在后代被尊称为"元季四大家",在绘画史上占有突出的地位,对后人的创作有很大影响。

黄公望,字子久,号大痴,常熟(今属江苏)人。生于南宋咸淳五年(1269),活了八十多岁,大概死于至正十五年(1355)前后。黄公望早年经历不详。元仁宗时,平章张闾建议"经理田粮",实即重新核定田赋,得到批准。进行过程中,"富民黠吏,并缘为奸",以致"人不聊生,盗贼亦起"。元仁宗不得不下令停止,并将张闾治罪。黄公望当时是御史台的吏员,因张闾案受牵连入狱。出狱后为道士,居住在杭州,经常往来于浙西各地。与名流交接,"诸名公莫不友爱之"。黄公望学问渊博,"通三教,旁晓诸艺",有"海内奇士"之称。在绘画方面,长于山水。倪瓒说他的"画格超凡俗",认为他与高克恭、赵孟頫、王蒙是元朝最出色的山水画家。他最得意也最出名的作品是《富春山居图》,描绘富春江两岸的初秋景色。此画的摹本甚多,真本分藏浙江博物馆和台北故宫博物院。此外,还有《溪山雨意图》《九峰雪霁图》等。

吴镇(1280—1354),字仲圭,号梅花道人。嘉兴(今浙江嘉兴)魏塘镇人。吴镇长期过着隐居的生活,与外界交往不多,因而他的经历也不为人所知。吴镇"善画山水竹木,臻极妙品",传世作品有《渔父图》《秋江渔隐图》等。

倪瓒(1301—1374),字元镇,号云林,无锡人。无锡倪氏是当地的大族。倪瓒家"资雄于乡",其兄倪昭奎曾受"特赐真人号",在道教中很有地位。倪瓒青年时代过着优裕的生活,家中收藏丰富,有园林之胜,和曹云西一样,"好客之名,闻于四方"。倪瓒"善写山水小景,自成一家,名重海内"。山水之外,也画竹石。在元末农民战争爆发后,由于种种原因,他家道中落,不得不流落异乡,寄食于人,生活发生了巨大的变化。有人批评他"晚年率略酬应,[画作]似出二手"。这可能与他晚年的生活遭遇有关。倪瓒的传世作品有《水竹居图》《渔庄秋霁图》《梧竹秀石图》等。

王蒙(?—1385),字叔明,号黄鹤山樵,吴兴人。他是赵孟頫的外孙。其早期经历不详,元末曾远游京师。农民战争爆发后,起于淮东的盐贩张士诚占据浙西,表面上投降元朝,实际则割据一方。张氏广招宾客,浙西名士大多入其幕府,王蒙亦在罗致之列。明初出仕,洪武十八年(1385)因受牵连,死于狱中。王蒙确切年龄虽不可知,但可以肯定他比黄公望、吴镇、倪瓒要年轻,是他们的后辈。倪瓒将他与高克恭、赵孟𫖯、黄公望并列为元朝最出色的山水画家,力追前辈。这样的评价,说明他在这方面有着非同一般的成就。他的传世作品有《青卞隐居图》《葛稚川移居图》等。

元朝中期以后,从事山水画创作的画家,除了上面提及者之外,还有刘融、马琬、陆广、盛懋、张中、赵原等人。

刘融,字伯熙,蓟丘(今天津蓟州)人,生卒年不可考。后至元三年(1337)为秘书太监(从三品)。至正十七年(1357)为秘书卿(正三品)。由此可知他主要活动于元朝后期。"只今画者纷如丝,京城再数刘伯熙",可惜的是他的作品没有流传下来。马琬,字文璧,号鲁钝生,扶风(今属陕西)人。生卒年不详。马琬多才多艺,"诗工古诗行,尤工诸画",元末往来浙西各地,"落魄湖海间",很不得意。明洪武三年(1370)受朱元璋召到南京,被任命为抚州(今江西临川)知府。传世作品有《雪岗渡关图》等。陆广,字季弘,号天游生,吴(今江苏苏州)人。生卒年不详。陆广画山水、竹石,"落笔苍古,用墨不凡"。传世作品有《丹台春晓图》等。盛懋,字子昭,嘉兴魏塘镇人,生卒年不可考。生活在元朝后期,其生平经历亦缺乏记载,应是民间画师,

元吴镇《渔父图》

世代以画为业。"善画山水人物花鸟",特点是"精致有余,特过于巧",传世山水作品有《秋江待渡图》等。赵元(一作原),字善长,又字丹林,东平(今山东东平)人。生卒年不可考。元朝末年,赵元长期生活在平江(今江苏苏州)乡间。"画师今赵原,东吴谅无双",可见他当时在平江一带很有名,他的传世作品有《溪亭秋色图》等。

花鸟画名家有边鲁、陈琳、王渊、张中等。边鲁,字至愚,号鲁生,北庭人。"北庭"即别失八里(今新疆吉木萨尔),为元朝畏兀儿人聚居之地。畏兀儿人是现代维吾尔族的先人。边鲁应是畏兀儿人,在元朝属于"色目"人。元末曾为南台宣使,南台即江南行御史台,宣使是南台的吏员。"奉台命西谕时,……以不屈辱死。""西谕"是"往金陵诏谕",即往朱元璋处被杀。边鲁"善画墨戏花鸟",传世唯一作品是《花竹锦雉图》。王渊,字若水,号澹轩,浙江杭州人。生卒年不可考,生活在元朝后期。"善山水人物,尤长于花竹翎毛",有"当代绝艺"之称。现存作品十余件,有《山桃锦鸡图》等。张中,又名守中,字子正(一作子政),松江(今上海松江)人,生卒年不详。他是忽必烈时代大官僚张瑄的后人,元末动乱,隐居读书。他的花鸟作品,在后代有"神品"之誉。"一洗宋人勾勒之痕,为元世写生第一。"传世作品有《芙蓉鸳鸯图》等。

从事竹石梅兰创作的画家,有吴镇、倪瓒、柯九思、张彦辅、顾安、张逊、明雪窗、王冕等。吴镇、倪瓒是山水画名家,同时也作墨竹,都有作品传世。柯九思(1290—1343),字敬仲,号丹邱生,台州仙居(今属浙江)人。他在元文宗时任鉴书博士,为皇室品定书画。至顺二年(1331),被弹劾,退居平江。他"善写竹石",以书法画竹,自成一格。张彦辅是正一派道士,蒙古族,活跃于元朝后期画坛，以“善画山水”出名，亦能画鞍马。但是他传世的唯一作品《棘竹幽禽图》却是竹石图画。顾安，字定之，平江人，生卒年不详。顺帝初年任龙岩（今属福建）巡检，这是负责地方治安的低级官员。至正五年（1345）任常州（今属江苏）录事司判官。录事司是管理城市居民的机构，判官处理日常事务。后调任泉州同安（今属福建）县尉，仍是低级治安官员。顾安“以写竹得名”，能综合各家之长，“浓墨通景献，健毫从澹游。清如李息斋，劲若柯丹邱”。其中“景献”是宋朝画竹名家景献太子赵询，“澹游”是金画家王曼庆，“李息斋”“柯丹邱”是元朝李衎和柯九思。他的传世作品有《幽篁秀石图》等。张逊，字仲敏，号溪云，平江人，生卒年不可考，生活于元代末期。他“博学善属文，书画俱绝”。“善画竹，作勾勒法，妙绝当世。”传世唯一作品《双勾竹》图卷。僧普明，字雪窗，通常称为明雪窗。生卒年不可考，在平江出家，历任各寺院住持。当时平江“家家恕斋字，户户雪窗兰”。可见他的兰画在平江是很流行的。他的作品国内无存，在日本保留了下来。王冕，字元章，会稽（今浙江绍兴）人。生年不可考，死于至正十九年（1359）。王冕年轻时屡试科举不中，曾到大都、上都寻求出路，终于碰壁而归，回乡隐居。元末战乱，朱元璋进军浙东，王冕投奔朱军，出谋划策，但不久就病死。王冕“能诗，善画墨梅，万蕊千花，自成一家”，“以胭脂作没骨体，自元章始”。传世作品有《墨梅图》等。

在人物肖像画方面，元前期的名画家李肖岩、陈鉴如继续活动。李肖岩在泰定帝和文宗两朝奉命为皇帝、皇后、太后“绘画御容”。陈鉴如在延祐四年（1319）曾为高丽名臣李齐贤画像。这是他传世的唯一作品。陈鉴如之子陈芝田“能世其业”，“京师三十年，画富贵人不知几辈”，而且曾侍奉宫廷。后起的人物

王冕《墨梅图》

画家还有张渥、王绎等。张渥,字叔厚,号贞期生。祖籍淮南,实为杭州人。生卒年不可考。张渥"博古通今学明经,累举不得志于有司",是个科举失意的士人,长于"用李龙眠法作白描,前无古人"。他的传世作品有《九歌图》等。王绎,字思善,号痴绝生,杭州人。生卒年不可考。他"年方十二三,已能丹青,亦解写真"。"善写貌,尤长于小像,不徒得其形似,兼得其神气。"传世作品有《杨竹西像》,是公认的古代肖像画的杰作。王绎还写有《写像秘诀》一文,总结了自己这方面的创作经验,亦有很高的价值。

元朝统一前后,在绘画领域,"文人画"发展的趋势已很明显。到了后期,"文人画"可以说已成为画坛的主流。所谓"文人画",其创作主体是中原传统文化熏陶成长的文人,其创作题材以山水画和竹石梅兰画为主,诗、书、画相结合。在后期绘画创作中,籍贯江南的画家占绝对多数。上面提到的元朝后期画家近三十人,籍贯北方的只有刘融、李肖岩、商琦数人,此外张彦辅是蒙古人,边鲁是畏兀儿人,其余诸人都是南人或长期生活在江南,其中尤以浙西最多。朱德润、陆广、张逊、明雪窗是吴人(平江路治所在地,今江苏苏州)人,黄公望是常熟人,唐棣、王蒙、赵雍是湖州(今属浙江)人,曹知白、张中是松江人,陈鉴如、张渥、王绎、陈琳、王渊是杭州人。吴镇、盛懋是嘉兴人,倪瓒是无锡(属常州路)人。马琬籍贯南京,但长期居住在松江。赵原籍贯山东,长期生活在平江。柯九思是台州人,王冕是会稽人,这两人属于浙东。方从义籍贯不详,他长期在江西龙虎山学道,亦可归入南人之列。后期画家的这种情况,足以说明画坛实际上以江南特别是浙西为中心。值得注意的是赵孟𫖯在后期画坛的地位。赵孟𫖯的绘画创作从世祖时代一直延续到后期的仁宗、英宗两朝。他是湖州人,长期在湖州、杭州一带活动。元朝后期的许多画家(特别是浙西地区的画家)都直接或间接受到他的影响。在上面提到的众多画家中,有记载可考,直接受他指点的便有唐棣、朱德润、陈鉴如、王渊、陈琳、赵雍、王蒙等人,刘融、黄公望、曹知白都曾与赵交游,至少间接受到他的影响。完全可以说,赵孟𫖯是元朝后期画坛的领袖。他的绘画创作理论"师古"和"不求形似"对画坛产生了重大的影响。

元朝后期书法方面名家迭出,主要有张雨、杨维桢、虞集、揭傒斯、周伯琦、倪瓒、吴镇、康里巎巎、泰不华等。

张雨(1283—1350),字伯雨,号句曲外史,钱塘(今浙江杭州)人。二十岁出家为道士,是元朝后期江南道教的上层人物,擅长诗文,与当时有声望的文人如赵孟𫖯、邓文原、虞集、萨天锡等多有交往。张雨"始学书于赵文敏,后得《茅山碑》,其体遂变,故字画清遒,有唐人风格"。他的代表作是《题画二诗卷》,书法行草相间,挥洒自如,风格峻逸。杨维桢(1296—1370),字廉夫,号东维子,会稽人。少时读书铁崖山,因此自号铁崖;善吹铁笛，故又自称铁笛道人。泰定年间中进士，先后任天台尹、建德路总管府推官、江西儒学提举。元末农民战争爆发，他避兵富春山、钱塘（今杭州）、松江等地，入明不仕。杨维桢在诗文方面卓有成就，书法亦能自成一家，传世作品有行书《鬻字窝铭》、草书《竹西草堂记》等。

虞集、揭傒斯都是身居高位的文坛领袖人物。虞集（1272—1348），字伯生，江西崇仁人。早年就学于大儒吴澄。大德初入京为大都路儒学教授，后历任翰林直学士、国子祭酒、奎章阁侍书学士，诗文负有盛名。虞集在书法方面"真、行、草、篆，皆有法度，古隶为当代第一"。传世法书以书画题跋为主，数量甚多。《赵孟𫖯草书陶诗跋》是他的唯一传世隶书作品。揭傒斯（1274—1344），字曼硕，富州人（今江西丰城），仁宗时因荐举授翰林国史院编修官，后历任翰林直学士、侍讲学士、修辽金宋史总裁官。他"善楷书而尤工于行、草"，"行书师晋人，苍古有力"。传世作品有《临智永真草千字文》等。还有一位身居高位的书法家周伯琦（1299—1369），字伯温，饶州（今江西鄱阳）人。国学生员出身，长期在翰林院、宣文阁、崇文监等文化机构任职，元末农民战争爆发后，元朝起用南人，任监察御史、肃政廉访使、江浙行省参知政事、左丞（正二品）。周伯琦"博学工文章，而尤以篆、隶、真、草擅名当时"。曾受顺帝之命，"篆宣文阁宝，仍题扁宣文阁，乃摹王羲之所书《兰亭序》智永所书《干文》，刻石阁中"。他对文字学很有研究，著有《六书正伪》《说文字原》二书。代表作有篆书《宫学国史二箴》，此外还有一些篆书和行、楷书作品传世。

倪瓒、吴镇是元朝后期名家，在书法上亦各有特色。倪瓒的代表作有行书《自书诗稿》《谈室诗》等。吴镇的传世代表作是草书《心经》。和倪瓒、吴镇并列为"元四家"的黄公望和王蒙，在书法上亦各有成就。诗、书、画的结合,是元代绘画艺术的一种趋势,在"元四家"身上有突出的表现。可以认为,"元四家"书法影响后世的不只是书法本身,而是书法与诗歌、绘画完美结合的形式。

巎巎(1295—1345),字子山,康里人,故又称康里巎巎。康里是游牧在咸海以北的一个民族,蒙古西征后,一部分康里人东迁汉地。巎巎的祖父燕真,"事世祖从征有功",父不忽木受儒学教育,是世祖、成宗时代的名臣。巎巎"幼肆业国学,博通群书",官至翰林学士承旨(从一品)。他长于书法,"善真行草书,识者谓得晋人笔意,单牍片纸人争宝之,不翅金玉"。"巎巎……刻意翰墨,正书师虞永兴,行、草师钟太傅、王右军,笔画遒媚,转摺圆劲,名重一时。评者谓国朝以书名世者,自赵魏公后便及公也。"他在书法上的成就可与赵孟頫相提并论。传世作品不下二十种,其代表作有草书《颜鲁公述张旭笔法记》等。

泰不华(1304—1352),字兼善,蒙古人。进士及第,先后任监察御史、行省郎中、路总管、礼部尚书、翰林侍读学士等职。后任台州路达鲁花赤(正三品),为方国珍所杀。泰不华"善篆隶,温润遒劲",亦能楷书。与他同时代的著名学者苏天爵称赞他的书法"清标雅韵,蔚有晋、唐风度"。传世作品有篆书《陋室铭》、楷书《跋鲜于枢御史箴》等。

元朝后期,涌现了不少蒙古、色目画家和书法家,张彦辅、边鲁、巎巎、泰不华便是其中杰出的代表。

在元代后期,还产生了两种画史著作。一种是《画鉴》(又名《古今画鉴》),作者汤垕,字君载,丹阳(今江苏丹阳)人。生卒年不可考。曾任绍兴路兰亭书院山长。文宗至顺年间,他在大都"与今鉴书博士柯君敬仲论画,遂著此书"。后来张雨曾加删补。柯敬仲即柯九思。此书论历代之画,始于吴、晋、六朝,次唐、五代,次宋、金、元诸家,"然元惟龚开、陈琳二人,盖赵孟𫖯诸人,并出同时,故不录也"。此书以唐、宋画为重点,论画"以鉴别真伪为主,所辩论皆在笔墨气韵间",不以考证见长。"凡所辩论,皆甚精到。"对于了解古代特别是唐、宋绘画风格,有重要参考价值。另一种是《图绘宝鉴》,作者夏文彦,字士良,号兰渚生,华亭(今上海松江)人。生卒年不详。夏氏为当地的豪绅,是受元朝表彰的"义门"。夏文彦曾任同知余姚州事(正七品),家中"蓄书万卷","蓄画凡百十家"。他的收藏在当时"鲜有比者"。夏文彦有丰富的收藏,又能潜心探索,因而在图画鉴赏方面,有较高的水平,自己亦能作画。至正十六年(1356),松江城内因兵变遭到很大的破坏,夏文彦移居乡下,开始写作。至正二十五年(1365),完成《图绘宝鉴》五卷。明初,夏文彦被谪迁临淮(今安徽凤阳),大概就死在那里。《图绘宝鉴》一书,卷一谈图画鉴赏和形式的问题,还包括早期画家的名录;卷二至卷五是从吴、晋到元朝的画家小传,共一千五百余人。《图绘宝鉴》"搜罗广博,在画史之中最为详赡",对后代有很大影响。此书很早就传入日本,对日本影响甚大。日本关于中国绘画的信息很多都得自《图绘宝鉴》。此书所列北宋及其以前画家的资料,主要以《宣和画谱》《图画见闻志》为据,南宋、元的画家资料,则从各种文献中搜集而成,有很多是夏文彦亲身见闻所得,特别可贵。

关于书法,也有两种著作。一种是《法书考》,作者盛熙明,"其先曲先人,后居豫章"。曲先即今新疆库车,古代称为龟兹。所以他自称"龟兹盛熙明"。豫章即今江西南昌,盛熙明的祖先应是从军或从征,在豫章落户。盛熙明曾"备宿卫",即列名皇帝的怯薛(宿卫),可知应是贵族官僚的子弟。他"工翰墨,亦能通六国书"。至正四年(1354),他编成《法书考》一书,献给元顺帝。此书对书法源流、历代书家优劣、笔法、结构、风神以及印章,论述颇详,大多杂取前代著作而成,但选择颇精。一个色目人能对中原传统书法艺术,如此倾心,令人惊异,"夫以西域人而工中国之书,已属难能,况又以其研究所及著为成书,以诏当世,岂非空前盛业乎"。另一种著作是《书史会要》,作者陶宗仪,字九成,号南村,黄岩(今浙江黄岩)人。元末客居华亭,著书授徒,作品丰富,有《南村辍耕录》《书史会要》等。《书史会要》"载古来能书人,上起三皇,下至元代,凡八卷,末为书法一卷,又补遗一卷"。此书"摭采至为繁富,文笔简当,间加评论,褒贬颇得其平"。后人认为"可与夏文彦之《图绘宝鉴》相伯仲"。

  以上四种书画史著作的出现,实际上正是有元一代绘画和书法创作兴旺发达的结果。四种书中,《图绘宝鉴》和《书史会要》对后代有重大的影响。

附录

陈高华先生小传[①]

陈高华,浙江温岭人。1938年3月生。1955年考入北京大学历史系。1960年毕业,分配到中国科学院哲学社会科学部(中国社会科学院前身)历史研究所工作,先后任研究实习员、助理研究员(1978年)、副研究员(1980年)、研究员(1985年)。1982年起任历史研究所副所长兼研究生院历史系主任(1982—1985年)。1988—1991年任历史研究所所长。1992年起为博士生导师。2003年起任中国社会科学院学术委员会委员。2006年起任中国社会科学院文史哲学部委员。

1982年,陈先生成为联合国教科文组织《中亚文明史》编委会委员(1982—1988年)。1990年获国家人事部授予的"有突出贡献中青年专家"称号。1991年享受国务院颁发的政府特殊津贴。1992年7—12月,为日本京都大学人文科学研究所外国人研究员。2004年为日本京都大学文学部、京都女子大学访问学者。曾任中国元史研究会会长、中亚文化协会副会长、中外关系史学会副会长等。1988年起为第七、第八届全国政协委员,1998年起至2007年,当选第九、第十届全国政协常务委员。目前主要社会兼职有中国史学会理事、中国元史研究会顾问、中国海外交通史研究会会长等。

---

① 陈高华先生小传的资料由中国社会科学院历史研究所副研究员刘晓博士提供,谨此致谢!

陈先生研究领域广泛,在元史、明史、中国绘画史、中亚史、海外交通史等方面都有很深造诣,其中元史研究是他倾注心血最多、取得成绩最大的领域。

一

在北京大学历史系读书期间,陈先生曾选修过"原始社会史和民族志"一课,授课人林耀华、宋蜀华、陈永龄等先生,都是民族学界的著名学者。此课的学习,使他初步认识到民族问题在历史研究领域的重要意义。1958年,国家民委计划编写各少数民族的简史简志,在全国范围内展开民族社会历史调查,北京大学历史系和中央民族学院历史系的部分师生也被抽调参加。当时还是大学生的陈先生被分配到新疆调查组,主要任务是参加编写哈萨克民族志。从1958年8月到1959年7月,他在新疆工作了一年,跑过新疆北部许多地方。通过对基层的社会调查,逐渐对民族史产生了浓厚兴趣。

1960年毕业后,陈先生被分配到中国科学院哲学社会科学部历史研究所工作。此前的1955年,中、苏、蒙三国曾协议共同编写《蒙古通史》,历史研究所专门设立了民族史组,由翁独健先生出面主持工作。以后虽因中苏关系恶化,编书计划搁浅,但民族史组却保留了下来,直到1964年研究室、组全面调整后才被撤销。陈先生到所后,当所领导向他征求个人志愿时,出于对民族史的浓厚兴趣,他报名进入民族史组工作,由此结识了翁独健先生。翁先生早年留学美国、法国,与南京大学韩儒林先生、北京大学邵循正先生同为中国当代元史学科的奠基人,对他以后的学术研究影响很大。在《记几位已故的史学家》中,陈先生写道：

西方大学的历史系，无例外地都有"史学方法"课程，为学生介绍搜集资料、写作的一些基本规则。新中国成立以前，不少大学历史系也开设这门课。新中国成立以后，进行大学院系调整，历史系的课程安排完全学习苏联，"史学方法"课被取消了。翁先生则很重视史学方法，利用各种机会，给我们讲授搜集资料和写作论文的基本要求，他强调要尽可能穷尽与研究题目有关的一切资料，要像前辈学者所说那样"上穷碧落下黄泉"。同时必须区别原始资料和转手资料，尽可能使用原始资料。在论文写作方面，他强调要主题明确，结构严谨，对前人的成果必须有全面的了解并有明确的交代，引用资料的版本必须清楚，要我们以过去的《燕京学报》以及当时的《红旗》杂志为榜样。这些教导在今天看来也许显得平淡无奇，但当时对我们这些还在研究工作门槛外徘徊的年轻人来说，则有醍醐灌顶之感，得以少走许多弯路。翁先生特别重视外语的训练，他认为蒙古史是一门国际性的学问，必须掌握外语，了解国外的研究动态，才能避免闭门造车，盲目自大。尽管当时国内外学术交流完全处于停滞状态，他仍尽可能地关注国外的研究动向，并给我们作介绍。这在现在来看是很普通的事情，但在当时是难能可贵的。翁先生还要求我们学习蒙古语，元代文献中有许多蒙古语词汇，有些文书是根据蒙古语直译而成的，没有一定的蒙古语知识就很难理解。为此他请了民族所的照那斯图先生为我们讲授蒙古文。照那斯图先生每周上课一次，持续了一年左右，因为政治运动等原因就被迫停止了。时间一长,我学的蒙古文知识大部分也淡忘了。但还记得蒙古文字母、元音和谐律,还能查查词典,就是这点东西对研究工作也有很大的好处。现在我能和学生一起读《元典章》,有不少地方便得益于那时学的一点蒙古语知识。

在翁独健等先生的培养下,陈高华先生在短时间内很快掌握了史学研究的基本要领与方法,在到所后的两三年时间内,比较系统地阅读了元代各类文献,并开始搜集元代农民战争与社会经济史等方面的资料,尝试撰写一些研究论文,发表了《元代盐政及其社会影响》等多篇有影响的作品。多年以后,他对翁先生的培养之恩念念不忘,多次撰文指出,正是翁先生的指导,"使我少走了许多弯路","在我的心中,一直把翁先生视为自己的老师,自己科研道路上的引路人"。"薪尽火传,翁先生的贡献是不会被人们忘记的。"

1966年"文化大革命"爆发,国内大部分科研工作陷于瘫痪状态。陈高华先生因家庭出身等方面的原因,没有参加历次运动,成了靠边站的"闲人"。在这样的环境下,他开始发奋读书,广泛阅读文献,摘抄各种资料,从而为以后的学术道路奠定了坚实的基础。考虑到当时恶劣的政治环境,他决定选择风险较少的美术史进行研究。"文革"结束后,他把多年来摘抄积累的美术史资料汇集成书,陆续出版了《元代画家史料》(上海人民美术出版社,1980年)、《宋辽金画家史料》(文物出版社,1984年)、《隋唐画家史料》(文物出版社,1987年)等资料汇编。这几种资料汇编对中国美术史的研究贡献很大,其中《元代画家史料》经修改补充,更名为《元代画家史料汇编》,于2004年由杭州出版社再版。

随着十年动乱的结束,全国哲学社会科学研究逐步走上了正轨。1977年,中国社会科学院正式成立。陈先生因工作业绩,于1982年任中国社会科学院历史研究所副所长兼研究生院历史系主任,以后又担任所长。虽然行政事务繁重,社会活动频繁,可这并没有影响他钟爱的学术研究。在当今中国元史学者中,陈高华先生不仅著述宏富,而且还被海内外公认为是资料熟稔、理论扎实、兴趣广泛的学者。

二

陈先生的元史研究,大体可分为前后两个阶段。从20世纪60年代到80年代中期,主要是元代农民战争史与元代社会经济史研究(主要包括赋役、海外交通、城市等)。80年代后期起,开始将重点转到元代文化、风俗、法制等方面的研究。他的研究成果,除不下二十余种的专著、译著、资料汇编、古籍整理外,重要论文已结集为《元史研究论稿》(中华书局,1991年)、《元史研究新论》(上海社会科学院出版社,2005年)、《陈高华文集》(上海辞书出版社,2005年)三部著作。

农民战争史研究,是建国后史学研究的一个热点,也是陈先生较早涉足的领域之一。除与杨讷等先生共同编纂《元代农民战争资料汇编》(中华书局,1985年)外,他还发表了一些涉及元末地主阶级动向(《元末农民起义中南方汉族地主的政治动向》《元末浙东地主与朱元璋》)、农民起义口号(《元末起义农民的思想武器》)乃至奴隶暴动(《元末农民战争中奴隶暴动的珍贵史料》)的论文。与当时讨论农民战争过于偏重理论的风气有所不同,他的研究在资料占有方面往往处于领先地位,非常注重理论与文献研究的有机结合,由此得出的结论因史料充实、论证全面而令人信服,在当时产生了较大影响。

社会经济史,也是陈先生较早研究的领域,更是他多年来关注的重点。前面谈到,早在20世纪60年代,他就发表过有关元代盐政的文章。从70年代中期起,在接受《中国史稿》第五册(后由人民出版社于1983年出版)元代部分的撰写任务后,在工作准备阶段,他发现元代经济史的研究非常薄弱,遂决心下大力气扭转这一局面。从80年代起,他开始集中发表这方面的研究成果。针对《元史·食货志》缺乏记载的重大问题,相继发表有《元代户等制略论》《论元代的军户》《论元代的站户》《元代役法简论》等论文。以《元史·食货志》相关记载为基础,加以认真考证、增订而发表的论文则有《元代税粮制度初探》《论元代的和雇和买》《元代的海外贸易》等。90年代以后,结合《中国经济通史·元代经济卷》的撰写,他又集中发表了一批元代经济史方面的研究论文,如《元代的流民问题》《元代江南税粮制度新证》《元朝的土地登记和土地籍册》《元代的酒醋课》《元代商税初探》《黑城元代站赤登记簿初探》《〈述善集〉碑传二篇所见元代探马赤军户》等。这些论著,可以说已构成元代经济史研究的一个完整体系。我国著名学者、《中国通史》主编蔡美彪先生对他这方面的研究给予了很高的评价,认为这些成果"为元代经济史的研究奠立了一块基石"。后来,陈先生与史卫民先生合作,完成了《中国经济通史·元代经济卷》(经济日报出版社,2000年;中国社会科学出版社,2006年)。这是目前元代经济史研究领域的权威著作。

在政治史研究方面,陈先生主要发表过蒙、金、宋关系史及汉人世侯等方面的成果。其中前者主要有《说蒙古灭金的三峰山战役》《早期宋蒙关系和"端平入洛"之役》《王檝使宋事实考略》三篇论文，前两篇文章主要讨论的是蒙、金和蒙、宋关系史上非常重要的两次战役的背景及其经过，后一篇文章则是探讨蒙、宋外交史的专篇，对王檝在蒙、宋交往中所扮演的角色，以及蒙、宋双方关系的实质性问题，都做了精彩的论述。蒙、元初期，在华北地区活跃着大大小小的汉人军阀——世侯，东平严氏是其中力量最强的一支，中外学者对此研究者不乏其人。陈先生《大蒙古国时期的东平严氏》，在研究的广度与深度方面超过前人，被视为元代世侯个案研究的典范之作。他对红袄军领袖杨四娘子的研究（《杨四娘子的下落》《〈湛然居士文集〉中"杨行省"考》），也可看作这方面的重要成果。

法制史研究，一向是元史研究领域的薄弱环节。陈先生在日本京都大学人文科学研究所担任外国人研究员期间（1992年7—12月），撰有一篇长文《元代的审判机构和审判程序》。有关元代司法审判机构及其程序的研究，此前在国内外已有一些论著发表，要想超越这些研究成果，颇有难度，而他的这篇论文，无论是整个框架体系，还是细节的微观考证，都比以前的研究有重大突破。像从行省断事官到理问所的演变关系，"五府官"的发展源流等，都是由他最先进行研究的。《元代的流刑和迁移法》也是这方面的重要文章，对流刑与迁移的特点做了很好的归纳与区分。此外，《中国政治制度通史·元代》（人民出版社，1996年）是他与史卫民先生合作完成的著作，除司法制度外，他还撰写了投下分封、监察、人事管理等部分。这方面，他以前没有投入太多精力进行研究，但发表的成果不因袭前人成见，多有创新。

陈先生在城市史,尤其是都城史研究方面,除了发表一些有关大都的研究论文外,还出版了《元大都》(北京出版社,1982年)一书。此书虽然篇幅不大,但因资料翔实,受到学术界的高度重视。像书中有关大都哪吒太子传说的资料,即影响到香港学者陈学霖先生《刘伯温与哪吒城:北京建城的传说》(三民书局股份有限公司,1996年)一书对哪吒城故事缘起的推测。作者在《自序》中提到:"在修订元人传记之时,意外发现足以破解一个多年令我困惑苦恼的问题的线索。这个线索来自刘秉忠的传记。事缘在增补这篇旧传时,检读刚出版的陈高华所著《元大都》,发现两则冷僻的史料,修订了我对刘伯温制造哪吒城故事的缘起的推断。……这两则史料提供我多年冀望不得的答案,正好填补了拼图缺失的片块,使我恍然大悟,原来刘伯温制造哪吒城的故事滥觞于元代营建大都城!"《元大都》一书经日本学者佐竹靖彦翻译,介绍到日本(《元の大都》,中央公论社,1984年),国内还出版有蒙古文译本。他与史卫民先生合著的《元上都》(吉林教育出版社,1988年)一书,也是迄今为止这方面的权威著作。近年,随着元中都考古发现的进展,陈先生对中都也产生了浓厚兴趣,发表了相关论文。

对文化史的研究,除前面谈到的美术史资料汇编外,陈先生还发表过一些相关论文,对以往一些已近乎为定论的观点提出了不同见解。像蒙古君主是否漠视汉族传统文化,进而影响到画家的出路问题;元代画家以山水为题材的作品,是否蕴藏着对元朝的不满倾向;等等。他在这方面的研究,引起了海内外美术史学者的高度关注。此外,他还做过金元衍圣公以及元代文人如赵孟頫、夏文彦、盛熙明等的个案研究,发表过一些元代对外文化交流、元代科举方面的文章。对元代各类文献典籍,诸如

《老乞大》《朴通事》《三场文选》《经世大典》甚至医学著作《卫生宝鉴》等,也都有专文发表。他的这些论文,内容涉及多个领域,篇幅长短不一,但其中多蕴含着极重要的发现。这也是他撰写每一篇论文都力求使用不同于前人的新史料的一种体现。像《元代政书〈经世大典〉中的人物传记》一文,篇幅不长,但他根据清人文廷式笔记《纯常子枝语》等资料,提出《经世大典》"臣事"篇集中保存了大量人物传记,是一个非常重要的发现。这不仅正确指出了《元史》人物传记的又一史料来源,而且也为今后《经世大典》的辑佚拓宽了思路。《卫生宝鉴》为元初医学家罗天益所著,书中保存了不少当时知名人士的病例,长期以来为治元史者所忽视,陈先生充分认识到此书的文献价值,首次将其引入元史研究领域。

陈先生对宗教史的研究,主要集中在佛教方面。《元代佛教与元代社会》是这方面发表较早的一篇论文,既有对元代佛教全面的总结与评价,又涉及不少微观研究,如元初禅教之争问题等。《元代大都的皇家佛寺》介绍了元大都皇家佛寺的基本情况,讨论了寺院经济、寺院组织等问题。近年,他又发表《元代南方佛教略论》《杭州慧因寺的元代白话碑》等论文。前者主要研究了元朝管理南方佛教的机构(总摄所、总统所、行宣政院、广教总管府)、江南佛教的宗派、《大藏经》的出版、元代江南佛教与中外文化交流等问题;后者主要介绍了元代杭州慧因寺的白话碑文,涉及高丽王王璋同慧因寺的关系。陈先生还撰写过数篇元代佛教人物的研究论文,其中关于杨琏真迦,先后发表有《略论杨琏真迦和杨暗普父子》《再论元代河西僧人杨琏真迦》。此外,《元代来华印度僧人指空事迹》与《14世纪来中国的日本僧人》则涉及中外佛教交流的人物,显示了他深厚的文献功底。

在很长时间里,元代社会生活史研究没有引起学术界的足够重视。20 世纪 80 年代,美籍华裔学者、普林斯顿大学著名宋史专家刘子健先生发表《南宋中叶马球衰落和文化的变迁》(《历史研究》1980 年第 2 期),认为"据元代的记载,并没有看见蒙古人重新提倡马球","蒙古时代,马球反倒消失"。针对此观点,陈高华先生于 1984 年在《历史研究》发表《宋元和明初的马球》一文,指出马球不仅在元代,而且在明代前期都依然存在。在此以后,他花费了不少精力对元代饮食进行研究,发表了《舍儿别与舍儿别赤的再探讨》《元代大都的饮食生活》《元代饮茶习俗》《孩儿茶小考》等论文,并在多卷本《中国饮食史》(华夏出版社,1999 年)中承担了元代饮食的撰写工作。近年来,他又将注意力放到元代风俗史方面,发表了一系列专文(《元代的东岳崇拜》《元代的禳灾活动》《元代的天妃崇拜》《元代的巫觋与巫术》《元代的称谓习俗》《元朝宫廷乐舞简论》),多有创见。《中国风俗通史·元代卷》(上海文艺出版社,2001 年)是他与史卫民先生在这方面的集中成果,填补了这方面的研究空白。

中外关系与民族边疆史地研究,是陈先生很早就感兴趣的领域。这方面他虽发表论文不多,但影响很大。如在《印度马八儿王子孛哈里来华新考》一文中,他根据《中庵集》所收《不阿里神道碑》,认为这个不阿里即有名的马八儿王子孛哈里,从而使孛哈里其人其事在中国文献中得到印证,也订正了日本著名学者桑原骘藏《蒲寿庚考》中的一些错误。《元代中泰两国的友好关系》主要根据《玩斋集》卷九《四明慈济寺碑》的记载,认为泰王敢木丁有可能来过中国。这篇短文在当时引起了较大反响,不少学者发表论文进行讨论。元朝统治区域内民族众多,陈先生撰写论文《元代的哈剌鲁人》,介绍了蒙元时代哈剌鲁人的历史,着重讨论了哈剌鲁人内迁中原和江南之后的分布、仕宦、婚姻等情况。此外,他还做过一些关于哈剌鲁人的个案研究(《读〈伯颜宗道传〉》《元代诗人迺贤生平事迹考》)。

20世纪80年代,陈先生参加了由联合国教科文组织主持的《中亚文明史》编委会,此后相继编纂了两部资料集:《明代哈密吐鲁番资料汇编》(新疆人民出版社,1984年)与《元代哈剌鲁畏兀儿资料辑录》(新疆人民出版社,1991年)。需要提到的是,前者所收资料的时间范围虽非他所擅长的元代,却受到相关学者的高度评价,并很快被引入研究领域,显示出他对资料占有的独到能力。魏良弢教授的《叶尔羌汗国史纲》(黑龙江人民出版社,1994年)对《明代哈密吐鲁番资料汇编》有这样的评价:"这部书有一些极重要的资料,如《写亦虎仙供词》,是研究明代西域的第一手材料,而一般又很难见到。这部《资料汇编》虽题名只限于哈密、吐鲁番,其实许多资料涉及这两地外的更多西域地方,是一部对研究叶尔羌汗国很有用的史料汇编。"

从20世纪70年代后期起,随着福建泉州宋代沉船的发现,中国海外交通史的研究逐渐兴盛起来,陈先生除参与泉州沉船的讨论外,还撰写了不少与元代海外交通有关的论文。如《元代的航海世家澉浦杨氏——兼说元代其他航海家族》即讨论了航海家杨枢及其家族在元代航海事业方面的活动情况。元朝与高丽交往虽以陆路为主,但海路交往也相当频繁,他的《元朝与高丽的海上交通》弥补了前人这方面研究的不足。此外,他还与其他学者共同撰写了《宋元时期的海外贸易》(天津人民出版社,1981年)、《海上丝绸之路》(海洋出版社,1991年)、《中国海外交通史》(台北文津出版社,1997年)三部著作,奠定了他在海外交通史研究领域中的地位。目前,他不仅是中国海外交通史研究会会长,还长期担任《海交史研究》杂志的主编。

明代史,尤其是明初与朱元璋有关的历史,也是陈先生颇为关注的领域。在北京大学读书期间,他听过明史专家许大龄先生的课,很喜欢明史。后来研究元末农民战争史,对朱元璋很感兴趣,早在1963年就曾发表过《元末浙东地主与朱元璋》。20世纪80年代以后,他又发表过《论朱元璋与元朝的关系》《从〈大诰〉看明初的专制政治》《朱元璋的佛教政策》《说朱元璋的诏令》《沈万三与蓝玉党案》《关于朱元璋文的整理问题》等论文。

在从事繁忙的科研工作、社会活动的同时,陈先生还注意培养下一代学者。1997年,他创办《元典章》读书班,至今已坚持了十多年时间,读书班常年保持在十余人的规模,参加者除社科院历史所、民族所、北京大学等院校的研究人员、教师、研究生外,还有日本、韩国、美国等国的学者和研究生。《元典章》读书班的举办,使来自不同单位,甚至不同国家的学者齐聚一堂,搭建起互相学习、交流的良好学术平台。

陈高华先生的治史体会①

总的看法

陈先生曾撰文谈过他对史学研究的体会。总结起来，大致有五个方面。

一是必须高度重视史料的搜集和整理。对现代中国史学有很大影响的史学家傅斯年先生认为："史料即史学。"客观地讲，他的这个看法过于绝对，并不完全准确。但史学研究必须以史料为基础、为前提，这是一个不争的事实。巧妇难为无米之炊，离开了史料，史学研究就会成为"无源之水，无本之木"。对史料必须力求全面、系统的掌握，并懂得辨别真伪，去伪存真。而且，既要熟悉掌握已知的史料，还要下大气力去发掘未知的新史料。很多老问题的解决和新问题的提出，都有赖于对已知史料的重新认识和发现新的史料。20世纪出现了甲骨学、简帛学、敦煌学、吐鲁番学等新学科，新史料实际上是这些学科的催生剂。陈先生在撰写论文过程中，力求使用不同于前人的新史料，有些论文的写作，即是由于新史料的发现。在史料上要有所突破，始终是陈先生在研究工作中的座右铭。

二是必须坚持以唯物史观为理论指导。马克

---

① 陈高华先生治史体会的资料由中国社会科学院历史研究所副研究员刘晓博士提供，谨此致谢！

思主义唯物史观关于经济基础与上层建筑、生产力与生产关系、阶级与阶级斗争的理论,对史学研究具有极其重要的意义。迄今为止,还没有哪一种理论学说可以取代历史唯物主义。当然,在具体研究中应避免理论僵化,生搬硬套,而应做到从实际出发,理论联系实际。陈先生的研究工作,从一开始关于农民战争的探讨,到近年来法制史的研究,都力求用唯物史观来分析各种历史现象。陈先生认为:"现在的许多年轻学者,在这方面知识较为欠缺,平时应多读一些马克思主义经典著作,不断充实自己,这对自己以后的研究工作是大有裨益的。"

三是必须努力学习其他相关学科的理论、方法。学科之间的互相渗透,已经成为当今科学发展的趋势。历史学以人类社会历史发展为研究对象,从经济基础到上层建筑,无所不包,更需要了解其他学科的理论、方法以及研究成果,才能把自身的研究推向前进。陈先生说:"我在研究工作过程中,经常遇到一些跨学科的理论问题,像政治、经济、法律、民俗学等,并迫使自己进行各种学科理论、方法的补课,由此深深感到这种补课的重要性。这方面,也希望我们的年轻同志加以重视。"

四是业精于勤。前辈学者常说,做学问要坐冷板凳,意思是要甘于寂寞,坐得住,才能做出学问来。对此,陈先生有深切的体会,他说:"我过去担任过行政职务,又有一些社会兼职,需要花费不少时间,为此常为坐不住板凳感到苦恼。后来想通了,行政工作、社会兼职与学术研究在时间上肯定要发生矛盾。解决这个矛盾,没有其他办法,只有自我调整,抓住一个'勤'字。唐代韩愈的《进学解》中有一句话:'业精于勤,荒于嬉。'说得非常好。不要因为担任行政职务和社会兼职便宽慰原谅自己,放松自己在学术上的追求。在努力做好自己担任的行政工作和社会兼职的同时,抓紧时间,勤读勤写,每天都做一点事,积少成多,集腋成裘,一年下来也就相当可观了。"

五是治学的心态要健康端正,不能急功近利,更不能哗众取宠。陈先生指出:"当前学术界普遍存在着浮躁情绪,追求短平快,追求市场效应,这是客观存在的事实。但是,从事任何学术研究,都需要有一个长期积累的过程。没有学术积累而草草完成的急就章,是没有学术价值与生命力的。除了认真总结经验,对现行的学术评估制度和职称评定制度做适当的调整之外,我们还要不断提倡研究者的自律,以形成良好的学术氛围。范文澜先生说做学问要能坐冷板凳,准备吃冷猪肉,意思是要甘于寂寞,长期奋斗,甚至生前不为人所知。这样一种境界,在商品经济高度发展的时代,恐怕是不容易做到的。但研究工作按照严格的学术规范进行,不片面追求数字,不片面追求经济效益,则是经过努力可以实现的。"

对当代元史研究的评论与前瞻

由于长期从事元史研究并广泛参与各种学术活动,陈先生对现当代中国元史研究的发展有深切的认识,下面就是他所做的评论和展望:

用近代科学方法研究元史、蒙古史,欧洲(包括俄国—前苏联)和日本都比中国早。从19世纪到20世纪上半期,欧洲和日本在元史、蒙古史研究方面,走在中国前面,这是无可讳言的事实。甚至可以说,近代中国的元史研究,正是在国际蒙古学的影响下才发展起来的。过去翁独健先生谈到元史研究动态时,常常勉励我们要努力改变这种局面,使中国元史研究成为世界元史研究的中心。改革开放以来,特别是20世纪末21世纪初,形势已经有了很大改变。一方面,我国元史研究队伍不断壮大,研究领域扩展,成果增多。另一方面,欧洲的汉学、蒙古学等学科随着老一辈学者的逝去,水准明显降低。日本学术界重视学术传承,总体仍能保持较高的水准,但新老交替,多少令人有青黄不接之感。就目前情况来看,我国的元史研究成绩是比较突出的,某些方面在国际上可以说居于领先地位。

不过,我国元史存在的不足也是明显的,大约有以下几个方面需要加强。

首先是史料的发掘与整理。在汉文、藏文、蒙古文史料利用方面,我们有着得天独厚的优势,以前元史研究取得的巨大成绩,在某种程度上可以说正得益于这种优势。近年来,元史研究领域又出现了一些引人注目的新史料,如韩国发现的元刊《老乞大》《至正条格》,俄国与中国合作出版的《俄藏黑水城文献》等,这些新问世的文献资料,有的已被学者引入研究领域。除新资料外,在文献整理方面我们还有许多工作可做。如元代基本文献《元典章》,至今连一个经过初步整理的标点本都没有,更不用说在此基础上的校注了。元代很多重要人物的文集,都应该很好地进行校勘、辑佚。地方志、金石志中的元代文献,更应当下大力气全面、系统地加以辑录。应当注意的是,同一地区不同时期编纂的方志,收录的文献往往互有异同,我们绝不能以查阅其中一种为满足。至于分散各地未见辑录的元代碑刻、拓片,以及新出土的墓志、碑刻等,数量也颇为可观,早在20世纪80年代初,翁独健先生就曾提倡进行《元碑集成》的编纂,可惜这方面的工作至今也没有人去做。汉文文献资料的整理可以从多个方面进行,以便于学者研究利用为原则。编纂《全元文》《全元诗》是一个很好的途径。资料的分类整理也很有必要,像《道家金石略校补》一书的出版,曾极大地推动过元代道教史的研究,元代的佛教金石文献存世的也很多,如也能汇集在一起编辑成册的话,肯定也会推动元代佛教史的研究。"域外史料"是元史研究的一大资料宝库,这方面的整理与利用,国外学者已取得了丰硕成果,远远走在我们前头。为此,翁独健先生曾提出分两步走的建议,即先将国外学者整理研究的成果翻译过来,以后待条件成熟时再直接翻译原始文本。这方面的工作,我们目前仅完成了第一步,即从西方文字转译,而且种类十分有限,仅有《史集》《世界征服者史》等几部较为重要的著作。以后,我们要加强这方面的工作,不仅要增加翻译的种类数量,而且要逐步过渡到第二步,即从波斯文、阿拉伯文文本直接翻译。这方面的工作任重道远,需要我们长期不懈的努力。此外,"域外史料"在国内各大图书馆收藏较少,以往学者研究多通过私人渠道获得,流传不广,给研究带来极大的不便,因此,今后有必要建立依托于某一大学或某一研究机构的资料中心,广泛搜集收藏于世界各国的"域外史料"的抄本或刻本,以方便国内学者的研究。

其次是考古成果的吸收与借鉴。考古发现不仅能为历史研究提供新资料,而且还可以发现许多新问题。自王国维先生"二重证据法"提出以来,历史文献与考古发现相结合,已成为史学研究的一条重要途径,元史研究当然也不例外。元代考古同其他朝代相比,应该说是比较薄弱的。其中固然有某些客观原因,如元朝统治的时间较短,历代皇帝均葬于漠北,蒙古人一般无墓室,导致元代墓葬考古不发达等等,但这并不意味着元代考古没有工作可做。新中国成立后元代的重要考古发现首推黑城文书,黑城文书虽在数量上与唐代敦煌文书不可同日而语,但因内容大多反映的是元代世俗社会的情况,学术研究价值很高。泉州等地的宗教石刻以及全国各地出土、征集到的元代文物也有不少,被学者广泛应用于宗教习俗、社会生活等方面的研究,取得了很好的效果。元大都、上都与中都等都城史的研究,更是因考古发现较多地弥补了文献记载的不足,在近些年才取得了飞速发展。此外,绥中元代沉船、河北隆化鸽子洞等的发现也是近年来元代考古工作的重要收获。以上情况表明,元代考古并非可有可无,而是大有希望的。在此基础上,我们完全有必要开始翁独健先生所倡导的《元代文物图谱》的编集,结合考古发现,带动元史研究进一步走向深入。

第三是专题研究的深化与新领域的开拓。尽管目前在专题研究方面已取得了不少成绩,但也明显存在着不足,各领域研究并没有得到均衡发展,即使研究较多的领域,成果也不平均。例如元代政治制度史,对中央机构的研究多集中在省、院、台等重要机构,对部、寺、监等机构的专门研究就显得非常薄弱。这方面的问题,在其他领域也都不同程度地存在着。像经济史中区域经济与财政制度的研究,近年来虽取得不少进展,但有待深化之处仍有不少。元代法制史的研究则刚刚起步,从法律编纂、刑罚制度到实体法研究等有许多问题还没有搞清楚。宗教史的研究,有关内地佛教的研究十分薄弱,即使是学者们关注稍多的禅宗,其实也有许多问题没有展开讨论。元代卫生医药,内容丰富多彩,迄今没有得到史学界的重视。目前出版的几部元朝断代史,已获得了学术界较多的好评,在今后相当一段时间内,我们应当把主要精力放在深化专题研究与弥补研究不均衡的缺陷上。此外,蒙古各宗藩兀鲁思的历史与元朝史有非常密切的关系,四大汗国史研究的深入对我们理解与把握元朝历史有许多益处。可惜的是,我们对各宗藩兀鲁思的研究,除察合台汗国史有较大进展外,基本上还很薄弱,语言文字的障碍、文献资料的局限固然是主要原因,但重视程度不够也是一个方面。

陈高华先生主要学术成果

论 著

《宋元时期的海外贸易》，与吴泰合著，天津人民出版社，1981年。

《元大都》，北京出版社，1982年。

《中国史稿》第5册，合著，撰写"元代"部分，人民出版社，1983年。

《中国古代史史料学》，主编，并撰写"元代"部分，北京出版社，1983年。

《元史研究论稿》，中华书局，1991年。

《中国政治制度通史·元代卷》，与史卫民合著，人民出版社，1996年。

《中国海外交通史》，与陈尚胜合著，台北文津出版社，1997年。

《中国经济通史·元代经济卷》，与史卫民合著，经济日报出版社，2000年。

《中国风俗通史·元代卷》，与史卫民合著，上海文艺出版社，2001年。

《元史研究新论》，上海社会科学出版社，2006年。

《陈高华文集》（《中国社会科学院学术委员文库》），上海辞书出版社，2006年。

资料整理

《元代画家史料》，上海人民美术出版社，

1980 年。

《宋辽金画家史料》,文物出版社,1984 年。

《明代哈密吐鲁番资料汇编》,新疆人民出版社,1984 年。

《元代农民战争史料汇编》,与杨讷合编,中华书局,1985 年。

《隋唐画家史料》,文物出版社,1987 年。

《元代画家史料汇编》,杭州出版社,2004 年。

古籍整理

《人海诗区》,北京出版社,1994 年。

《滋溪文稿》,与孟繁清合作点校,中华书局,1997 年。